中国法学会世界贸易组织法研究会　组织编写

孙琬钟　林中梁　总主编

"一带一路"经济安全与WTO法治创新论

赵宏瑞　孙冬鹤　编　著

U0782066

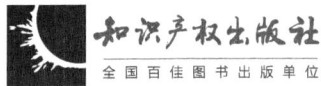

知识产权出版社

全国百佳图书出版单位

图书在版编目（CIP）数据

"一带一路"经济安全与WTO法治创新论／赵宏瑞，孙冬鹤编著．—北京：
知识产权出版社，2017.9

ISBN 978-7-5130-5163-7

Ⅰ.①一… Ⅱ.①赵… ②孙… Ⅲ.①"一带一路"—国际合作—贸易法—研究
②世界贸易组织—贸易法—研究 Ⅳ.①F125②D996.1③F743

中国版本图书馆CIP数据核字（2017）第229117号

责任编辑：齐梓伊   执行编辑：唱学静
封面设计：SUN工作室　韩建文   责任出版：孙婷婷

"一带一路"经济安全与WTO法治创新论

中国法学会世界贸易组织法研究会　组织编写

孙琬钟　林中梁　总主编

赵宏瑞　孙冬鹤　编著

出版发行：知识产权出版社有限责任公司	网　　址：http://www.ipph.cn
社　　址：北京市海淀区气象路50号院	邮　　编：100081
责编电话：010-82000860转8176	责编邮箱：qiziyi2004@qq.com
发行电话：010-82000860转8101/8102	发行传真：010-82000893/82005070/82000270
印　　刷：北京建宏印刷有限公司	经　　销：各大网上书店、新华书店及相关专业书店
开　　本：720mm×1000mm　1/16	印　　张：18.25
版　　次：2017年9月第1版	印　　次：2017年9月第1次印刷
字　　数：251千字	定　　价：58.00元

ISBN 978-7-5130-5163-7

《WTO法与中国论丛》编委会

中国"入世"15 周年：
第九届"WTO 法与中国"论坛暨中国法学会
世界贸易组织法研究会 2016 年学术年会综述

赵宏瑞　孙冬鹤*

2016 年 6 月 25 日上午，中国"入世"15 周年——第九届"WTO 法与中国"论坛暨中国法学会世界贸易组织法研究会 2016 年学术年会在哈尔滨工业大学博物馆隆重开幕。本次会议由中国法学会指导，中国法学会世界贸易组织法研究会主办，哈尔滨工业大学法学院承办，由新华通讯社、法制日报社、民主与法制社、国际法促进中心和 Wells 做媒体支持。中国法学会副会长、学术委员会主席张文显，中国法学会世界贸易组织法研究会名誉会长孙琬钟，中国法学会世界贸易组织法研究会会长林中梁，哈尔滨工业大学副校长任南琪院士等领导应邀出席会议并发表致辞。来自中国法学会、商务部、工业和信息化部、国务院法制办公室、黑龙江政府法制办公室、哈尔滨市市政府、北京大学、清华大学、中国政法大学、武汉大学、对外经贸大学、厦门大学、吉林大学、锦天城律师事务所、金杜律师事务所、中伦律师事务所等政府部门、法学院校、科研机构、实务机构和美国及俄罗斯高校的政府官

---

　* 赵宏瑞，男，满族，黑龙江省哈尔滨市生人，哈尔滨工业大学人文社科与法学学院院长、教授、博士研究生导师。孙冬鹤，女，哈尔滨工业大学法学院副教授，研究方向为国际经济法。

员、专家学者、律师及学生等 200 余人参加了本次会议。会议共收到 101 篇研讨论文。

围绕"全球治理体系变革与 WTO 的发展"的年会主题，为期一天半的年会分为如下五个板块：论坛开幕式、开幕式学术报告、大会主题报告、平行论坛与分组讨论、学术总结闭幕式。本部分就诸多专家学者的发言进行详尽的介绍。以下文字稿由会务组根据速记稿整理，发言内容的准确性以全部主讲人的认可为准。

一、开幕式学术报告

开幕式结束后，中国法学会世界贸易组织法研究会常务副会长、清华大学法学院杨国华教授主持了开幕式学术报告。

第一位发言人是商务部条约法律司 WTO 处处长于方。于处长的报告分为两部分：第一部分是中国参与世界贸易争端解决案件的回顾和展望；第二部分是 2016 年作为中国"入世"第 15 年所面临的重大法律问题，其中最重大的是议定书第 15 条到期问题在实践中的一些考虑。于处长首先回顾了 15 年以来，中国参与世界贸易组织争端解决案件的情况。中国共参与 35 起案件，起诉 13 起，被诉 22 起。参与的所有 35 起案件的领域和程度是不一样的。起诉的案件主要在贸易的领域，被诉的案件涉及的领域更宽，包括货物贸易、服务贸易和知识产权所有三大板块，实际上也涉及国家经济生活的很多方面。于处长指出，争端解决工作的下一步工作方向要在以往的基础上，寻求向两端的进一步延伸。向两端延伸的含义是，向前端要能够切实反映企业的诉求，切实维护企业的贸易利益。后端就要把诉讼成果转化为产业实际贸易利益，在我们的起诉案件当中，起诉案件在原审的专家组和上诉机构的胜诉，这是第一步。在第一步之后，要继续用尽世界贸易争端解决的程序、权利，通过执行专家组报告以及报复阶段，最终能够拿到一个结果，这才是

实现了争端解决在经济利益层面上的目的。于处长通过分析这 15 年来的世界
贸易争端解决工作，归纳出如下的收获：相关的部门和国务院，都加强了世
界贸易合规方面的工作，这也是法治中国建设的一个成就；从法律规则解释
的话语权上来看，中国发挥着越来越大的作用；最后是从事 WTO 法律工作
的队伍不断壮大。于处长认为中国"入世"的 15 年是风云变幻、风浪起伏
的 15 年。一个很重要的现象就是区域贸易协定风起云涌，多边贸易体制走到
十字路口。未来的国际经贸领域争端解决会往哪个方向发展，现在是一个大
家见证历史的时刻。可以看到，世界贸易争端解决机制有着很大的示范效应，
已经被复制到了主要的 RTA 当中。这实际上也是世界贸易争端解决机制对于
全球治理的一个重大的贡献。在报告的第二部分，于处长作为第一线工作人
员，从法律角度和诉讼角度分析了议定书第 15 条的法律问题。首先涉及议定
书第 15 条的法律解释的问题。于处长认为争议的核心有两个：第一，第 15
条 a（ii）到期的含义，中国的企业如果不能使自己所在的行业符合市场经济
的条件，那其他的 WTO 的进口成员可以使用替代国的做法。第二，a（ii）
到期，a（i）没有到期，a（i）的表述是，如果说被调查的中国的企业，能
够证明自己所在行业的市场经济符合市场经济的条件，那么其他 WTO 进口
的成员不能对其使用替代国的做法？于处长认为从理解上，从立法历史上，
第 15 条到期，不光是 a（ii）到期，实际上是第 15 条 a 整体到期。最后，于
处长认为对法律本身的诉讼和对具体反倾销措施的诉讼是第 15 条诉讼中非常
重要的部分。

　　第二位发言人是武汉大学中国边界与海洋研究院常务副院长余敏友。他
发言的题目是"中国市场经济地位问题：起源、现状与应对"。余教授的报
告讨论了两个问题：第一，焦点和要点问题是什么，第二个是怎么解决问题。
余教授认为焦点和要点问题有两个：一是在 2016 年 12 月 11 日以后，中国是不
是可以自动获得市场经济的地位；二是在 2016 年 12 月 11 日之后，其他世界贸
易组织成员是否应该放弃替代国的做法。针对 2016 年 12 月 11 日以后，中国是

不是可以自动获得市场经济地位的问题，余教授介绍了目前存在的两种截然不同的观点。对于第二个问题，在 2016 年 12 月 11 日之后，世界贸易组织成员是否应该放弃替代国的做法。余教授强调中国政府立场是非常明确的，即市场经济地位和替代国的做法是两个不同的问题。到 2016 年 12 月 11 日以后，替代国的做法必须终止。余教授接着又分析了欧洲议会在 5 月 12 日通过的非立法性的决议及其他大部分国家的观望态度。对于如何解决中国的市场经济地位问题，余教授建议主要通过中欧之间的双边谈判。要确保欧盟委员会最终提出来的议案能够保证履行 WTO 承担的一些义务，不能再使替代国的做法继续存在下去。而且，余教授提出现在要做预案，准备启动 WTO 争端解决机制。这也是向欧盟施压的一种方式。

第三位发言人是清华大学法学院双聘教授、美国韦恩大学法学院终身教授秦娅。她发言的题目是"旧制度，新问题：哈佛 WTO20 周年研讨会概述"。秦教授首先概括了这次哈佛 WTO 会议的特点是一次低调务实，非常严肃坦诚的对话交流。这次正式会议是一个闭门会，只有受邀的人员参加，包括 WTO 上诉机构成员和秘书处人员、国际组织代表、政府官员、专家学者、律师、智库、跨国公司、NGO 和工会的代表共 130 人左右，来自 20 个国家，其中有 50 名是哈佛的校友。这次会议共有 6 个部分，每个部分有 5 个发言人，一个评论人。秦教授接着介绍了参会之前关于现在 WTO 争端解决机制所面临的最大的挑战是什么的问卷调查的统计情况。其中 120 个人提交了回答，不愿意提交的主要是美国政府官员。认为最大的挑战是 increased gap filling 占有最高票数；第二个是缺乏效率；第三个是所谓的规则不适应形势；第四个是争端解决案件现在越来越庞大，越来越复杂，WTO 争端解决机制的人员严重不足，争端解决机制超负荷运转；第五是两个并列，一个是认为 WTO 面临 FAT 的挑战，另一个是程序结构有规则上的漏洞，专家组报告和 AB 报告的质量存在问题等。最后，秦教授重点介绍了哈佛大学校长、经济学家 Larry Summers 谈到的目前较普遍存在的反自由贸易思潮和美国民众对

自由贸易的反弹。秦教授认为会议上讨论最热烈的议题之一是贸易纠纷，一
个比较大的争论是如何看待司法解释。

二、大会主题报告

2016 年 6 月 25 日下午，中国"入世"15 周年：第九届"WTO 法与中
国"论坛暨中国法学会世界贸易组织法研究会 2016 年学术年会大会主题报告
在哈尔滨工业大学活动中心 301 会堂举行。主题报告题目为"全球治理体系
变革与 WTO 的发展"，哈尔滨工业大学法学院院长赵宏瑞教授主持了本次大
会的主题报告。

孔庆江教授做了题为"WTO 体系下公共道德例外条款——兼谈上诉机
构在 WTO 法律框架下的使命"的报告。孔教授认为公共道德例外条款是所
有国际贸易协定中的一个标准条款，但是如何定义公共道德的内涵和外延是
一个关键问题。孔教授接着分析了谁能够定义处在变化之中的公共道德，是
各成员方自己来定，还是 WTO 通过成员限制的方式，保持自己独特的公共
道德的理念。孔教授强调不能仅仅依靠成员方单方进行判断，如果使用公共
道德例外条款，必须由证据显示，成员方国内的确是对国内某些产品引发国
内公共道德的担忧。孔教授同时也分析了公共道德例外条款针对 WTO 成员
方领域外使用的问题及被滥用成为实施贸易保护的手段的可能性。孔教授在
报告的第二部分讨论了即使没有任何的贸易保护的动机，公共道德的例外条
款是否有可能被过分的扩张解释的问题。他首先将公共道德例外置于条约法
公约，接着分析了上诉机构在处理贸易争端时，特别是在美国的赌博案中对
公共道德例外条款的解释。最后孔教授总结出 WTO 上诉机构对公共道德例
外条款的解释最重要的两点值得我们注意：一是 WTO 成员方拥有几乎完全
独立的，不受任何限制的根据本国价值体系定义公共道德的权力；二是上诉
机构认为援引公共道德例外条款，并不需要被诉方证明对公共道德以及保护

公共道德需要存在一种广泛的国际社会的共识。孔教授认为 WTO 上诉机构对公共道德例外条款的以上解释也为公共道德条款的滥用埋下了伏笔。

　　徐崇利教授报告的主题是"后金融危机时代国际经济秩序之重构：以'实力界定收益'之基本逻辑为分析视角"。徐教授认为国际经济秩序是自由的国际经济秩序，是以市场为导向，基本的逻辑是实力推进收益这样一个升级的过程。他首先阐述了"二战"后实力界定收益的基本原始版就是一个国家单一性的经济硬实力界定收益，是内嵌式的自由主义。这段时间是发达国家经济实力占有绝对优势的时期，因此按照原始的逻辑，它收益是最大的。因此，它是发达国家经济的维护者和促进者。后金融危机时代，在全球经济实力实现了"南升北降"的趋势下，如果再按照传统的原始版的经济硬实力去界定这个逻辑，对发达国家是越来越不利，从而威胁到他们的主导权，所以发达国家对权力界定收益的基本逻辑实施升级，对"二战"后内嵌式自由主义实行脱嵌，把国际经济自由化的位域扩张，延伸至边境后措施，重新书写全球经济新规则。徐教授提醒我们注意引入的这些有关国际经济治理的新规则，其实反映的是一个国家的软实力。这样从单一性经济硬实力界定收益升级为综合性经济软硬实力界定收益，这样"软硬兼施"，发达国家就再次获得综合性实力优势，实现相对收益的最大化。这就是后金融危机时代发达国家要重构国际经济秩序的一个主线。面对发达国家的升级"实力界定收益"基本逻辑之行动，徐教授认为中国的基本应对策略应该是，考虑放宽"实力界定收益"之基本逻辑，吸引更多的发展中国家参与标准适度之规则的制定，以此抗衡发达国家在升级"实力界定收益"基本逻辑过程中对新一代全球经济规则制定权的争夺。

　　石静霞教授报告的主题是"新一轮国际贸易与投资规则重构中融合趋势观察"。石教授注意到国际经济法领域这些年一个值得关注的现象是贸易和投资规则在不断融合。整个国际法领域正在进行所谓新一轮的规则重构。比如，传统的投资法侧重在投资保护，新一代的 BIT 加入了市场准入。而市场准入是传统上贸易法领域的概念。石教授首先分析了融合的原因是法律应该是呼应经济和商业现实。随着全球价值链和供应链的兴起，越来越多的公司在经营生意时，会同时考虑到贸易和投资。另外，在国际经济治理的新规则中，边境后的规则对贸易和投资都会有越来越重要的影响。从理念上来讲，无论是投资规制还是对贸易的规制，可持续都是一个很重要的话题。接着石教授谈了规则融合的具体体现。现在越来越多的 FTA 里包含了投资章节。美国在 21 世纪谈的 BIT 非常少，更多的投资是包含在美国对外的 FTA 协定中。对于贸易规则和投资规则怎样协调的问题，石教授认为最近的澳大利亚的平装香烟案、墨西哥的软饮案及美国和墨西哥卡车服务案表明投资者和公司既可以选择在贸易的框架下解决遇到的问题，也可以用投资的途径解决问题。最后，石教授呼吁国际法学者要注意这些领域的新发展，政府制定贸易政策的时候，一定要考虑到对投资的影响，反之亦然。提交争端解决时，也要考虑到有没有其他的方法可以解决争端。

刘敬东庭长报告的主题是"'一带一路'的国际经济法治问题"。对于"一带一路"国际法治的问题，刘庭长主要强调了两个问题：一是"一带一路"应当走法治化的道路。在"一带一路"过程中法治应该是一个有效的工具，来建筑或者是构建"一带一路"，而不仅仅是经济关系。我们要通过与"一带一路"沿线国家签订经贸方面的一些国际条约、国际协定，包括多边的、双边的，还有争端解决机制等来构建"一带一路"法治化整体的框架；二是在"一带一路"法制化构建过程中要注意国内法治和国际法治的融合，特别是在争端解决方面，无论是国际的争端解决机构，还是一些国内的司法机构，扩权的趋势都非常之明显。对于长臂管辖，除了它的危害外，我们也要思考是不是有其合理性，特别是对于大国。在国际经济法当中，也有一些需要内国的司法机构参与，比如在投资争端解决领域。这些在公约之外的临时仲裁就需要内国司法机关的承认与执行。最后，刘庭长提醒大家注意并研究 2015 年 7 月发布的《最高人民法院关于人民法院为"一带一路"建设提供司法服务和保障的若干意见》有很多的亮点。英国、法国包括香港地区都已经翻译成英文，对这个文件的评价非常之高，特别是对于我们在其中提出的在互惠方面先行已惠。另外，在这样一个内国最高的法庭司法文件中，首次引入了维也纳条约法公约第 31 条的解释规则。"一带一路"建设当中，有很多法律问题，而且面对 TPP、TTIP 等这样一些国际经贸规则重构的趋势，刘庭长认为中国在这方面应当有作为，应当大有作为。

傅东辉主任报告的主题是"评议欧盟议会关于中国市场经济问题决议"。傅主任首先分析了欧盟非立法性决议的法律效力问题。这个决议共八条分为三个部分，第一部分是决议的一些法律依据；第二部分是制定决议的一些基本考虑和理由；第三部分是这个决议的正文内容。实际上真正的内容是 7 条，最后是要把决议交给欧盟委员会让其考虑。傅主任认为该决议制定的理由是其重中之重。中欧之间日贸易量超过 10 亿欧元，欧盟注意到欧盟和中国贸易和投资伙伴关系的重要性，因此欧盟是不能随便违反任何一个国际贸易协定。该决议也强调了欧盟应遵守对中国"入世"以后应遵守的义务。但是，欧盟议会最终通过该决议反对给中国市场经济的地位，理由是中国仍然是国家影响经济，公司在价格、成本、产出和投入的决定不是对反映市场供需信号的回应。傅主任认为这些对中国市场经济的判断是对中国入世议定书的误读。而且，欧盟议会的非标准方法也是模糊不清。最后，傅主任提出中国市场经济问题可能需要等待 WTO 的争端解决机制来解决，但是，因为 WTO 的争端解决机制有它的不确定性，傅主任呼吁国际法学者要对中国胜诉的案件和败诉的案件都要研究，并建议建立一个特别的工作小组来解决这个问题。

龚柏华教授报告的主题是"中国自贸区试验中面临的法律问题"。龚教授首先介绍了对 2013 年 9 月 29 日建立的上海自贸区的官方总结：第一，以负面清单为核心的外商投资管理制度基本建立；第二，以贸易便利化为重点的贸易监管制度有效地运行；第三，以资本项目可兑换和金融服务业开放为目标的金融制度创新有序推进；第四，政府职能转变为核心的事中事后的监

管制度初步形成。然后，龚教授讨论了三个问题，一是这一轮以自贸区为代
表的改革与法律的关系问题。他认为自贸区的改革和定调要在有法有据的情
况下进行，但是，怎么理解法和据是关键问题。龚教授接着介绍了两个注册
在自贸区的外商投资企业到新加坡申请仲裁的案例和最高院关于涉外公司法
适用法的相关规定，讨论了该案的核心问题，即自贸区的涉外因素。龚教授
认为把自贸区作为涉外因素来认定是一种突破，也为我国法律改革做出了贡
献。二是自贸区的负面清单问题。龚教授认为在实践中操作起来并不容易，
这就是自贸区的困境。他提出在司法实践中，如果政府根据负面清单否定了
外商市场准入的机会，引入行政复议制度的可能性问题。三是自贸区法院包
括其他的法院，如何解决法律沉默的问题。

林洪处长报告的主题是"当前国际贸易摩擦应对和贸易救济调查情况"。
林处长首先概括了我国目前非常严峻的贸易摩擦形势。他总结了贸易摩擦形
势具有以下几个特点：一是带有贸易保护主义色彩的贸易摩擦案件从数量上
和金额上越来越多；二是针对我国的贸易摩擦案件多点多发；三是贸易摩擦
在产能过剩的行业集中爆发，特别是钢铁产业已经连续八年位列遭遇贸易摩
擦行列的首位；四是贸易摩擦由经济层面向政治层面蔓延，例如最近美国和
欧盟等国家频频把钢铁产品对他们的冲击与中国的市场经济地位问题结合起
来，实际上这两个问题完全没有关系；五是大要案比较多，影响的产业比较
广泛，包括矿工、化工、机电产品等；六是高科技产品成为贸易摩擦的新焦
点，如光伏产品、风力发电机和手机。针对以上严峻的贸易摩擦形势，林处
长介绍了商务部贸易救济调查组、有关企业和中介组织等机构主要通过多方
共同努力、业界对话和合作磋商的方式来化解贸易摩擦的情况，并取得了一
定的成效。接着，林处长介绍了中国贸易救济调查的情况。从立法层面，我
国建立了一套统一和完整的法律制度。实践中，我国政府也主动发起多起贸
易调查案件。最后，林处长讨论了中国的非市场经济地位问题。他个人认为
这是贸易摩擦应对过程中反倾销的价格比较的一个问题。中国"入世"议定

书第 15 条最终还是这个问题。

三、平行论坛与分组讨论

2016 年 6 月 25 日下午和 26 日上午，在哈尔滨工业大学活动中心，与会代表分为以下六个小组进行了平行论坛的专题研讨。

（一）中国"入世"15 周年与市场经济地位

本组讨论由复旦大学法学院教授张乃根主持，上海对外经贸大学法学院教授冯军和锦天城（北京）律师事务所主任傅东辉评议。

东南大学法学院肖冰教授针对她向本次年会提交的论文《论〈中国加入议定书〉第 15 条"自动终止条款"之法律效应——以中国的市场经济地位与"替代国法"适用为核心》做了发言。肖教授认为有关"自动终止条款"的法律效应主要涉及三个互相关联的问题：（1）"自动终止条款"之终止溯及范围；（2）"自动终止条款"与中国非市场经济地位之间的关系；（3）2016 年 12 月 11 日后，"替代国法"有无适用于中国的空间。2016 年 12 月 11 日之后，适用于中国的歧视性规则将集中于《中国加入议定书》第 15 条 a 项（i）目和"注释二"的"替代国法"。最后，肖教授建议可以根据不同产品行业的不同情况，在充分衡量各种规则适用差异与利弊的基础上，在可能的范围和条件下做出有效之取舍。因为，无论是第 15 条 a 项（i）目本身，还是第 15 条 d 项可用于终止 a 项的"全部终止条款"，抑或是"注释二"，其适用均有较大的解释余地。

上海外国语大学法学院朱兆敏教授的观点立场非常明显。他认为到现在为止在世界范围内，WTO 从来没有市场经济的概念，但是从 1955 年起就有非市场经济的概念。而且，1994 年生效的《反倾销协议》确认了"非市场经济"的两条标准，即贸易由国家垄断和产品的价格由国家规定。最后，朱教授认为中国"入世"时并不是以非市场经济的地位"入世"，中国"入世"以来国际法也没有规定美国和欧盟可以单独地判断中国是否是非市场经济的地位，GATT 和 WTO 也没有授权过欧盟和美国可以其 5 条标准判定中国的经济地位。欧盟和美国判定其他国家市场经济地位的标准是国内法，没有法律效力。

中国政法大学国际法学院李巍教授针对他向本次年会提交的论文《WTO（政府采购协议）与中国国家治理体系的现代化》做了发言。李教授的基本观点是我国全面深化改革的目标是推进国家经济体系现代化，加入 WTO《政府采购协议》是实现现代化的必由之路。通过建立起更加透明高效、决策科学、坚定有力的关于采购权利的体系，有效地遏制腐败，这不仅有助于中国采购市场的对外开放，也大大推动了中国采购法律制度的改革。

上海外国语大学法学院张琪副教授发言的题目是"关于世界贸易组织的合规性"。张教授认为在法律上没有关于合规的概念，因此，界定何为合规就变成一个必须要解决、又很难去解决的问题。张教授介绍了理论上自己的研究主要从国际公法角度、国际关系角度和国家利益角度展开的，即在公法和国际关系当中寻求一个平衡点。最后，张教授在研究中发现中国儒家的思想和文化成了合规性的重要来源。

南开大学法学院胡建国副教授的发言围绕其向本次年会提交的论文《欧盟给予中国"市场经济地位"法律问题研究》。胡教授主要是从欧盟对市场经济地位这个角度展开国际法研究，其目标是研究在 2016 年 12 月 11 日时我国应该采用何种策略。他认为目前应该是两种策略，一种是我们按兵不动，并已经准备好了法律诉讼，当然这个过程也需要去准备；另一种是中国应该有所作为。要做好两手准备，一手准备也是要等到期以后诉讼，第二手准备是积极地去推动美国和欧盟根据国内的法律和政治等情况承认中国的市场经济地位。接着，胡教授介绍了欧盟针对非市场经济国家的反倾销法律的主要内容规定在《基本反倾销条例》中。其中第 2（1）～（6）条规定了针对市场经济国家确定正常价值的方法。第 2（7）条专门规定了针对非市场经济国家确定正常价值的方法，共有（a）（b）（c）三项，分别是关于非市场经济国家方法、企业有条件市场经济待遇和企业市场经济地位标准。2016 年后，欧盟给予中国"市场经济地位"的国内法律程序包括欧盟需要经由普通立法程序修改《基本反倾销条例》给予中国"市场经济地位"和欧盟给予中国"市场经济地位"后可能采取的替代性保护措施。欧盟已经暗示了未来可能采取的若干替代性保护措施，包括运用"成本调整方法"、缩减"低税规则"的适用范围、强化反补贴措施和现有反倾销税率"祖父化"。对于未来，胡教授有三点建议：防止"市场经济地位"问题进一步政治化、应对欧盟可能采取的替代性保护措施和加快推进国内市场化改革。

对外经济贸易大学刘刚仿副教授围绕其向本次年会提交的论文《TRIPS 视域中我国海关知识产权保护制度的问题与完善》做了发言。刘教授认为目前中国海关知识产权保护存在的主要问题有：过于强调与国际接轨，未充分考量本国利益诉求；海关行政公权介入超越了 TRIPS 设定的限度；担保制度未彰显利益平衡原则；平行进口问题的法律规制缺位。为完善我国海关知识产权保护制度，刘教授的建议是：降减海关主动实施出口保护的强度；遵循公权有限介入原则；合理确定海关知识产权担保金融，平衡两种保护模式权利人的利益；从知识产权法和海关知识产权保护两个界面，完善有关平行进口的法律制度。

（二）"一带一路"与 WTO

本组讨论由最高人民法院民四庭副庭长、中国社会科学院国际法所国际经济法学室主任、研究员刘敬东主持，武汉大学中国边界与海洋研究院常务副院长余敏友和云南大学法学院院长陈云东评议。

中国青年政治学院张新娟教授的发言主要围绕《中国"入世"议定书》第 15 条。她认为这个条款的关键点是非市场经济方法的终止是不是必然导致中国获得非市场经济地位。张教授介绍了目前学术界对 2016 年 12 月 11 日以后替代国价格终止中国能否自动获得非市场经济地位的两种相反观点。接着，张教授分析了欧盟 5 月 12 日决议产生的背景原因及中国的包括提起 WTO 争端解决的应对方法。由于中国的贸易量对别国的冲击太大，她也探讨了 WTO 成员方使用其他方法的可能性，例如扩大使用反补贴调查来达到保护本国产业的目的。

武汉大学法学院教授刘瑛的发言主要围绕她向年会提交的论文《论 TFA "授权经营者计划"适用中的"国际标准"》。刘教授重点分析了《贸易便利化协定》第 7.7 条规定的授权经营者计划。第 7.7 条是鼓励协议生效以后，所有 WTO 成员要根据国际标准制订授权经营者计划。授权经营者计划有两大块，第一块是怎么样确立，第二块是给它什么样的便利。接着，刘教授阐述了 WCO 为授权经营者计划提供国际标准的可能性。最后，刘教授认为中国应以"AEO 项目"为基础执行《贸易便利化协定》第 7.7 条规定的授权经营者计划，同时 AEO 制度也是中国在"一带一路"战略下推进标准互认的依托。

哈尔滨工业大学法学院赵海峰教授的发言围绕他和张超向年会提交的论文《构建"一带一路"框架下的"超级自贸区"》。赵教授首先阐述了中国借助"一带一路"之势，加速与沿线国家自贸区的谈判，进而将"一带一路"建成一个超级自贸区的非凡的实践意义。接着，赵教授讨论了"一带一路"框架下的"超级自贸区"的特点，即贸易的自由化、开放性强和重视中小国家的利益。然后，他对构建"超级自贸区"的可行性进行了分析。最后，赵教授探讨了中国在"一带一路"与"超级自贸区"建设中要注意的几个方面及可能面临的困难，如发达国家的干扰、各国发展不均衡、国家间贸易壁垒重重、国际上反全球化的思潮以及中国政策多变的可能性等。

武汉大学法学院冯洁菡教授首先介绍了知识产权国际保护的新的发展态势。从 20 世纪 50 年代末期开始，知识产权的保护有了一种新的保护路径。在投资法的框架下，特别是在 90 年代的 OECD 主持下的多边投资协定以及双边投资协定中，对知识产权作为一种投资的资产去进行保护。这种保护路径跟 TRIPS 的保护路径不一样，它是保护动态的权利，是权利作为一个资产，在使用的过程中如果受到了东道国政府的干预和侵犯，必须要给予保护。这两种保护路径呈现出一种平行以及交融发展的一种态势。接着，冯教授分析了虽然知识产权的双重路径保护可以为投资者提供更严格、更高标准的保护，但是 TRIPS 协定与双边协定、投资协定和 FTA 下面的投资章节实际上可能产生的双重审查的问题、对知识产权的实体标准的冲突解释问题以及在不同的争端解决机制上会产生双重责任和双重救济的问题。最后，冯教授建议在"一带一路"的知识产权的保护过程中，利用投资法的碎片化保护以及贸易法的传统保护，目前对中国来说是一个比较现实的、可取的策略。

江南大学法学院高凛教授的发言也是围绕她向年会提交的论文《自贸试验区负面清单下的事中事后监管》。高教授认为自贸区通过推出负面清单管理模式，营造出一个法无禁止皆可为的环境。政府划出清晰的政策底线之后，会对自贸区内的内资企业和外资企业的事前审批、事中事后监管和公平竞争，发挥市场机制创造很好的环境。高教授主要谈了四个问题：事中事后监管的含义，负面清单模式催生事中事后监管，自贸区事中事后监管制度存在的问题和自贸区事中事后监管制度的完善。最后，高教授建议政府要转变监管理念，完善立法和监管体制，构建监管信息的共享机制，实行监管主体多元化，事前审批和事中事后的有效的衔接，并且需要完善社会的征信体系。总的来说，就是实施负面清单需要构建更加具有开放度和透明度的政府监管体制，而事中事后监管正是这样一种管理模式的新的制度安排。

西安财经学院法学院崔艺红教授的发言主要围绕她向本次年会提交的论文《区域经济一体化与 WTO 规则深化的相互影响与互动关系——以 WTO 与区域经济组织争端解决管辖权规则为视角》。崔教授认为区域经济的一体化是世界经济一体化发展不充分的现实表现，其与 WTO 规则的深化影响和互动关系主要体现在以下几个方面：第一，WTO 争端解决管辖权规则为区域经济组织争端解决管辖权规则的确立提供了可借鉴的蓝本。第二，区域经济组织争端管辖权规则对 WTO 争端解决管辖权带来了挑战。这主要是因为区域经济组织的管辖权范围更加广泛，除了 WTO 涉及的 GATS、TRIPS 等多边协议之外，还包括其他一些 WTO 尚未纳入谈判议题的事项，例如劳工保护。第三，区域经济组织的争端管辖权冲击了 WTO 的争端管辖权。第四，区域经济组织争端管辖权造成了多边贸易体制成员方注意力的转移。崔教授认为，WTO 争端管辖权规则的深化与完善必将推动区域经济组织争端管辖权规则的发展，例如引入国际私法的一事不再理原则，在 WTO 和区域经济组织当中，就可以有效规避这样一个比较棘手的问题，促进贸易争端的及时解决。

（三）区域经济一体化与 WTO（上）

本组讨论由中国法学会世界贸易组织法研究会秘书长、对外经济贸易大学法学院院长石静霞主持，对外经贸大学中国 WTO 研究院执行院长屠新泉和中国政法大学国际法学院教授王传丽评议。

上海对外经贸大学法学院高永富教授就英国脱欧问题谈了六点看法。第一，一个国家国内的事情能够引起世界上这么大的关注在历史上很少见。第二，高教授对英国公投公开透明的运作方式表示赞同。第三，脱欧工作结果的落实存在变数。第四，英国公投的影响短期是非常大的，但是从长期来看，影响一般。对中国的影响总体上是正面的。第五，关于 RTA、FTA 和多边贸易体系的关系，一种观点是互相补充，另一种观点是相互冲突。高教授倾向于冲突论。第六，从发展的眼光看 RTA 和 FTA 与多边贸易发展的趋势，它们都有低潮期和高潮期。高教授认为只要美国、中国、欧盟这三大经济体要把重心移到多边贸易体制，WTO 就会走出萧条。如果说这三大经济体还是不齐心协力，这个低潮还是要维持一段时间。最后，高教授用一句中国名言结束了他的发言——对待 WTO 和 RTA，分久必合，合久必分，世界大同是人类的一个美丽的梦想。

武汉大学法学院张庆麟教授的发言主要是讨论了欧盟 TTIP 投资章节草案的 ISDS 机制的发展趋势。他首先谈到目前主流观点是可以适用一种仲裁机制来解决投资者和东道国之间的纠纷，只不过在这个基础上逐渐地进行一种改革。张教授认为欧盟在 TTIP 草案里设计的机制非常具有革命性，其对仲裁权公正性和独立性也给予了一定的制度上的保障，并强化了仲裁一致性的问题。最后，张教授认为将来的 ISDS 可能就会基于欧盟这样的发展趋向，另外一个趋向就是向仲裁化和诉讼化方面发展。同时，会借鉴 WTO 的很多经验。

北京大学法学院张智勇副教授的发言首先谈到 ISDS 的核心点是争端解决机制，即我们需要什么样的理念，什么样的规则，采取什么样的路径，路径中包括哪些具体的操控制度的问题。张教授认为 ISDS 里的重点问题是是否设立上诉机制。他对建立 ISDS 上诉机制的理念是认同的，因为这对法律解释进行澄清是非常有必要的。最后，张教授建议我国也可以借鉴欧盟的方案。

北京师范大学法学院廖诗评教授的发言主要围绕 TPP 的争端解决机制和 DSU 多边的争端解决机制的区别展开。在讨论两者之间实质性的差别之前，他首先界定了争端解决机制的概念。接着，廖教授按照争端解决不同的程序进行逐个环节的对比。他认为在磋商的环节，虽然 TPP 也将磋商作为缔约方之间解决争端的一个前置性的指标和推进性的程序，但是 TPP 争端解决机制与 DSU 多边的争端解决机制还是有一些细微的差异，比如在磋商时限上。由于 TPP 对磋商解决的效率要求更高一些，所以说规定时限是更短一些。最重要的一点区别是，TPP 明确规定了在磋商程序可以引入法庭之友。廖教授认为两者在裁判环节的区别是非常大的。第一，专家组选任的过程中如何选择专家组的成员。第二，在选择专家组成员方面，TPP 赋予了争端方更多的灵活性。第三，争端方发表意见的权利是有区别的。第四，审理时限不同。第五，在执行环节，关于执行的合理期限和执行政策的具体内容两者有明显区别。

上海对外经贸大学徐昕副教授的发言是"关于 TPP 国企条款和 WTO 相关规则的比较"。徐教授主要讨论了围绕 TPP 国企条款的三大核心义务，TPP 对国有企业规定了非歧视待遇和商业考虑，非商业性援助和透明度的问题。徐教授认为现有的 TPP 文本实际上是低于美国的预期，但从具体的条款来看，相比于 WTO 相关规则，TPP 文本规定的纪律是有所增强的，但具体执行情况怎样还有待观察。

（四）WTO 争端解决制度与"模范国际法"

2016 年 6 月 26 日上午，平行论坛及闭幕式如期举行。本组讨论由清华大学法学院教授杨国华主持，华东政法大学法学院教授朱榄叶和中国政法大学国际法学院教授史晓丽评议。

北京金诚同达律师事务所高级合伙人彭俊律师从律师的角度结合自己遇到的案件讨论了三个问题，第一是政治问题的法律化，第二是溢出效应里面的政府合规问题，第三是人才的培养。彭律师认为 WTO 争端解决机制实际上提供给了各成员方一个平台，即使是政治问题也能通过这个平台讲道理，它的裁决还是比较公平和有权威的。最后，彭律师建议同学们参加类似 WTO 模拟法庭的比赛从而取得更大的收获。

荷兰莱顿大学博士研究生姜冯安主要与大家分享了他的一些研究成果。姜同学研究的课题是"WTO 法与中国政策空间的互动"，主要关注点在于原材料案及稀土案对于我国应对气候变化政策空间的限制。在这两个案子以后，对于绝大部分的出口产品，中国不能够继续征收出口税，即使出于环保目的也不能使用。姜同学认为这个结果与 WTO 法的"模范国际法"的地位及精神是不相符的，因此他研究的目标是考虑有什么解决方案可以增加中国的政策空间。他接着介绍了多数西方学者的观点，他们虽然普遍认为原材料案及稀土案的结果对中国不公平，但是他们怀疑这两个案子对中国环保所造成的实际负面影响。其主要理由是如果中国想使用出口税保护自然资源，完全可以用资源税替代。同样，如果中国想使用出口税减少某些产品生产过程中产生的环境污染，也可以使用环境税替代。姜同学接着讨论了西方学者的这种理念不适用气候变化领域，因为出口税对气候变化中碳泄漏的问题有非常重要的作用。关于中国可以采用什么方法在 WTO 中有更多的政策空间去实施气候变化措施，姜同学谈到目前的主流观点是中国请求 WTO 的决策机关做出一个权威性的解释来承认中国可以援引 GATT 第 20 条的权利。最后，他借鉴西方学者经常谈到的 WTO 宪政主义的理论，讨论了对于该理论在为中国争取政策空间方面的一些想法。

上海对外经贸大学 WTO 研究教育学院硕士研究生谭观福发言的主题是"WTO 争端解决中国败诉案执行法律问题"。谭同学主要探讨了五个方面的问题，即研究的对象、WTO 争端解决执行的总体现状、中国败诉案的执行现状、中国败诉案执行面临的现实困境及执行的完善建议。他首先介绍了他的研究主要限于对专家组或上诉机构做出报告的执行，对"败诉"的界定是只要有争议措施被裁定违反 WTO 规则就算败诉。关于 WTO 争端解决执行的总体现状，谭同学认为是比较令人满意的，这也体现了 WTO "模范国际法"的效应。除了 DS414 以外，谭同学认为总体来看中国保持了良好的执行记录。对于起诉方及国外一些学者对中国的执行结果和中国的"方便遵守"战略（convenient compliance）的指责，谭同学认为这些指责并没有 WTO 法上的依据。任何措施在专家组或上诉机构做出裁决之前，都不应该被认定为违反 WTO 规则。任何 WTO 裁决只有在 DSB 通过后才才具有法律效力。最后，谭同学认为具体的执行对策还是需要依据个案中专家组或上诉机构报告的具体裁定。首先仍然应当继续坚持国家利益至上的原则，争取尽可能长的合理期限，为国内产业政策、立法措施的调整争取比较长的过渡期。其次是应该

对 WTO 裁决作综合评估后灵活执行。中国应借鉴美欧的做法，总体上排除
WTO 裁决的直接效力和优先效力并制定例外情况。同时，中国应该完善
WTO 裁决的国内机制。

（五）区域经济一体化与 WTO（下）

本组讨论由南开大学法学院院长左海聪教授主持，中国人民大学法学院
教授韩立余教授和对外经贸大学法学院院长石静霞教授评议。

对外经贸大学法学院副院长龚红柳发言的题目是"区域贸易协定（RTAs）
在 WTO 争端解决中的地位"，她主要从争端解决机制角度，讨论了区域贸易
规则与 WTO 规则之间的冲突及如何协调的法律问题。龚教授认为在 GATT
第 24 条区域贸易例外的框架下，将区域贸易协定看作被挑战的措施，还是当
成据以免责/合理化的法定事由很模糊不清。她接着提出专家组有无司法审查
权问题。也就是说，专家组是应当履行对区域贸易协定的司法审查职责，还
是把这项工作推给 WTO 的决策机构来做，即所谓"准立法审查"，后者在
WTO 年代演变成了"区域贸易协定委员会"的职能。龚教授通过讨论涉及
区域贸易协定的 GATT－WTO17 起成案中的典型案例，认为专家组肯定了自
己的司法审查权限，明确了对区域贸易协定的多边合规性的管辖权。最后，
龚教授认为如果在 WTO 争端解决中继续依赖传统的"区域性贸易例外"来
为区域贸易协定争名分，应是相当困难的。而试图在程序问题上做文章，希
望以挑战 WTO 裁决机构的管辖权来保住区域争端解决的位置，也非易事。

武汉大学法学院博士研究生胡慧玲的发言题目是"TPP 跨境数据流动条
款评析与应对"。她首先介绍了现在跨境数据流动的两个主张，即限制跨境
数据流动自由化和支持跨境数据流动自由化。她接着介绍了现有国际条约或
者软法文件中的六个文件，第一个是 OECD 的关于保护隐私与私人数据跨国
界流动的准则，第二个是 WTO 的服务贸易总协定的第 14 条，第三个是亚太
经合组织的隐私框架，第四个是海牙国际私法会议总务与政策理事会的跨境

数据流动与隐私保护，第五个是美国、韩国之间的自由贸易协定，第六个是美国欧盟之间的安全港协议。然后，胡慧玲同学从隐私保护、数据中心本地化和软件源代码讨论了跨境数据流动的相关规定产生的影响。最后，关于中国的应对措施，她建议我们应该制定专门的关于跨境数据流动或者隐私保护的相关法律。

上海财经大学法学院博士后李晓郢的发言主题是实现更透明的透明度政策，主要是针对中国主导的国际金融机构，特别是亚投行和新开发银行的透明度问题。李博士发现目前国内学者对亚投行的透明度问题的研究不多。他接着讨论了关于国际金融机构的透明度问题可能同时存在的信息不足和信息过量的问题。信息不足的一个表现是语言工具太少和机构与国际社会传输的通道不足。信息过量在国际金融机构体现的更明显，即很多国际金融机构直接公开原始数据使得多数读者看不懂。针对西方国家提出的有关亚投行应遵照"最佳实践"的先行者建议和不透明以及监管不力问题，李博士建议学者应展开研究。

复旦大学法学院副教授梁咏发言的主题是"TPP 背景下的自贸区'负面清单'的演进与风险防范"。梁教授认为所有的由美国主导的一系列谈判都是以准入前国民待遇加负面清单为基础的，实际上基本就是照抄了美式负面清单的内容，跟美式 BIT 的负面清单基本上一脉相承。梁教授建议中国不妨通过推进以中国为中心的多边、双边经贸协定的谈判，在新一代国际经贸协定构建中形成你中有我、我中有你的"韩式拌饭"的局面。梁教授认为一系列双边和多边的经贸协定的生效必将对中国整个外资管理制度产生巨大影响（中国现行的外资管理制度主要由产业准入审查、经营者集中度审查和国家安全审查三方面组成），而且，中国目前推进的一系列对外开放和对内改革的措施基本都是以负面清单为核心的。接着，梁教授重点介绍了目前我国推进的负面清单改革包含的三个层次内容：第一层是国内法层面的负面清单，即中国自主改革中推进的负面清单，比如自贸试验区改革中所推出的三版特

别管理措施清单，还有就是将从 2018 年 1 月 1 日起实施的全国统一的市场准
入的负面清单；第二层是 2014 年 12 月内地与香港、内地与澳门之前所订立
的 CEPA 补充协议十一中所包含的特别管理措施，这构成中国的区际层面的
负面清单；第三层就是中国在一系列对外国际经贸协定谈判中可能接受的负
面清单，这构成中国在国际法层面的负面清单。梁教授认为整体上三层的负
面清单应该存在一种互动和协调关系，但是，目前的负面清单似乎更多呈现
出了一种各自为政，缺乏协调和内在统一的状况。最后，梁教授认为我们还
应该加强事中事后的监管和完善企业征信系统的建设等。

（六）WTO：世界贸易秩序的正义前瞻

本组讨论由哈尔滨工业大学法学院院长赵宏瑞教授主持，厦门大学法学
院院长徐崇利教授和上海对外经贸大学法学院副院长胡凌评议。本组主题是
"WTO：世界贸易秩序正义前瞻"，共有 9 位发言人，其中 5 位使用英文
发言。

曾任欧洲法院大法官的 Ninon Colneric 发言主题是"欧洲国际法 400 年：
从起点回到原点——论英国脱欧"。她的发言有四个分论点：第一，英国内
部发生撕裂，年轻人和老年人想法不一样；第二，媒体在欧洲的报道极其负
面；第三，她个人对英国脱欧深感遗憾；第四，英国议会通过后抛出的新闻
其实并没有法律效力，英国叫效力待定。

俄罗斯劳动与社会关系学院副教授 Polina Ananchenkova 的发言题目是
"俄罗斯入关四年：并不明朗的正义未来"。她的发言包括四个论点：第一，
"入世"以来，俄罗斯能够买到更多的好东西，进口产品更加丰富了；第二，
"入世"以来，俄罗斯产业却萎缩了；第三，在英国脱欧的背景下，俄罗斯
和欧洲与美国军事紧张了；第四，她个人认为，俄罗斯与中国关系最好，有
很多旅游者。

美国凯瑟琳大学副教授 Badlit H Rao 的发言主题是"新自由主义的正义

不是TPP"。他的发言论证了五点：第一，TPP在美国国内面临着穷人和富人的立场撕裂；第二，TPP其实掩盖了能源的危险，只主张农产品和软件，但是能源在这里体现很少；第三，TPP主要体现了美国富裕阶层的利益；第四，TPP没有考虑发展中国家充分的利益，背离了WTO的原则；第五，TPP的生效在美国国会表决和未来的总统竞选中将会命运多舛。

吉林大学法学院何志鹏教授的发言主题是"正义是分配的公平、正义需要检验"。他共论证了五个观点：第一，历史的影响力决定了正义的走向；第二，区域的贡献度决定了正义的方向；第三，实力的霸权导向也会影响正义的扭曲；第四，中国在"一带一路"战略实施过程中需要反思区域存在的问题，我国也要牢记自己的战略正义；第五，他的结论是justification is justice。

来自日内瓦的庄伟律师专门研究"替代国价格条款"的法律效力。她从条约解释入手，认为关于"市场经济地位"或者"替代国价格"的条约解释有四个要点：第一，善意解释；第二，原意解释；第三，上下文解释；第四，条约目的解释。她运用了详细的法律推理和全面、穷尽的国际法援引论证了上述四个要点。

中国计量大学栾信杰教授发言的内容是关于美国对TRIPS协定谈判的历史追溯和从美国在谈判中的态度来看有哪些经验值得我们借鉴。栾教授首先介绍了以美国为代表的知识产权保护的两大类政策趋向（硬保护和软保护）及它们的区别。接着，栾教授讨论了美国对知识产权硬保护的主要表现形式贸易制裁的几种分类，即普惠制、301条款和337调查。最后，栾教授认为中国将来会成为一个知识产权的大国，我们不应该一味地排斥美国对知识产权保护的态度，而是应该借鉴它的经验，强化自己的知识产权保护机制，为未来中国经济发展保驾护航。

华东理工大学法学院讲师彭德雷首先界定了国际投资秩序中的二元结构，即投资者和东道国或者是投资者保护和东道国的规制。从澳大利亚的香烟包装案等案例中可以发现它们是一种紧张的关系。彭老师的观点是将来的趋势，无论是发展中国家还是发达成员，都开始逐渐强调对国家规制的强化。最后，彭老师重点探讨了中国怎样平衡国内规制创新与投资者的社会责任的问题。

上海对外经贸大学 WTO 学院副院长应品广发言的主题是竞争中立的不同版本和中国因应。应教授认为竞争中立既是一种理念，也是一种规则。竞争中立作为一种理念已经对我国的企业参与国际贸易产生实实在在的影响。不仅是 TPP 和 TTIP 中国际规则的潜在影响，而且从当前很多欧美的案例可以发现它已经对中国的国有企业有一些歧视性的做法。接着，应教授总结了四个版本的竞争中立的措施，并强调很多是基于澳大利亚国内改革措施国家竞争政策理念的竞争中立政策的模板进行构建的。应教授认为有必要去分析不同版本的竞争中立之间的共性和个性，从而为中国在应对竞争中立时寻求解决方案。首先，公平竞争应该是追求实质性的公平而不是形式上的公平，因为现在国际上倡导的竞争中立的规则只是形式上的公平，并没有去看发达国家和发展中国家之间有可能存在着现实的不公平。其次，作为国内改革措施和国际约束的竞争中立是不一样的。最后，应教授认为可以从国内和国际两个层面来探讨中国的应对措施，构建中国版的竞争中立体系，提出符合自身需求的竞争中立理念。

哈尔滨工业大学法学院教授宋建强的发言主要讨论了国际刑事法治与国际民商法治的关系。他认为两者的基础是国际刑事法治，因为它主张的正义是有罪必罚，反对政治交易，司法上绝对的不偏不倚。无论是国内刑事法治还是国际刑事法治都一样。没有国际刑事法治，什么样的规则都没有用。载体都没有了，国家和地区说消亡就消亡。种族灭绝罪、反人类罪和战争罪一出现什么都没有了。而国际民商法治主要是指公平竞争、反垄断、反补贴、反侵权等。不同的区域保护的力度不同，有的是强保护，有的是弱保护。宋教授认为国际刑事法治与国际民商法治对正义的追求虽然有各自领域的差异，但是终极的目标都是为了和平和这个世界的公平。接着，宋教授从国际宪政秩序的角度讨论了秩序的理念。最后，宋教授阐述了个人对国内法治和国际法治的关系的理解。没有国内民商法治和刑事法治的基础为建构，国际的无论是民事还是刑事的法治根本就没有希望。市场经济国家越多，实行刑事法治的国家越多，这个地球的良治和法治越有希望。

目　录

contents

一　"一带一路"经济安全与 WTO 法治创新

"一带一路"经济安全:把握世界格局中的区域金融货币问题

　　　　　　　　赵宏瑞　汤雯雯　张春雷　杨庚齐 / 3

WTO《政府采购协议》与内国政府采购领域腐败防治立法　　聂资鲁　丁　理 / 15

WTO《政府采购协议》与中国国家治理体系的现代化　　　　　　李　巍 / 29

美国反垄断与 WTO 相关案件平行诉讼考察　　　　　　　　　　蒙启红 / 48

初探地震引起的核污染与水产品贸易限制措施　　　　　马　光　田　甜 / 56

"一带一路"倡议下的中俄经贸合作　　　　　　　　　　　　　冯秋燕 / 73

"一带一路"之哈萨克斯坦知情权的法律保障

　　——以税收和投资关系为例　　　　　　　　　　　　　王宏伟 / 82

二　金融投资劳工服贸与 WTO 法治创新

投资协定谈判与 ISDS 机制的改革:欧盟的方案与影响　　　　张智勇 / 101

贸易、投资与劳工标准问题:从多边、双边、地区,再到多边?   孙冬鹤 / 119

自由贸易与国际核心劳工标准相连接的新情况:《TPP 协定》的"劳工条款"

    及其对中国外贸的挑战   李雪平 / 136

中国—新加坡服务贸易合作项目实施的法律与政策保障   曾文革   党庶枫 / 154

美国对华"双反"措施中外部基准规则的适用问题   李 本   姚云灿 / 166

三 WTO 货币正义与国际经济法治创新

论货币正义:评美国财长清华演讲中的世界贸易观

                赵宏瑞   汤雯雯   张春雷   杨庚齐 / 181

TPP 关于投资者—国家争端解决的最新规制及其对中国的影响   宋锡祥   周 圣 / 190

TPP 协定对 WTO 的挑战与启示   李 平   刘楚楠 / 209

国际碳交易与 WTO 规则的冲突与协调   郑玲丽   王瑷琳 / 215

政府免费分配碳排放配额的法律性质与中国对策:基于 SCM 协定项下

    补贴构成要件的分析   刘 勇 / 236

后记:仰望蓝天   / 261

一 "一带一路"经济安全与WTO法治创新

"一带一路"经济安全:把握世界格局中的区域金融货币问题

　　赵宏瑞　汤雯雯　张春雷　杨庚齐 / 3

WTO《政府采购协议》与内国政府采购领域腐败防治立法　聂资鲁　丁　理 / 15

WTO《政府采购协议》与中国国家治理体系的现代化　李　巍 / 29

美国反垄断与WTO相关案件平行诉讼考察　蒙启红 / 48

初探地震引起的核污染与水产品贸易限制措施　马　光　田　甜 / 56

"一带一路"倡议下的中俄经贸合作　冯秋燕 / 73

"一带一路"之哈萨克斯坦知情权的法律保障

　　——以税收和投资关系为例　王宏伟 / 82

"一带一路" 经济安全：
把握世界格局中的区域金融货币问题

赵宏瑞　汤雯雯　张春雷　杨庚齐[*]

摘　要： 国际贸易中的进出口货物，换取的是对方国家的货币。双方汇率变动幅度大、频率快，总体影响国际贸易的健康持续发展。WTO 法中的 1947GATT 第 15 条原本设计了盯住 IMF 汇率稳定的"外汇安排"条款，但由于 1971 年美元脱离金本位，各国货币与黄金脱钩，随之发生了拉美金融风暴、日元广场协议、英镑卢布危机、东南亚金融危机；2008 年美元次贷危机和欧债危机久未散去，这些国际法与金融动荡都是"一带一路"经济安全的长期制度性隐患。本文从公法问题、货币绑定、货币理论、货币正义四个角度探讨"一带一路"经济安全，倡导构建区域货币新秩序。

关键词： 经济安全；外汇安排；货币正义

前言：货币金融首先是一个公法问题

　　一般来讲，货币金融是一个公法层面上的问题，因为在全球视角之下，每

---

　　* 赵宏瑞，男，满族，黑龙江省哈尔滨市生人，哈尔滨工业大学人文社科与法学学院院长、教授、博士研究生导师。作者基于 2015 年 11 月 30 日在北京大学法学院第六届"海峡两岸国际法学论坛"上的发言而作此文。汤雯雯、张春雷、杨庚齐，哈尔滨工业大学人文社科与法学学院博士研究生。

一个货币区都有一种货币"当局",如《美国宪法》中就有相关规定:铸币议值是国家权力,因此在源头上"货币金融"首先要从公法层面进行规制。但是如果从国际市场、从国际法或者国内法的视角上来看,"金融"问题却是一个公私兼备的重要问题。对于民事主体,相较而言,私法领域的民法、商法对金融问题规制得更多一些。2013 年 9 月和 10 月,习近平总书记先后提出"一带一路"政策,这是我国对外经济发展的一个重要战略,面临着机遇与挑战,①这也需要我们在国际社会秩序的发展过程中,兼备公法私法视角,把握世界货币格局中的区域金融"牛鼻子",② 以实现"一带一路"上的货币正义。

一、"一带一路"经贸合作是一种"货币绑定"

货币发行绑定的是国家责任。货币绑定,就是将货币与国家主权的义务、国家担当的国际责任以及各国国内法的相关规定绑定起来。货币绑定主要涉及外汇结算、投资信用担保和主权风险问题。举例说明:中国在伊拉克拥有艾哈代布海外油田这一中东标志性项目,但是在伊拉克战争爆发后,美国入侵伊拉克,干预并推翻了伊拉克萨达姆政权,这导致伊拉克政权更迭、宪法重新修订等一系列问题,而美国占领驻军却迟迟没有撤离,那么中国与伊拉克之间的国际间投资担保合同就存在是否仍然有效的问题。货币绑定了国家主权,印证了货币与国家主权风险相互绑定的问题。

中国经济"走出去",与"一带一路"发生着货币绑定,"一带一路"倡议发起于中国,东牵亚太经济圈,西系欧洲经济圈,覆盖了约 44 亿人口,经济总量约210 000亿美元,分别占全球的 63% 和 29%。中国对"一带一路"上的 64 个国家与地区累计投资总量余额为 1600 亿美元,年度直投约 100 亿

---

① 王义桅:《一带一路:机遇与挑战》,人民出版社 2015 年版,第 28 页。
② "牛鼻子"是一个经济学用语,比如曾任中国人民大学校长的黄达教授在其撰写的《资本主义国家的货币流通与信用》《社会主义财政金融问题》《货币银行学》中提及过货币政策、财政政策,主张"抓住主要矛盾,抓住关键,抓住'牛鼻子'"。

美元；中国对"一带一路"的 64 个国家与地区累计基建总量超 6000 亿美元，占中国对外基建总量的 43%；中国作为世界贸易第一大国，对"一带一路"64 个国家与地区所产生的年度贸易总量近 10 000 亿美元，顺差近 1/4，总量超 1/4；中国对"一带一路"64 个国家与地区输出劳务总量 280 万人，现有 31 万人，占中国驻外劳务总量的 1/3。① 总而言之，"一带一路"倡议，除了前述货币绑定的投资、基建、贸易、劳务四个方面以外，还有一个国际秩序与和平安全的问题，1600 亿投资总额、6000 亿基建设施、10 000 亿贸易额和 30 万劳务，大体占中国"走出去"经济总量的 1/3。

货币绑定的安全稳定，离不开经济格局的未来演变。从经济上看，基于国际货币基金组织网站上公布的 2014 年中、美、欧、日过去 17 年 GDP 历史数据，② 显示出中国的 GDP 大约在 8 年后（2022 年）超过美国、在 10 年后（2024 年）超过欧盟 28 国，在 17 年后（2031 年）超过美、欧、日三国的总和③，本文称为"十七年曲线"。如图 1 所示。

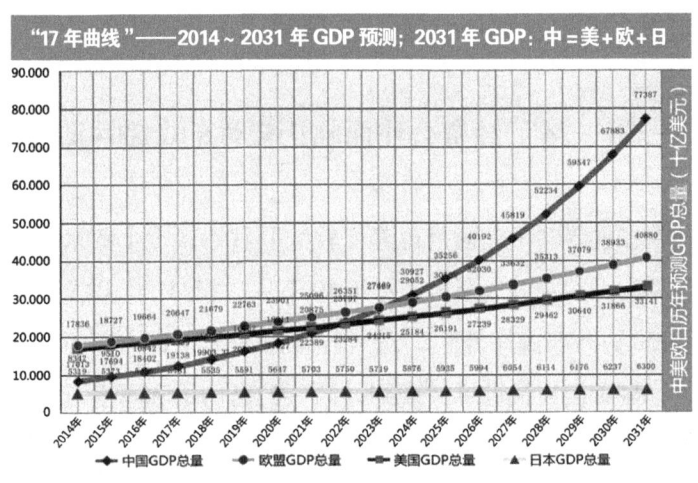

图 1 "十七年曲线"

① 中华人民共和国商务部网站：http：//www. mofcom. gov. cn/article/tongjiziliao/，访问日期：2015 年 12 月 6 日。

② 国际货币基金组织的英文网站：http：//www. imf. org/extrenal/index. htm。

③ 赵宏瑞：《世界文明总量论》，中国法制出版社 2015 年版，第 1 页。

上述"十七年曲线"是以这四大经济体 2014 年的历史数据为基数、以过去 17 年平均增长率为增速，按照统一的增量，在不考虑中国经济"新常态"降速、不考虑美国商务部 2013 年调增其本国 GDP 核算方法、不考虑或有的地缘区域冲突改变全球经济增量、不考虑技术进步突变而打乱现有经济格局、不考虑各大经济体的货币超发和汇率动荡情况这些变量的因素。①

货币绑定的安全稳定，也离不开法系传统与文明禀赋。"一带一路"横贯东南亚、南亚、中亚、西亚乃至欧洲的部分国家和地区，其中，巴基斯坦是伊斯兰法和大陆法系的结合，印度区域是印度教、大陆法系和英美法系结合，东南亚是一些宗教法系与英美法系、大陆法系的结合，中日韩三国主要是以大陆法系为主，俄罗斯与欧洲国家均为英美法系与大陆法系乃至原苏东法系的结合，非洲的东南西北中有五个法系。在国际法治秩序层面，区域法系具有多样性。各国就会面临汇率波动、货币深化等经济法治路径差异的问题，因此，在运用法律手段的同时，关注并把握金融"牛鼻子"，才能推进金融安全而稳定的发展。

二、"一带一路"经贸合作面临历史性的金融风险

国际法治在世界和平方面呈现着"软法"状态。近十年来，联合国维和人员从每年派出大约 4 万人渐增至每年 10 万人，相对于美国及其盟国常年都维持 30 万～50 万规模的海外驻军，② 联合国维和部队的人数所占的比重明显居于劣势，这显示出当代世界"规则导向"的跨国维和军事行为，远远弱于"实力导向"的霸权集团军事干预，联合国"维和人员"与没有联合国"批文"的霸权集团在全球海外"驻军人数"的比例大致是 1∶5 的关系。从中大致可以看出当前的国际和平，更多的是由"丛林法则"而非由国际公法所辖

---

① 赵宏瑞：《世界文明总量论》，中国法制出版社 2015 年版，第 1 页。
② 美国国际战略研究中心（C.S.I.S）网址：http://csis.org/，访问日期：2015 年 12 月 6 日。

制的现状。即使有了国际公法关于传统安全的维护，至少 9/10 的海外驻军和装备是处于联合国管辖的"法外之地"。① "规则导向"与"实力导向"下的人均军事装备所占比重大概为 1 : 10，如图 2 所示。

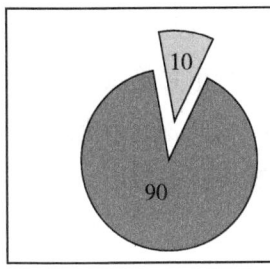

人均军事装备所占比重

☐ 安理会集体安全机制下的人均军事装备约800美元

■ 实力导向多边主义下的无政府丛林世界人均军事装备约7200美元

图 2　规则导向与实力导向下的人均军事装备所占比重的对比情况

"一带一路"上各种货币具有历史性差异。从货币总量上看——货币总量指的是一国金融体系中各类货币数量的总和；它只由银行内部的账户存款和银行外部的流通中的现金组成，该两部分可以互相存取转换，并在某一时点上构成各自的一种总量，② ——在货币金融领域，"一带一路"各地区货币总量差异较大，需要认清货币总量这个"牛鼻子"。

以印度为例，印度在南亚七国之中货币总量最高，达到了 1727 亿美元③，但是印度 12.9 亿人口的货币总量却只是云南省货币总量的一半。东盟十国里新加坡货币总量最高，有 7600 亿美元左右，④ 在中日韩港澳台之间，中国人民币总量包含外汇储备折合达 29 万亿美元，⑤ 高居世界第一，而美元的货币总量大概是 17 万亿美元，⑥ 欧元是 22 万亿美元，⑦ 这就是世界的三大

---

① 赵宏瑞：《世界文明总量论》，中国法制出版社 2015 年版，第 208 页。

② 赵宏瑞：《中国货币总量论》，中国经济出版社 2013 年版，第 43 页。

③ 印度中央银行网站：https://www.rbi.org.in/，访问日期：2015 年 10 月。

④ 新加坡中央银行网站：http://www.mas.gov.sg/Statistics.aspx，访问日期：2015 年 10 月。

⑤ 中国人民银行调查统计司网站：http://www.pbc.gov.cn/diaochatongjisi/116219/index.html，访问日期：2015 年 11 月。

⑥ 美国联邦储备银行网站：https://www.newyorkfed.org/data - and - statistics/index.html，访问日期：2015 年 11 月。

⑦ 欧洲中央银行网站：http://www.ecb.europa.eu/home/html/index.en.html，访问日期：2015 年 11 月。

货币格局。排名第四的是日元，大概等值于 10 万亿美元①，排名第五的是英镑，接近 3 万亿美元②，如果从国家实力的角度来讲，俄罗斯近 7000 亿美元可能排名第六，但是如果从货币总量上看，我国台湾地区近 13 000 亿的总量应该是排名第六。在"一带一路"的亚洲区域中，中日两大经济体的领先优势十分明显，除了"亚洲四小龙"以外，其他国家货币总量相对少，货币没有深化，低于 5000 亿美元货币总量的国家有很多，货币深化程度既不能高也不能低，否则就存在一定的金融风险，比如通货膨胀、汇率波动，这样的货币格局整体上呈现不稳定状态，因此，关注并把握好金融"牛鼻子"是推进国际经济顺畅发展的关键所在。

　　各国经济发展、货币深化的阶段差异，是历史造成的。"一带一路"倡议中的 64 个国家分布在东南亚、中亚、南亚、西亚、部分欧洲、部分北非，而中国在"一带一路"的 64 个国家中持有近 3/4 的货币总量。"一带一路"64 国与港澳台货币总量的各自占比如图 3 所示。

2015/11，单位：亿美元

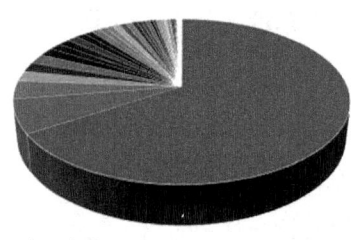

■ 中国大陆	■ 英国	■ 中国台湾	■ 新加坡	■ 匈牙利	■ 中国香港	■ 俄罗斯
斯洛伐克	阿联酋	泰国	乌克兰	土耳其	马来西亚	印度尼西亚
克罗地亚	沙特阿拉伯	菲律宾	波兰	以色列	埃及	伊朗
印度	卡塔尔	巴基斯坦	捷克共和国	黎巴嫩	爱沙尼亚	科威特
孟加拉国	伊拉克	罗马尼亚	中国澳门	哈萨克斯坦	保加利亚	阿曼
斯里兰卡	巴林	越南	阿塞拜疆	尼泊尔	缅甸	塞尔维亚
也门共和国	白俄罗斯	波黑	柬埔寨	文莱	阿尔巴尼亚	马其顿
立陶宛	蒙古	格鲁吉亚	约旦	亚美尼亚	摩尔多瓦	拉脱维亚
黑山	塔吉克斯坦	吉尔吉斯斯坦	马尔代夫	斯洛文尼亚	不丹	叙利亚
东帝汶						

图 3　"一带一路"64 国与港澳台的 38.6 万亿美国的货币总量占比

① 日本银行网站：http：//www.boj.or.jp/en/statistics/index.htm/，访问日期：2015 年 11 月。
② 英国央行网站：http：//www.bankofengland.co.uk/statistics/Pages/default.aspx，访问日期：2015 年 11 月。

"一带一路"货币总量的人均差异巨大。单纯从货币的视角来看，货币总量不像 GDP、PPI、CPI 这些统计数据，它是一个真实准确存在着的数据，而地区之间的人均货币量则存在极大的差异，如图 4 所示。

2015/11 月，单位：美元

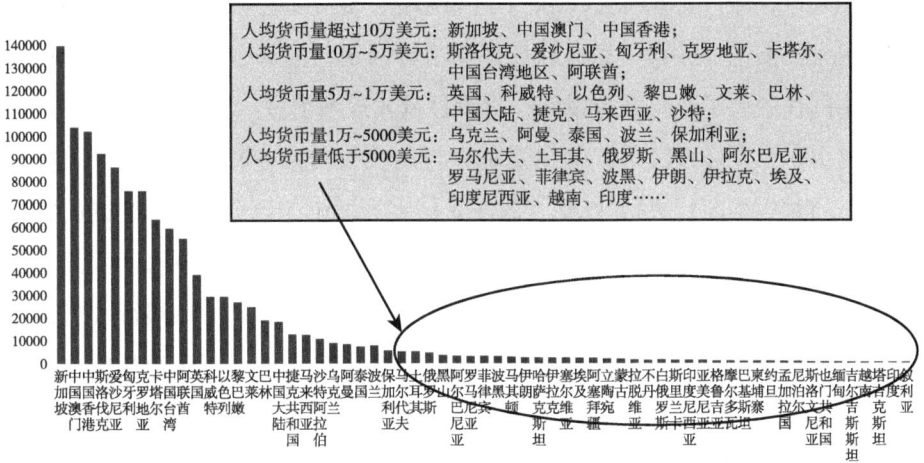

图 4　"一带一路" 64 国与港澳台人均货币量

　　货币深化程度高，往往经济社会教科文卫发展水平也高。以中国台湾地区为例，虽然仅有 2300 多万人口，但货币总量却有 13 000 亿美元，其人均货币量很高，拥有人均五万到十万美元的全球领先地位，这与台湾地区的高层次教育水平密切相关。台湾地区的大学升学率可以达到 96%，而我国大陆的大学升学率只有 25%，[①] 如果按照这样的趋势，在没有战争爆发等阻碍因素的情况下，中国大陆要追上台湾地区的人均货币量和人均教育水平，恐怕还需要 40~60 年才能完成。

---

　　① 王琴："我国台湾地区中等职业教育'升学导向'现象分析"，载《职业技术教育》2010 年第 34 期，第 28 页。

三、抓住"货币总量"金融"牛鼻子"需要突破西方货币理论

中美俄欧各自的货币发行方式各不相同。中国在 1950 年新中国成立初期有 5 亿人口，却只有 65 亿人民币的货币总量。到了 20 世纪 50 年代，中国需要解决人民温饱、教育落后、社会保障低等问题，但那个年代货币还没有深化。中国在经历了改革开放以后，货币总量才逐渐增多。到 2012 年年底，中国已有 100.5 万亿人民币，这主要是央行的发行与商业银行的派生（信贷）之和，同时也是商行央行 95 亿存款与 5 亿多流通中的现金之和。中国的货币总量中大约有 5% 是现金，而美国的货币总量中大概有 7% 是现金，欧元货币总量中有 9% 是现金。[①] 无论现金存款各自占比如何，各国中央银行（货币当局）的发行与商业银行派生（信贷）的货币数量之和就是货币总量的法定来源，它永远等于存款和现金之和。

这是自 1972 年美元与黄金脱钩后全球通用的货币理论：$C + D = O + L$，即"现金 + 存款 = 发行 + 派生"，即货币总量方程式。[②] 这个恒等关系，是在每个货币金融体系中每时每刻都可实证的客观规律。该理论要优于：假设了货币流速（V）、假设了平均价格（P）、假设了无实证的社会总产品（Q）的传统西方货币总量（M）货币公式，即 $MV = PQ$。

西方传统的货币公式是保罗·萨缪尔森《经济学》（18 版）基于金本位的历史惯性。[③] 坚持"$MV = PQ$"，即货币总量和货币周转率的乘积与平均价格和交易数量的乘积相等同，但这三个变量都是假设的，这在 1972 年后，全球主要市场经济体渐次脱离黄金"锚定"或挂钩，各自在信用体系下的生产、交易情况渐渐受到信用货币增发与超发的冲击和影响，在市场经济的再

[①] 王永利："必须客观准确地看待货币总量"，载《国际金融研究》2013 年第 6 期，第 4 页。

[②] 赵宏瑞：《中国货币总量论》，中国经济出版社 2013 年版，第 84 页。

[③] 保罗·萨缪尔森：《经济学（18 版）》，人民邮电出版社 2009 年版，第 603 页。

生产实践之中，此方程式逐渐显示出了不再恒等的窘境。①

西方货币理论在金本位之后就变得有所缺憾，不再成立，不能直面金融风险，因而才应被"货币总量恒等式"所取代。而"一带一路"金融法治研究之中，面对区域经济货币差异化的"牛鼻子"问题，就必然需要运用"货币总量方程式"这一"新式武器"，来针对国家法定货币负债以及央行货币超发问题，进行精确实证，运用"货币总量方程式"的实时恒等性，以追求货币与实体经济同步的"增配效率"，进而推进世界格局金融法治发展，最初秉承并最终实现"一带一路"上的货币正义。

四、"一带一路"金融"风控"创新与未来世界的货币正义

"一带一路"上的金融"风控"自古即难。"一带一路"横贯东南亚、南亚、中亚、西亚乃至欧洲的部分国家和地区，在历史上自身构成了世界的弧形冲突带。2014 年美国通过新能源政策，取得世界石油第一大生产国和出口国的地位，但国际油价却下跌，俄罗斯货币贬值，但整个亚洲的能源消费量却正在崛起。②"一带一路"弧形冲突带内虽然也存在核扩散问题、宗教冲突问题以及政权不稳等一系列问题，但同时也蕴藏了极好的发展前景和机会。

"一带一路"金融"风控"需要前瞻设计。当今世界秩序成于"均""霸""和"三种文明禀赋，欧洲是"均"的文明，美洲是"霸"的文明，亚洲是"和"的文明。世界上的大国，分属于各自的大陆文明总量之内。③

---

① 赵宏瑞:《中国货币总量论》，中国经济出版社 2013 年版，第 85 页。

② 赵宏瑞:"非传统安全视角下的美国新能源战略"，载《清洁能源蓝皮书》2014 年第 11 期，第 201 页。

③ 赵宏瑞:"论中国特色的国家安全与文明崛起"，载《知与行》2015 年第 9 期，第 24 页。

因此，"和安守成"，金融安全，需要前瞻思考，高度关注。[①] 习近平在"2015 博鳌亚洲论坛"[②] 上指出，要构建地区金融合作体系，并要以开放、包容的心态建设"一带一路"。显然，满足"一带一路"建设资金需求，光靠单一的商业机构来运作是无法抵御这种历史性金融风险的。中国"入世"15 年来的货币深化，值得相关发展中经济体借鉴防控金融风险的经验，如图 5 所示。

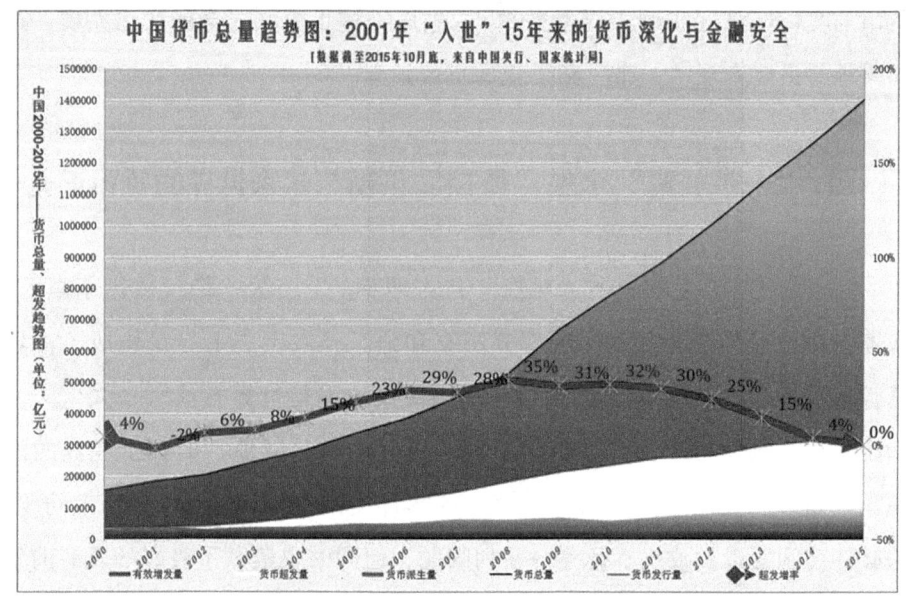

图 5　中国货币总量趋势图：2001 年"入世"15 年来的货币深化与金融安全

"一带一路"金融"风控"离不开世界格局的演进。世界六大货币体系构成了"三大三小"的货币格局，如图 6 所示。

---

① 王云龙："我国对外开放中的金融安全问题研究"，载《国际金融研究》2004 年第 5 期，第 11 页。

② 腾讯网："博鳌亚洲论坛 2016 年年会"，http://boao.qq.com/，访问日期：2016 年 6 月 20 日。

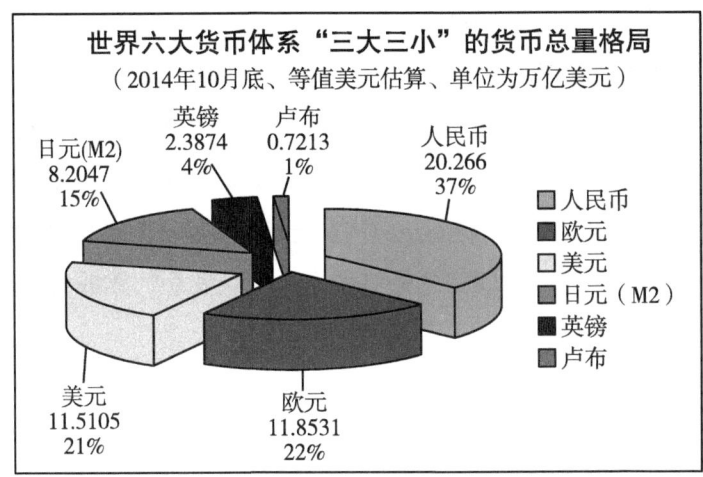

图 6 世界六大货币体系 "三大三小" 的货币总量格局

从分析世界六大货币体系 "三大三小" 的货币总量格局形成的历史中可以看出，欧元采取并购式发行，美元采取借债式发行与国债式发行，人民币主要采用结汇发行。以中国对南亚的区域合作为例，在贸易层面，中国往往对南亚非 WTO 成员方给予超国民待遇、超 WTO 待遇、无附加任何政治条件；在投资层面，以孟加拉国为例，在通货膨胀情况下，其汇率常常贬值，那么就存在中国用何种货币去投资及相应的投资担保等问题。货币总量、货币深化、币值稳定、汇率稳定，这其中都蕴含着货币正义问题。美联储退出量化宽松政策并开始加息，而欧元区面临经济风险，为避免进入通缩风险也开始采取量化宽松政策，[①] 这些都会影响 "一带一路" 上的贸易、投资、基建法律风险控制[②]都应当在 "一带一路" 倡议中前瞻设计 "区域货币中心主义"[③]的相关策略，以使得各国有机会采用公正合理的货币合作与法律安排，以实

[①] 李永宁、郑润祥、黄明皓："超主权货币、多元货币体系、人民币国际化和中国核心利益"，载《国际金融研究》2010 年第 7 期，第 30 页。

[②] 李晓："东亚货币合作为何遭遇挫折？——兼论人民币国际化及其对未来东亚货币合作的影响"，载《国际经济评论》2011 年第 1 期，第 110 页。

[③] "区域货币中心主义"是经济学领域 13 种区域经济发展理论以外的第 14 种，是以货币为中心的发展理论，在法学领域，区域合作又分为贸易、投资、基础设施三大类。

现每一种货币的价值公允，即货币正义。

在世界各主要经济体之中，只有中国大陆仍坚持公有制，或许公有制作为中国货币发行之"锚"，能够为未来的信用货币提供正义的基础。而各国在国际交往过程之中的贸易、投资、基建以及劳务等方面，要把握好金融"牛鼻子"，维护国家安全，特别是经济安全，中国经济要走出去，实现"一带一路"倡议所形成的共同体的经济安全、金融安全，推进世界金融货币正义。

WTO《政府采购协议》与
内国政府采购领域腐败防治立法

聂资鲁　丁　理*

摘　要：《政府采购协议》（GPA）是世界贸易组织（WTO）的一项诸边协议，也是一个开放、公平、非歧视的法律框架。GPA 能够给缔约方提供更多、更加公开且公平的竞争机会，使其极大地节约采购成本；GPA 所提供的良好的治理框架以及采用特定政策推动创新、绿色采购等也会给缔约方带来明显的社会收益；GPA 有高透明度标准，其规则制定不仅能防止各方利益冲突，还能有效预防腐败，这些，对推进我国政府采购领域的反腐倡廉建设意义重大。本文试图从腐败防治的视角梳理 GPA 的相关规定，分析美国、英国等国以 GPA 为基准构建与完善政府采购领域腐败防治立法的经验与教训，以之为我国借鉴。

关键词：WTO/GPA 政府采购领域；腐败防治立法

＊ 聂资鲁，湖南大学二级教授、博士研究生导师，法学院副院长。丁理，湖南大学法学院博士研究生。

一、《政府采购协议》（GPA）关于腐败防治的相关规定及影响

GPA① 是一个开放、公平、非歧视的法律框架，其基本目标是通过扩大政府采购的竞争，促进政府采购透明、客观、经济和高效，从而实现世界贸易的扩大和更大程度的自由化。

GPA 确立了三大原则：一是国民待遇原则和非歧视性原则（各缔约方不得通过拟订、采取或者实施政府采购的法律、规则、程序和做法来保护国内产品或者供应商而歧视国外产品或者供应商）；二是公开性原则（各缔约方有关政府采购的法律、规则、程序和做法都应公开）；三是对发展中国家的优惠待遇原则（有关缔约方应向发展中国家，尤其是最不发达国家提供特殊待遇，如提供技术援助，以照顾其发展、财政和贸易的需求）。其中，第一大原则体现了平等与公平原则，无疑是公正的法律精神之体现；第二大原则体现了政府透明原则，第三大原则体现了正义原则。这三大原则无疑都体现了GPA 的合法性。②也正是这三大原则，确保了该协议的腐败防治功能。

具体而言，GPA 有多条规定涉及腐败防治的内容：

在"序言"部分，指出缔结 GPA 的原因是，各参加方已"认识到政府采购透明性措施的重要性，以透明和公正方式实施政府采购的重要性，按照

---

① 1979 年，关贸总协定将政府采购纳入贸易投资自由化谈判领域，并制定了《政府采购协议》（又称《1979 年协议》）。当时只有少数发达成员方家加入协议。以后在乌拉圭会谈期间形成了新《政府采购协议》（又称《1994 年协议》），诸边性质不变。这样一种参加国之间就政府采购法律、规定和惯例等所达成的框架协议，具有非常重要的地位。GPA 分为正文和附录两大部分。正文为协议条款，包括目标、原则、范围、加入谈判程序、对发展中国家的特殊和差别待遇等，共 24 条。截至 2012 年年底，GPA 共有 42 个成员，主要是发达国家和地区，即美国、加拿大、欧盟 25 国、荷属阿鲁巴、列支敦士登、瑞士、冰岛、挪威、以色列、日本、韩国、新加坡、中国香港。此外，GPA 还有 22 个观察员，其中绝大多数也是发达国家。本文引用的 GPA 条文内容均来自 2012 年中文版。

② "WTO 体制下 GPA 的合法性及发展前景：以欧盟和美国 GPA 方案为例"，http：//wenku. baidu. com/link? url = sHA1z5dGGEM7cUPpVAYe434RiMpt3V9den1eRPO0bUo_9vnyG6uZGkseO8HxJfgpceYcLXz WpdGVxipXV7rDXutNjhZeKnNV87vnzTjEqnW。

《联合国反腐败公约》等可适用的国际文件避免利益冲突和腐败行为的重要性"。强调在政府采购领域按照《联合国反腐败公约》等可适用的国际文件来"避免利益冲突和腐败行为"是各方共识。

在第 4 条"一般原则"中特别规定,"采购实体应当以透明和公正的方式进行被涵盖的采购,该方式:(a)应当与本协议一致,使用诸如公开招标、选择招标和限制性招标那样的方式;(b)避免利益冲突;(c)防止腐败行为"。这是再次重申要"避免利益冲突和防止腐败行为"。

在 GPA 的第 7 条"公告"(意向采购公告、摘要公告、计划采购公告),第 15 条"投标文件的处理和合同授予",第 16 条"采购信息的透明",都集中地体现了"公开"原则。第 17 条规定,协议成员方应该鼓励本国实体公开本国采购政策受理非成员方的投标的条件,采购要求和诉讼的条件,保证程序的透明度。这体系是"透明"原则。

GPA 虽然没有将监督原则列入它的目标中,但该协议在不少条文中体现了监督的要求,这主要表现在《政府采购协议》第 18 条"国内审查程序",第 19 条"适用范围的修改和更正",第 20 条"磋商和争端解决"。

就反腐败而言,加入 GPA,可以使政府采购的透明度和规范性大大增强,有利于节约政府财政支出,有利于反商业贿赂和反腐败;GPA 还规定了公开招标、公平竞争、程序透明、信息披露等竞争机制,使国内外的所有的供应商得到平等的竞争环境,防止政府采购过程中发生钱权交易、收受贿赂,客观上能够抑制与消除腐败的滋生;将有助于规范国企采购行为,尽管外国供应商对行贿也非完全免疫,但毕竟受到更严格的法律规管,其在参与国企采购的过程中,尤其通过供应商投诉机制可协助有关机构尽早发现腐败的蛛丝马迹。

总之,竞争、公开、公平、公正是 GPA 预防与遏制腐败的法宝。

二、《政府采购协议》关于腐败防治规定在发达国家的契合与适用

怎样设计政府采购领域的腐败防治制度？如何从已加入的国家借鉴宝贵的腐败防治立法经验？这是每一个加入国无法回避的问题。

从世界各国政府采购领域腐败防治立法实践来看，发达国家比较重视腐败防治的问题，相关的法制、政策和措施也较完备，有力地支持着其政府采购实践。兹以英、美、韩、新加坡等为例。

（一）英 国

英国是最早开展政府采购活动的国家之一。1782 年英国就设立了国家文具公用局负责采购办公用品，后来发展为物资供应部，专门负责政府各职能部门所需物资的采购。1973 年，英国加入欧洲经济共同体后，其政府采购受欧共体各种法律条款的限制。此外，英国还是 GPA 成员，在政府采购方面还要遵守 GPA 的相关规定。经过长期的采购和立法实践，英国逐步形成了以《英国公共工程合同规则》《英国公共设施供应的公用事业工程合同规则》《英国公共服务合约法规》《采购政策指南》《采购实施指南》为核心的政府采购体系和运作规范，内容涵盖政府采购的各个方面。

英国高度重视政府采购的公开透明，主动发布与采购活动、采购绩效相关的信息，接受社会公众的监督，最大限度地避免腐败行为的发生。[1]此外，还非常注重从采购程序上防范廉政风险，对采购项目实行全流程的廉政风险管理。具体做法是：第一，选择管理和监督团队，明确廉政风险管理等级。第二，建立廉政风险管理的重点领域，明确廉政风险的类别和方向。第三，

---

① "英国政府采购特点及借鉴启示。"，http：//www. infobidding. com/infobidding/detailNewsAction. do？infoId = 70752&isfile = 2&type = 2。

进行廉政风险识别，明确廉政风险的存在。第四，进行廉政风险评估。第五，进行廉政风险应对。第六，对廉政风险应对措施进行评估，采取客观的方法对廉政风险策略的效果进行评估和反馈。[①]

（二）美 国

美国也是世界上最早实行政府采购制度的国家之一，还是世界上政府采购制度最完善的国家之一。其政府采购制度建立在完善的法制基础上。

从 1761 年颁布《联邦采购法规》开始，美国先后颁布了《合同竞争法案》《购买美国产品法》《武装部队采购法》《服务合同法案》《贸易协定法案》《联邦采购政策办公室法案》《小额采购业务法案》《总监法案》《合同纠纷法案》《1993 年联邦采购程序合理化法》等一系列规范联邦政府采购行为的法律、法规。另外，各州还颁布相应的州采购法规，对采购目标、采购程序、财政预算、中央政府采购与地方政府采购的关系、采购监督和评估、合同纠纷的仲裁和赔偿等都做了明确规定。

在美国成为 GPA 成员方后，通过《贸易协定法》，废止了《购买美国产品法》中指定从特定国家购买产品和物资条款的适用性，并且禁止不公平对待外国企业。

美国在政府采购活动中腐败防治的制度设计：[②]

1. 机构设置实行"采购权、使用权、监督权分离"的管理体制

除国防部和交通部外，联邦政府其他机构及国会的政府采购统一由联邦总务署（GSA）负责。联邦会计总署（GAO）是政府采购的监督管理机构，直接对美国国会负责。总审计署办公室有权力对行政机关的采购计划进行评估，对政府采购项目进行审计。行政管理与预算局（OMP）也是美国政府采

---

① "英国政府采购特点及借鉴启示。", http://www.infobidding.com/infobidding/detailNewsAction. do？infoId = 70752&isfile = 2&type = 2。
② 黄泽红："美国政府采购制度中的廉政机制及启示", 载《湖南税务高等专科学校学报》2006 年第 19 期。

购的监督机构，负责制订每年的预算并送交国会审议和颁布。联邦政府采购政策办公室（OFPP）是政府采购的政策制定和协调机构，如果出现与政府采购合同相关的问题，OFPP 将分析其原因并出台补救措施，并对采购机构产生约束力。

2. 采购工作人员实行专业化管理

GSA 除少量管理人员外，大部分为专业采购（合同）官员。对采购官员的资格条件要求很严格，包括教育水平、培训情况以及工作经历等。采购官员按级次管理，一般分为 5 级。FAS 定期对采购（合同）官员进行专业化培训，每人每年培训时间不少于 40 小时。采购官员经政府合同资格审核委员会审核批准其资格后，由部门行政首长任命。

3. 政府采购过程中"公开、公平、公正"的招投标管理制度

（1）高度集中的预算管理制度。美国所有政府部门的运行经费必须纳入预算，纳入预算的所有货物、服务和工程均需实行政府集中采购。政府机构购买力的大小，取决于一年一度的财政预算，国会通过"财政预算决议"，由财政计划管理人员、财政预算官员、财政管理及财政预算办公室、国会委员会以及国会的稽核部门——国会会计部监督财政预算执行。通过这些严格的预算程序，确保政府机构在财政支出上遵守法律要求，合理地使用财政拨款，提高财政资金的使用效率。

（2）公开竞争的采购方式。为了实现充分竞争，政府向所有潜在的投标人发布采购信息（例如在互联网上和专门的政府采购刊物上公告）。所有的投标文件必须向公众公开。

（3）严格的合同管理。更好地促进采购的标准化和程序化，从而更好地提高采购效率。政府机关如要单方面变更和解除合同，应该公开说明理由，并应对合同相对方所受损失做出适当的补偿或赔偿。同时政府的这种权力受到法律和司法审查的限制。合同相对方对政府机关的监督控制权有异议时，可以向法院提起诉讼。

（4）审查承包商的公益代位诉讼制。该制度不仅可以对供应商起到较好的威慑作用，而且对政府采购领域经常发生的集团性经济犯罪可以起到良好的解构作用。

（5）救济第三人的异议制度。通过赋予具有专业背景知识的供应商向政府提起挑战的权利，从而能够确保每个供应商都有机会参与采购程序，依照同样的标准接受决标审查，从而实现采购程序的公平性。

美国的成功经验主要体现在如下方面：一是保持政府采购的高透明度，二是高度维护政府采购信誉，三是有严格的财政预算程序作为保障，四是政府采购信息系统比较完善。美国在采购信息网络的建设上投入了大量人力、物力、财力，目前已经形成覆盖全国乃至全世界政府采购的信息系统。

（三）韩 国

韩国政府采购工作的管理体制较为集中，法律制度比较健全，管理手段比较先进。

1. 机构及职责

韩国的政府采购工作开展得比较早，在 1949 年就成立了外资总局，外资总局的主要任务是管理外国援助的物资，采购政府需要的外资物资。以后随着时间的推移，政府采购管理工作不断拓宽。例如，1999 年政府采购资金达159 兆韩元，占当年 GDP 的 33%，占当年财政支出的 112%。

韩国的政府采购工作比较集中，根据规定，韩国中央部门的政府采购中，价值在 30 亿韩元（300 万美元）以上的工程采购项目、5000 万韩元（5 万美元）以上的货物采购，都必须由调达厅代为进行。地方部门的政府采购中，价值在 100 亿韩元（1000 万美元）以上的工程采购项目、5000 万韩元（5 万美元）以上的货物采购也由调达厅代为进行。上述标准以下的采购项目，既可以由各部门自行采购，也可以委托调达厅代为采购。调达厅是财政经济部下属的一个副部级单位，也是全国唯一的政府采购专职机构（韩国没有实施政府采购的中介机构）。厅长由总统直接任命，工作人员为国家公务员，有人员 935 人。

2. 腐败防治立法

目前，韩政府采购相关法规细则逾 60 余种，逐渐形成四大制度层次：一是韩国会通过的《政府合同法》、总统令颁布的《政府合同法实施细则》、总理令颁布的《关于特定采购的〈政府合同法〉的实施细则》等构成韩政府采购的基本法律框架；二是关于国家招标的特殊规定，如《招标采购细则法》《供货商或制造商登记程序与资格规定》《标底制定程序与方法》《投标商资格管理办法》等法律细则；三是关于政府采购具体实施中的规定；四是国家投资企业的政府采购会计准则。此外，韩规定网上政府采购必须严格遵守《电子交易基本法》和《电子签名法》，在降低采购费用和提高效率的同时，规避人为操作因素，有效防止腐败滋生。①

在政府采购立法中，还注重与世界贸易组织《政府采购协议》的有关内容相衔接。韩国是 1994 年在世界贸易组织《政府采购协议》上签字的，1997 年该协议在韩国生效。韩国在《政府采购协议》上签字后，即根据自己的承诺对国内法进行了修改补充。主要是强调要坚持国民待遇原则和非歧视性原则，明确规定 42 个中央政府部门、15 个地方政府部门和 20 多个政府投资企业为该协议的适用范围。②

监管与信息公开也避免了韩国政府采购中的腐败。另外，韩国腐败防止委员会于 2003 年建立了一个综合性的反腐败信息系统，公告委员会的反腐败行动，处理公众的投诉申请，提供法规、新闻等反腐败信息，进行反腐败宣传教育。该系统还建有内部网络系统，以在委员会工作人员之间进行信息共享，促进交流。

---

① http：//gpa. mofcom. gov. cn/channel/2013/country/korea. shtml。
② 韩国政府采购制度，http：//www. qjdtc. com/html/tszs/14/01/3126. html。

3. "国家卖场" 杜绝暗箱操作

韩国制定的《电子交易基本法》和《电子签名法》对电子交易活动进行规范。政府采购活动要严格按照这两部法的规定执行。韩国的政府采购业务都在网上完成，所有信息都在网上公开。从 2000 年 11 月起，韩国实行电子投标制度，各供应商可根据网上公布的信息在网上投标。中标结果由计算机自动排名确定，并自动向社会公布。电子化政府采购不仅降低了采购费用、提高了采购效益，而且还避免了人为因素对政府采购活动的干扰，可以最大限度预防腐败。从 2002 年起，韩国政府利用韩国网络普及率高、网上金融服务成熟、政府办公普遍实现网络化的优势，规定各种采购行为必须通过采购厅建立和管理的名为 "国家卖场" 的网站进行。所有招标、投标的资讯，审核、评标和交易的过程，都在网上向社会全部公开，整个过程公开、透明、高效。这种政府采购实现形式从源头上切断了采购人员与供应商见面的机会，交易的透明化杜绝了暗箱操作。从 2005 年起，韩国采购厅实施多重供应合同制，即由采购厅与多家供应商签订合同，各供应商同时在 "国家卖场" 供应品质、性能相同或相似的产品，需要采购的公共机关也登录这一平台，自行进行选择和购买。目前，"国家卖场" 是所有公共机关进行采购公示和任何企业登录后均可参加公共采购的窗口。由于所有的招标、投标和交易过程都被记录下来，并在网上向社会公开，同时网络采购还从源头上切断了采购部门、工作人员与供应商见面的机会，交易的透明化杜绝了暗箱操作的可能。①

总之，韩国近 40 年来的经验表明，国家除了经济上取得了巨大的收益，财政支出方面获得可观的节省以外，在腐败防治方面也取得了不可估量的业绩。②

---

① "韩国推国家卖场　清廉指数提高 27%"，http：//www. hubeiinvest. cn/NewWeb/Show. aspx? id =70582。

② "韩国的政府采购制度"，载《市场报》2002 年 4 月 22 日，第 9 版。

（四）新加坡①

新加坡是一个举世公认的廉洁国家。其在政府采购中腐败防治的措施主要体现在如下方面。

1. 对政府采购中的腐败行为加重处罚

新加坡多年来一直坚持依法推行廉政建设，制定了《公务员法》《公务员行为准则》《公务员纪律条例》《财产申报法》等法律制度。特别是制定了专门惩治腐败犯罪的《防止贪污法》。该法将围标视为贪污行为。该法对涉及政府合同、政府工程的腐败行为加重处罚，实行罚金与徒刑并行的处罚措施，对一般贪污行为处 5 年以上有期徒刑或科或并科 10 万新元以上罚金。《防止贪污法》有效地保证了政府采购从业人员的廉洁和供应商行为的规范。为了清除政府采购的徇私舞弊行为，新加坡政府设立了强有力的贪污调查局。贪污调查局直接隶属于总理，局长由总理直接任命，只对总理负责。因此，贪污调查局独立于新加坡警察部队和其他政府机构，以防止任何不当的干涉。在政府采购领域，贪污调查局不遗余力地与腐败分子做斗争，揭发和处理了一批采购腐败案件。诸如此类的案件不仅严惩了政府采购的腐败分子，还规范了政府采购市场，对政府采购参与者起到了巨大的震慑作用。

2. 对预算和审计进行严格管理

新加坡建立了完善的、公开透明的预算制度。该预算制度较好地遏制了腐败。与此同时，新加坡加强对政府各部门的日常审计监督。在新加坡，审计署是一个独立的国家机构，总审计长由总理提名总统任命，但向国会报告工作。审计署不仅对政府工作是否符合标准和规定进行审计，而且对浪费和挥霍行为也进行审计。

---

① "国外政府采购预防腐败系列（三）新加坡：接受一元钱就算贪法犯罪"，http://www.tiandaocheng.com/index.php? m = info&a = detail&id = 164，访问日期：2014 年 3 月 20 日。

3. 对政府采购活动的控制和严格的管理

财政部下设有统一且可对外发布的"政府采购电子商务网"。根据新加坡的政府采购规定，总额超过 3000 新元的任何政府部门和法定机构的政府采购，必须公开在电子商务网上实行竞价采购；3000 元以下的采购可由部门自行处理。

新加坡在政府采购中预防腐败的措施包括：邀请至少三家信誉良好的公司参与报价或投标。一般项目的采购均应履行以下程序：确定采购计划、选择采购方式、审查供应商竞标、授予合同、履行合同等步骤。新加坡政府在互联网建立了一种双向的、交互式的电子交易系统，从根本上解决了过去采购程序烦琐、手工操作复杂、数据不够准确、缺少透明度等问题，使招标工作更加科学化、规范化、公开化，从而大大提高了政府采购工作的效率，减少了政府部门在整个采购过程中可能出现的腐败现象。在选择招标中，邀请期过后，由政府采购机关进行资格审定。政府采购机关必须确保公平的审定，审定时只能根据审定资格文件中规定的资格要求进行审定，同时考虑供应商在当地以及全球的能力。

4. 评估程序预防腐败

新加坡政府采购招标还采用投标评估程序来预防腐败，即政府机关先检查投标文件，确保"投标者指南""合同条件"没有被窜改，也确保"投标表格"填写正确。然后，政府采购机关把合格的投标文件交给投标评估委员会评估。评估委员会由具备相应资格的官员组成；至少两人，可包括最终用户、技术专家和采购人员。全部合格的投标文件须使用邀请投标文件列出"评估标准"。评估委员会需要准备一份投标评估报告，向政府采购机关建议是否接受或拒绝投标。政府采购机关则研究投标评估报告，然后准备一份投标推荐报告，向有关投标批准当局推荐是否接受或拒绝接受。

（五）启　示

第一，各国都遵循 GPA 透明、竞争、公平、公开的原则，并将之贯串于整个采购过程，成为管理政府采购活动的灵魂。因之，腐败防治的理念也成为管理政府采购的灵魂。

第二，在各国的立法中，还注重与 GPA 相衔接。例如，各国都按 GPA 以完善自己的政府采购程序。各国政府采购法律都对采购的主要方式作了明确规定，将招标采购作为政府采购的首选方法，规定在一般情况下采购机构必须采用。同时考虑到采购环境的复杂性及公开招标的不完全适用性，又设计了适用于其他采购环境的一系列程序，从而形成了一套完整的、适用各种采购环境的采购程序，既保证了政府采购的竞争、公开、公平、公正，又最大限度地促进了政府采购经济有效目标的实现。又如，各国都根据 GPA 制定了完善政府采购法律体系。还如，各国还根据 GPA 在其政府采购法律中规定了救济程序，允许双方通过司法、行政手段对不当采购行为提出异议，为法律制度健康运行提供了重要保障。

第三，采用规范化的改革配套措施。各国根据国际规则和本国实际情况，采取积极措施，修正国内现行有关政府采购立法，并制定新的法律法规，以期符合国际政府采购规则的基本要求。

第四，各国在适用 GPA 时，也注重构建和完善政府采购领域的腐败防治机制。

三、关于推进我国政府采购领域腐败防治立法的思考

政府采购容易滋生腐败的现象越来越引人关注，且已成为腐败案件易发、多发的重要根源。尽管我国的政府采购制度设计比较合理，也有许多条款防止腐败，但在政府采购领域腐败和利益冲突仍然不可避免。究其原因，主要有六个方面：（1）缺乏体系化的政府采购制度，（2）缺乏采购人员从业规范，（3）缺乏透明的采购信息公开制度，（4）缺乏法治理念，（5）缺乏规范的政府采购监督机制，（6）缺乏严厉的政府采购惩治机制。

要遏制政府采购领域的腐败，就必须加强腐败防治立法，以打造政府采购的"阳光工程"。

为了有步骤推进我国政府采购领域腐败防治立法，在借鉴国外的经验的基础上，我们认为，有以下几方面值得我们重视。①

（1）防止利益冲突宣传教育制度化。一是教育引导从业人员认识利益冲突的本质及危害，增强防止利益冲突的意识，正确处理好公共利益与私人利益的关系；二是确定内部职责分工，确保政府采购的每一环节和岗位责任明确，一旦出现问题按责处置，强化从业人员的责任意识和廉洁意识。

（2）完善政府采购领域的防止利益冲突制度。首先，针对政府采购的重点岗位、关键环节，分部门、分职级逐一梳理，查找可能产生利益冲突的廉政风险点，制定相关具体制度和规定。其次，要建立健全政府采购利益回避制度。

（3）完善政府采购监督机制。有效的监督是防止利益冲突的重要手段。一是要充分发挥现有监督机构的监督功能。财政部门侧重于对采购资金的使用和采购程序过程进行监督；纪检监察、审计机关侧重于事中、事后监督，纪检监察机关全程参与监督重大政府采购事项，重点查处违纪违法行为；人大代表、政协委员等社会监督委员会成员，侧重于监督重大采购项目的采购过程。二是要扩大社会监督和新闻舆论监督的作用。让社会力量参与监督政府采购活动的关键环节和重点岗位，监督整个操作过程是否符合法律法规的规定，增强监督制衡力。

通过制度设计，铲除公职人员商业贿赂和利益冲突发生的土壤和条件，有效防控政府采购领域的廉政风险。

（4）完善信息公开运行机制。一是运用现代科技手段形成"制度＋科技"的廉政风险防控体系。二是完善政府采购信息公开披露制度。重点解决

---

① "关于政府采购领域廉洁建设的调查与思考"，http：//www. cjlx. gov. cn/cjkx/？ type = detail _ default_ xwlb&id = 334193 &a_ siteid = 320412119215。

行政决策、审批、执法、监督、执行等关键环节信息公开的问题。例如，积极探索研究"晒标书"和项目预公告制度，尽早实现网上开评标"阳光操作"。三是构建电子化监管体系。推行网上招标采购制度，运用科技手段预防围标，使采购活动的每一个环节都通过网络来运行，既避免人为因素干扰和暗箱操作，又制约和监督了相关工作人员，监察机关通过网络实时监控、跟踪监督等，使其真正成为"阳光下的交易"。

（5）健全政府采购腐败的惩处机制。一是制定严厉的惩戒制度。健全供应商行贿"黑名单"制度和行贿犯罪档案查询系统，严查政府采购中的腐败行为。二是完善查办案件协调机制。监察机关要加强与司法、行政执法、审计等职能部门的合作与协调，形成查办案件的整体合力，提高办案的质量和效率。三是严肃惩治腐败案件。对查实的政府采购案件，通过重罚来增强威慑力。例如，对违规的社会中介机构，取消其代理资质；对违规的供应商列入"黑名单"，直至清理出政府采购市场。

WTO《政府采购协议》
与中国国家治理体系的现代化

李 巍[*]

摘 要：全面深化改革的目标是推进中国国家治理体系和治理能力的现代化，加入新的WTO《政府采购协议》是实现中国政府采购体制现代化的必经之路，它有助于我国政府采购市场对外开放，提高庞大的政府采购资金使用效益；有助于国内企业进入发达国家政府采购市场，释放巨大的剩余产能；有助于改革中国现有政府采购体制，在国际标准下协调统一运行，更加公正透明和高效。采纳GPA是建立约束政府采购权力刚性制度的必需工具，是遏制大范围采购腐败，建立"善治"的必需工具。加入GPA所引起的政府采购体制改革将在这一领域建立"决策科学、执行坚决、监督有力"的权力运行体系，有效遏制采购腐败，使之由"治标"向"治本"转变。

关键词：新GPA；国家治理的现代化；政府采购的善治；政府采购市场开放；政府采购体制改革

WTO《政府采购协议》（GPA）是规范成员政府公共采购行为的重要国际协定，中国加入WTO时承诺在政府采购中遵循透明度和最惠国待遇原则，并在加入WTO之后尽快开展加入GPA的谈判。中国于2007年正式申请加入

---

* 李巍，中国政法大学国际法学院教授。

GPA，目前已经提出第 6 份具体承诺出价清单，[①] 相信最终将完成谈判，加入这一协议。本文分析新修订的 GPA 主要内容、特点和适用范围，GPA 与全球治理和中国内部治理的关系，在此基础上说明加入 WTO《政府采购协议》对于中国新一轮改革开放和国家治理现代化的推进作用。

一、加入 WTO《政府采购协议》对中国国家治理现代化的影响

WTO《政府采购协议》是规范成员政府采购措施，消除政府采购对外国供应商歧视的诸边贸易协定。[②] 政府的公共采购是全球最重要的经济贸易份额，几乎所有国家的政府及其控制的机构都是货物与服务最大买主，经合组织（OECD）估算全球公共采购份额在多数国家约占其国民生产总值的 15% ~ 20%，目前已经加入 GPA 协议的 43 个成员其开放的政府采购份额每年就达 17 000 亿美元。[③] 但是由于 WTO 现有多边贸易协议不适用于政府采购的货物和服务，成员可以合法地在政府采购中采取歧视外国供应商的政策和法律，如规定购买本国货政策，不适当地排除外国投标，或对外国投标者实行歧视待遇，采购惯例缺乏透明度等。在严格的贸易保护政策下，政府采购成为实施国内支持政策的工具，采购公开竞争一般仅限于国内范围，不对外国开放。

为保证供应商公平进入外国政府采购市场，从 20 世纪 60 年代起，经合组织发起制定多边政府采购规则，其结果是在 GATT 东京回合谈判中达成了诸边的《政府采购协议》。该协议有 1988 年版本和列入 WTO 框架协议的 1994 年版本。按照既定安排，GPA 成员于 1999 年发起新的修改协议谈判，

---

① 中国于 2007 年申请加入时提出了第一份出价清单，之后在 2010 年提出第 2 份清单，最近中国提出第 6 份出价清单，正在积极开展加入谈判。

② GPA 原有 43 个成员，即亚美尼亚、列兹敦士登、荷兰、瑞士、挪威、加拿大、中国台北、韩国、日本、美国、中国香港、克罗地亚、冰岛、新加坡、以色列以及欧盟 28 个成员。但是自新西兰和蒙特尼罗于 2014 年 10 月加入该协议，GPA 正式成员为 45 个。另有包括中国在内的 10 个成员已经申请加入。

③ Robert D Anderson, the WTO's Revised Government Procurement Agreement - An important milestone toward greater market access and transparency in global public procurement markets, The Government Contractor, Vol. 54, 2012. p. 2.

2006 年各方就修订文本达成初步协议。2012 年 3 月 30 日，成员部长会议正式通过了新修订的《政府采购协议》（新 GPA），该协议于 2014 年 4 月 6 日正式生效。不论原协议还是新政府采购协议都致力于实现三个核心原则：公共采购透明度；成员间采购活动的非歧视以及采购程序公平。与原有协议相比，新 GPA 在以下方面改善了原有协议：第一是提高了市场准入水平，特别是将部分国防货物和服务纳入约束；第二是强化对采购腐败的规制，增加了对政府采购"廉正（integrity）和可预见性"要求；第三是完善了采购政策透明度，增加了成员需要公布的政府采购信息；第四是为推进采购技术的现代化，增加包括电子采购、电子产品分类、电子反向竞拍（e-reverse auction，即与通常买方竞拍不同，政府采购中由卖方参与竞拍获得商业机会）的规则；第五是为便于发展中国家参与，规定了完善的灵活性的过渡措施。

新 GPA 主协议规定了调整所有参加方关于政府采购制度的一般原则和规则，参加方、采购实体以及供应商应该承担的主要义务。与其他 WTO 附属协议相比较，新 GPA 的突出特点是其约束范围通过个别谈判限定，最终将每一参加方受约束主体、受约束的采购货物或服务、采购门槛价以及例外和排除列入具体承诺清单。协议另有 4 个按国别列表的附录，是主协议的组成部分。附录 1 含 7 个按国别列表的附件，以正面列举方式，规定了每一参加方承诺受协议约束的中央政府、次中央政府（州或省政府）和其他采购实体清单，采购门槛价和某些采购标的范围，以特别说明（note）的方式规定的例外条件。附录 2 按国别列表方式列明参加方用来公布政府采购法律、司法和行政裁决和其他采购程序要求信息的电子媒体和文件媒体的清单。附录 3 列明参加方用来公布政府采购的通知、每年采购计划、合格供应商清单和授予合同通知的电子媒体和文件媒体清单。① 附录 4 列明每一参加方用来公布每年政府采购统计的官方网址。与 GPA 有密切联系的另一规范公共采购行为的

---

① 新 GPA 第 7.4 条。

国际法是 UCIRAL 发布的《贸易法委员会公共采购示范法》(2011),该法作为示范法其目的一是为各国进行公共采购国内立法和对采购实务进行评估提供范本;二是在国际层面支持各国协调统一采购法律,促进国际贸易。贸易法委员会还同时发布该示范法阅读指南,意在为决策人、立法者、监管人提供参考。示范法虽然不具有国际条约的约束力,却具有更广泛适用性。

GPA 以及该示范法是规范有关国家政府采购行为的基本国际法和国际惯例,是对国际政府采购活动进行全球治理的基本制度依据和标准指引。按照这样一套标准进行公共采购的全球治理,以及通过 GPA 参加方积极履行义务,将达到"建立协调统一的现代公共采购法律框架,促进在采购中节省费用,提高效率,增加竞争,同时增进采购过程的廉正、公信度、公平和透明度"① 的目的。经济全球化提出了需要对各国面临的重大社会问题进行全球治理的要求,国家间、政府间加深了相互依存,已经不能孤立地仅依靠国内法律和行政管理措施解决所面临的生存和社会问题,诸如国家安全、环境保护、知识产权保护、货物和服务跨境交易、资本和人员跨境流动、金融稳定和监管。解决这些问题需要依靠紧密的国际合作和国际法治,管理由纯粹的国内事务转变为大量国际层面的合作。学者 Benedict Kingsbury 等认为,大量全球治理任务可以理解为(全球)管理或行政(administration),通常可以按照行政法的特征和一般原则组织和完成,在此理念上他们提出"全球行政法"概念(global administrative law),它是由一整套国际社会普遍接受和支持的国际法律机制、法律原则、规则和惯例构成。全球行政管理有五种形式:(1)正式的国际组织管理(如 UN、WTO 体制);(2)各国政府机构、公务员之间跨国合作网络安排的集体行动实现的管理(如巴塞尔协议体系);(3)由国内管理者根据条约和其他合作机制执行的分散的管理(如国家之间相互承认标准和证书、各国海关合作安排);(4)政府和私人机构混合的管

---

① 2011 年 12 月 9 日《联合国国际贸易法委员会关于公共采购示范法大会决议》。

理(国际食品法典委员会、国际兽医组织、《国际植物保护公约》下运作的组织);(5)具有规制功能的私人机构进行的管理(国际标准化组织、世界反兴奋剂机构的管理),① 全球管理涉及国内行政管理的各个领域,WTO 及其管辖的框架协议是负责对全球经济和贸易活动进行治理的核心机构,包括对全球政府采购交易的治理。

一旦中国加入 WTO《政府采购协议》,将采用国际通行的政府采购"良好做法",这是对全球政府采购良好治理的巨大贡献。目前,美国拥有全球最大的政府采购市场,2007 年度美国公开报道的采购活动和采购金额分别为3 973 578次和4600 亿美元,② 2013 年中国全国政府采购的货物、建筑工程和其他服务金额为16 381.1亿元人民币(折合约2730 亿美元),③ 如果不考虑欧盟整体,中国应该是仅次于美国的世界第二大政府采购市场。如此规模的政府采购活动纳入 WTO 政府采购规则管辖将根本改善全球政府采购生态,使之向市场开放、提高竞争和效率、公开透明、程序公正和廉正方向发展。中国的加入将吸引更多 WTO 成员,特别是发展中国家成员加入 GPA,增强多边贸易体制凝聚力和活力。更重要的是,加入 GPA 对于改善中国内部治理具有综合及辐射作用,将在多方面促进中国国家治理现代化。党的十八届三中全会通过的《中共中央关于全面深化改革若干重大问题的决定》(以下简称《决定》)提出,"全面深化改革的总目标是完善和发展中国特色社会主义制度,推进国家治理体系和治理能力现代化"。国家治理作为一个系统工程包括经济治理、政治治理、社会治理、文化治理、生态治理、政党治理等多个领域,包括地方、全国乃至中国参与的区域治理和全球治理多个层次,国家

---

① Benedict Kingsbury, Nico Krisch &Richard B. Stewart, The Emergence of Global Administration Law, Law and Contemporary Problems, Vol. 68, Summer/Autumn 2005, pp. 20 – 23.

② Hong – sik Chung, Government Procurement in the United States – Korea Free Trade Agreement: Great Opportunities for Both Sides? Northwestern Journal of International Law& Business, 34, 2014, p. 310.

③ 《中国政府采购年鉴》(2013)。

治理体系也包括上述多领域的制度建设，而依法治理中国政府采购既是国家整体经济治理的重要方面，也是政治改革，建立廉洁高效政府的重要途径，甚至有助于解决中国国家和社会治理的顽症：预防和惩治腐败。中国应该抓住谈判加入 WTO《政府采购协议》的良好机遇，开放政府采购市场，完善政府采购法治，建立预防和惩治采购腐败的长效机制，推进中国政府采购制度和政府采购治理现代化。

二、政府采购市场对外开放

在经济领域，中国国家治理现代化的一个重要任务是建设统一开放、竞争有序的市场体系，这是使市场在资源配置中起决定性作用的基础。适应经济全球化新形势，"必须推动对内对外开放相互促进、引进来和走出去更好结合，促进国际国内要素有序自由流动、资源高效配置、市场深度融合，加快培育参与和引领国际经济合作竞争新优势，以开放促改革"。[①] 政府采购市场对外开放是中国整体市场开放的重要组成部分，加入 GPA 将为这一领域对外开放和国际合作建立稳定的法律基础，而没有政府采购市场的对外开放，中国的对外开放就是不完整的，不能称之为开放社会。

新 GPA 在以下几方面改善和扩大了市场准入：（1）确立了参加方协调一致市场开放水平。所有成员都以正面列举方式列明受约束的采购实体和门槛价，附录 1 中前 3 个附件分别列明成员受约束的中央采购实体、次中央采购实体、公用事业实体（其他政府实体）的详细清单和采购合同门槛价。其中中央采购实体货物和服务采购门槛价为 13 万 SDR，建筑服务为 500 万 SDR；次中央政府和公用事业实体采购门槛价也大体统一，其中建筑服务门

---

① 《决定》第 3 部分第 1 段、第 7 部分第 1 段。

槛价一般为 500 万 SDR，比原协议的 700 万 SDR 有所降低。① 附件 4 和附件 5 分别列明各成员受约束的货物和服务范围，附件 6 列出成员建筑服务约束范围。(2) 参加方普遍增加了受约束的政府采购实体和公用事业实体，特别是次中央实体，实现统一的约束水平。② 如前述，三级采购实体的门槛价大体统一，协定义务在主要的 10 个参加方中统一适用，实现全面的互惠和非歧视待遇。③ (3) 成员首次将国防部门某些受约束货物和服务采购清单正面列出，扩大了约束范围。与之相适应，中国财政部经由中国常驻 WTO 代表团，于 2014 年 12 月 22 日向 WTO 提交了经国务院批准的中国加入 GPA 第 6 份出价。本次出价首次列入大学、医院和某些国有企业，工程项目全部列入出价，门槛价也降至参加方现有水平。还扩大了中央政府实体覆盖范围，增加了 5 个省（出价省份达到 19 个），增列了服务项目，调整了例外情形。这份出价范围已与参加方一般出价水平大体相当，反映了中国积极推动谈判进展的诚意。而加入 GPA 仅是中国开放政府采购市场的第一步，未来还将在双边和地区性自贸协定谈判中安排更优惠条件对有关成员进一步开放市场。④

如果中国加入新 GPA，其他参加方有义务取消对中国产品、服务及其供应商在进入其政府采购市场方面设置的障碍，在协议框架下给予中国产品、服务及其供应商非歧视待遇，这有助于中国企业在公平非歧视的市场条件下

---

① 次中央政府货物和服务采购门槛价：加拿大、美国 35.5 万 SDR；欧盟、挪威、亚美尼亚、日本、韩国、中国台湾为 20 万 SDR。以上实体建筑服务门槛价加拿大、欧盟、挪威、美国、中国台湾、新加坡、日本为 500 万 SDR，但韩国为 1500 万 SDR，以色列规定在协议生效前 6 年为 850 万，之后为 500 万。其他实体货物和服务采购门槛价一般为 40 万 SDR（美国部分机构为 25 万），加拿大35.5 万，以色列 35 万。建筑服务一般为 500 万 SDR（日本、韩国为 1500 万）。

② 据统计，修订后的 GPA 成员预计每年获得 800 亿到 1000 亿美元商业价值的市场准入，增加的市场准入机会源于更多采购实体纳入协议约束，以及新的服务和国防领域采购活动被纳入协议约束。WTO News Items 7 April 2014，Revised WTO Agreement on Government Procurement Enters into Force. http://www.wto.org/english/news_ e/news14_ e/gpro_ 07apr14_ e. htm.

③ 这 10 个成员是美国、欧盟、加拿大、日本、新加坡、韩国、中国香港、中国台湾（台、澎、马祖、金门单独关税区）、亚美尼亚、以色列。

④ 《中韩自由贸易区协定》第 17.17 条规定，缔约双方同意在中国完成加入世界贸易组织《政府采购协定》谈判之后，尽快开展政府采购谈判，以期在互惠基础上达成双边政府采购协定。

进入外国政府采购市场，扩大中国产品中标和出口销售机会，解决中国产品过剩问题。GPA 非歧视待遇不仅适用于货物和服务，也适用于提供货物和服务的供应商。第 4.1 条规定：对任何与协定涵盖的采购有关的措施，每一参加方，包括其采购实体应给予其他参加方的货物和服务，提供货物或服务的供应商的待遇不低于其给予国内货物、服务和供应商的待遇（国民待遇），并且不低于其给予其他参加方货物、服务和供应商的待遇（最惠国待遇）。协议还禁止实行其他歧视性和规避市场开放义务的做法，包括对从另一参加方进口的货物或提供的服务适用不同于正常贸易中的原产地规则；对一项采购进行分割或采用特殊估价办法来降低采购标的价值，以规避协议义务；参加方和采购实体寻求实施任何补偿要求（offset）。虽然美国有最大政府采购市场，但是其市场准入限制最为突出，《购买美国货法》（BAA）严格限制联邦政府机构在公共采购中购买外国最终产品①，该法第 10 节 a 规定："尽管有其他法律规定以及除非由有关部门或独立机构的主管决定如此行事将违反公共利益或将承担不合理成本，只有在美国开采或生产的非制成品、原料、物料以及只有在美国制造的制成品、原料和物料，并且这些制成品、原料和物料实质上也是使用在美国开采、生产、制造的部件、原料和物料制成的，只有符合上述情形的物品可以为公共使用而购置。"② BAA 还要求美国任何公共建筑和公共工程的建设、维修和改造合同购买国内最终产品。如承包商、分包商、材料商违反 BAA 这些规定，将自被认定违反之日起 3 年内取消其参与的公共建筑合同。BAA 规定以下三项例外，允许公共采购合同官员购买外国货而不需考虑 BAA 的限制：（1）符合公共利益（由机构主管认定）；（2）采购的货物或服务不论其商业数量或满意的质量都具有国内不可获得性；（3）如购买本国或将负担不合理成本。

---

① 国内最终产品是：非制造业最终产品应在美国生产和开采；制造业产品也应在美国制造和生产，如果在美国开采和生产的产品原材料和部件占产品所有原料和部件价值 50% 以上。

② Buy American Act, 41U. S. C. §10a (2011).

如果中国加入新 GPA，美国政府在有关的政府采购中应该取消其根据 BAA 对采购官员购买原产于中国产品的限制，有助于在互惠互利基础上与其他参加方深度合作。因为《1979 年贸易协定法》授权总统对于原产于签署 GPA 国家的有资格产品免除 BAA 规定的采购限制和其他歧视性限制，这其中包括所谓 "估价系数" 限制。美国采购合同官员在评标时需要对最低外国货物出价方加价投标金额 6% 或 12% 的估价系数，再与国内货物最低出价方比较，如果外国产品投标人仍能胜出就允许其中标。但是如果外国货物原产于 GPA 参加方，按估价系数加价就不适用。中国产品供应商（包括中国企业和美国企业）可以在平等基础上参与美国政府采购的投标，获得公平的中标机会。即使是属于参加方 GPA 协议附件中做出例外和免责的领域，中国供应商也有参与竞争，获取市场份额的机会。例如美国在承诺中明确规定 GPA 不适用于其对中小企业、少数族裔企业、妇女所有的企业采购支持项目给予的优惠，一项政府采购符合协议门槛价，如果属于支持项目范围，政府有权优先将采购合同授予这类国内企业，依据美国《1953 年小型企业法》，每年有 4000 万美元联邦政府财政预算的采购用于支持这类企业。[1]韩国学者就曾建议韩国公司与美国境内韩裔美国人创办的小企业进行合营与各种合作，共享美国采购市场份额，这种合营或合作企业仍然属于美国法律规定的 "小企业或少数族裔企业"，享有项目优惠。[2] 中国企业可以借鉴这一做法，与美国境内大量存在的华裔美国小企业合作，争取采购机会。

如果中国成为新 GPA 参加方，中国也有义务开放国内巨大政府采购市场，对属于协议管辖范围内的货物与服务，在政府采购中取消现有国内法中对外国货物、服务及其供应商的歧视待遇，更多政府采购合同将通过公开、

---

① 美国小企业局将上述小企业定义为一营利机构，在美国或其领地设有营业地，通过纳税和使用美国产品、原料或劳工，为美国经济做出重要贡献。小企业可以是独资、合伙、合资公司、联营、合作企业的形式。

② Hong – sik Chung, Government Procurement in the United States – Korea Free Trade Agreement: Great Opportunities for Both Sides? Northwestern Journal of International Law& Business, 34, 2014, p. 332.

透明的中外供应商竞争性招投标程序确定最终供货商。结果将有助于普遍提高中国政府采购货物与服务的价值和降低成本，高效利用采购资金，解决近年来中国政府采购货物价格虚高，资金浪费严重问题。在中国社会科学院法学研究所等机构开展的一项调查中，调研组共获得 2012 年 1 月 1 日至 9 月 30 日之间119 299件协议供货商品的成交记录，将这些记录中的样本与网络电商公开的商品市场价格比对发现，占总采购件数 79.86% 和占总支出 85.79% 的协议供货商品价格高于市场平均价，这一批商品实际多支出了20 743 897.5元！在所有样本中，高于市场平均价 1.5 倍（不含 1.5 倍）以内的商品所占比重最大，有10 678件，占 56.1%；高于市场平均价 1.5 ~ 2 倍（不含 2 倍）的商品有 3237 件，占 17%；高于市场平均价 2 ~ 3 倍（不含 3 倍）的商品有993 件，占 5.2%；高于市场平均价 3 倍以上的282 件，占 1.5%。高出市场平均价 3 倍以上的主要商品为：移动储存类（移动硬盘、U 盘等），照相器材（储存卡、相机电池、记忆棒等）、耗材（硒鼓、内存、投影机灯泡等）。而批量集中采购的货物价格与市场平均价格的比较显示，本次样本中的中央机关批量集中采购商品的成交价全部低于或者等于市场平均价，总支出节省5 543 185元，[①] 说明实行国际通行的良好采购做法确能提高采购效率。

三、政府采购法律的协调统一

在政府采购领域，国家治理现代化的要求是政府采购法律的现代化，这意味着建立开放透明、符合国际标准和准则的国内政府采购法律体系，保障法律统一和有效实施。这与《中共中央关于全面深化改革的决议》中提出建立公开透明政府预算管理制度，建设统一开放、竞争有序的市场体系，使市场在资源配置中起决定性作用的要求是一致的。GPA 协定约束的主体首先是

---

① 董伟等："八成政府采购商品价格高于市场平均价"，载《中国青年报》2013 年 2 月 26 日，第 5 版。

参加方（party）中央政府，协定条款中所有对"参加方"的要求都是对有关成员中央政府规定的义务。其中最主要的是保障协议的国内实施义务，即每一参加方应在协议对其生效之日，使其与协定有关的国内法律、法规和行政程序，境内采购实体适用的规则、程序和做法与协议相符（第22.4条）；同时要落实市场准入承诺和非歧视待遇原则，参加方，包括采购实体不得因为与外国的关联关系和所有权关系的程度给予一当地设立的供应商待遇低于给予另一当地设立的供应商的待遇（第4.2条）。每一参加方，包括其采购实体应给予其他参加方的货物和服务，提供货物或服务的供应商的待遇不低于其给予国内货物、服务和供应商的待遇（国民待遇），并且不低于其给予其他参加方货物、服务和供应商的待遇（最惠国待遇）。

由于历史原因，中国国内政府采购立法存在着行政主导，部门分割的分散化问题，由不同行政部门主导制定的政府采购法律内容相互冲突，难以落实和实施。1999年国家发展和改革委员会主导制定了《招标投标法》，目的是遏制工程建设领域的质量问题和腐败，该法将招标投标范围的审批、争端处理、监督等权力归属到国家发展和改革委员会。其后在2002年，针对公共资金的使用效率低，资金管理多发腐败的问题，由财政部主导制定了《政府采购法》，该法将政府采购有关审批、争议解决、监督等权力赋予财政部。除了这两部由行政部门起草，全国人大公布实施的法律以外，还存在多个属于部门规章和地方性法规性质的政府采购立法，例如建设部的《房屋建筑和市政基础设施建筑工程招标采购管理办法》、商务部的《机械和电子产品采购国际招标投标实施办法》、国家经济贸易委员会的《国有工业企业货物采购管理暂行规定》，四川、广东等省份还制定了地方性政府采购条例。行政部门主导的政府采购立法重在扩张行政权力，争取部门利益，而这类立法是否具有科学性和有效性，能否保证实现其宏大目标——提高公共资金使用效率、实现采购公正和廉洁并不被重视。两部政府采购法律都产生于21世纪初年，至今已经实施十多年，这十多年正是中国经济领域腐败特别是采购腐败高发期（见下文），证明现有的政府采购法律体系不能起到有效规范政府采购行为的作用，是软性和低效率的。

中国加入新 GPA 必将引起政府采购国内立法的深刻变革，立法机构应该借此时机展开制度上整体的大修调整，最终建立协调统一符合国际标准的政府采购国内法体系，使之具有刚性和实效，切实起到堵住违规采购漏洞，预防采购腐败和失范作用。依据国际惯例，政府采购建筑工程、货物和服务应该适用统一的法律，适用统一的招标投标程序，不论新 GPA 还是《贸易法委员会公共采购示范法》都统一适用于政府使用公共资金采购货物、工程和服务。但是，中国在《政府采购法》之外又制定了适用于政府采购建筑工程项目的《招标投标法》，两法又都适用政府采购建筑工程，必然发生矛盾和冲突。例如《政府采购法》第 2 条明确规定其适用于中国境内的货物、工程和服务采购，而第 4 条又规定政府采购工程进行招标投标的，适用招标投标法。这是否意味《政府采购法》中关于招标、投标、废标的规定，以及关于违反招投标程序法律责任的规定（第 8 章）仅适用货物和服务采购，不适用于工程采购？《招标投标法》的适用范围也广受质疑，第 3 条的强制性规定似乎说明该法目的是规范公共采购，可是第 2 条规定"在中华人民共和国境内进行招标投标活动，适用本法"，这显然过于宽泛了。因此，改进政府采购国内立法首先是使《政府采购法》和《招标投标法》协调统一（比如将两法合并），在此基础上理顺其与部门法规和地方性法规的关系。

政府采购立法的另一项任务就是要通过修法消除国内法与 GPA 抵触的规定，理顺国内立法和国际惯例，特别是与新 GPA 的关系，这不仅是完善政府采购国内法制的需要，也是履行中国应该承担的国际义务。中国的《政府采购法》第 2 条将政府采购定义为各级国家机关、事业单位和团体组织，使用财政性资金采购货物、工程和服务的行为，将国有企业采购排除政府采购之外。《招标投标法》调整某些国有企业建筑工程采购，但是不适用于这些企业货物和服务采购。是否将某些国有企业纳入政府采购实体范围是中国参加

GPA 谈判争议焦点，新 GPA 和《贸易法委员会公共采购示范法》都将"采购实体"分为两类：第一类是从事采购的任何政府部门和机构；另一类是不属于政府组成部分的其他实体或企业，这些实体承担公共职能，受政府影响控制，价格服从政府调控而较少竞争性。目前多数 GPA 成员都将一些公益性国有公司的采购纳入 GPA 采购实体范围，遍及港口、机场、水电、铁道、公共交通等公用事业领域。考虑权利义务平衡和取得谈判进展，将我国部分公益性国有企业采购纳入政府采购范围，对 GPA 成员方供应商开放已成为大势所趋，2014 年中国递交的第六份清单将三家国有企业——农业发展银行、中央国债登记结算有限责任公司以及中国邮政集团纳入采购实体。2015 年，国务院有关部门联合印发了《关于国有企业功能界定与分类的指导意见》，将国有企业分为商业类国有企业和公益类国有企业，实行差异化管理。前者具有竞争性，以营利和国有资产保值增值为目标；后者以保障民生、提供公共产品和服务社会为主要目标。分类管理的趋势有望将某些公益类国有企业纳入 GPA 谈判出价清单，相应地需要对《政府采购法》第 2 条规定做出修改，将部分"企业实体"纳入政府采购主体。[①]

　　某些与 GPA 不符的程序性规定也需要修改、调整和补充。《政府采购法》第 26 条规定了五种方式选择供应商，包括公开招标、邀请招标、竞争性谈判、单一来源采购、询价，甚至包括"国务院政府采购监督管理部门认定的其他采购方式"，这与 WTO《政府采购协议》规定公开招标、选择性招标和限制性招标三种方式明显不符，协定还对限制性招标的适用规定了严格的条件限制，《政府采购法》缺乏刚性的采购方式必然为采购实体腐败寻租创造机会。在供应商寻求救济方面，表面看中国的《政府采购法》第 6 章也规定了招投标中受不法损害的供应商质疑和投诉程序，似乎与新 GPA 相似，可

---

　　① 建议《政府采购法》第 2 条第 2 段修改为"本法所称政府采购，是指各级国家机关、事业单位和其他实体使用财政性资金采购依法制定的集中采购目录以内的或者采购限额标准以上的货物、工程和服务的行为。"

仔细分析发现两者有实质不同。第 51 条至第 54 条规定的质疑是指供应商认为采购行为、采购文件、中标和成交结果使自己受到损害需要在 7 个工作日内向采购人或向采购代理机构质疑，第 55 条规定当供应商对采购人或采购代理人的答复不满意，才可以向同级采购监管机构投诉，说明向供应商质疑是向独立监管机构投诉的前置程序，如果没有遵守 7 个工作日投诉时限可能失去向独立机构投诉权。这一安排明显与新 GPA 第 18 条国内审查程序不符，而且可能损害供应商寻求有效救济的权利，因为第 18 条强调保护供应商向独立监管机构的投诉权，第 18.1 条规定每一参加方应当提供及时、有效、透明和非歧视的行政或司法程序，通过该程序供应商可以就违反本协议或实施本协议的国内采购法律的措施提出投诉，其上下文说明这类投诉既可以向采购人提出，也可以同时向独立监管机构提出。第 18.2 条要求采购实体所属参加方应当鼓励采购实体和供应商通过协商寻求申诉的解决办法。但是所采取的方式不得损害供应商对正在进行或者未来采购的参加，也不得损害其通过行政或司法审查程序寻求改正措施的权利。第 18.7 条还要求每一参加方应当引入或者保持快速的临时措施，以保障受损害供应商参加采购的机会；应该提供违反协议和法律程序的纠正行动或者对遭受损害的赔偿补偿机制，赔偿可限于准备投标的成本或者有关投诉的成本。这种对供应商救济是现有国内法欠缺的，行政导向的两个政府采购法侧重对违规供应商的事后行政处罚，而不是纠正违规的中标、成交结果，而后者最能有效堵塞违规漏洞，也是违规供应商最不愿意看到的。

在合并两部政府采购法的基础上应该建立跨部门的具有准司法权力的独立的招投标监管机构，该机构应该由不同级别的党的纪委、监察部和行业专家参与组建，依据法律授权独立开展工作，受理投诉，这是新 GPA 第 18 条的基本要求。现有的政府采购法之所以不能有效实施，根本原因是缺乏强有力的独立监管机构，2000 年 8 月发生《招标投标法》出台后首例执法案件，农业部面向全国公开招标，开标后有未中标的供应商对采购活动提出异议，当时法律条件下该项目的采购主体和监管主体都是农业部，该投诉在互相推诿中不了了之，可见《招标投标法》是没有独立执行机构的法律，其中的制度要求形同虚设。2004 年出现首例《政府采购法》实施后的行政诉讼案，原告北京现代沃尔沃公司作为供应商向财政部申诉，指控采购人国家发展和改革委员会和卫生部及其委托的采购代理机构在公开招标的采购活动中有违法行为，要求财政部查出，而财政部不能履行法定职责，反而将案件移交采购人处理，原告提起行政诉讼，指控财政部不作为，在 3 月份短短一周内，又有两家公司起诉财政部。而财政部显然无法克服执法阻力，其作为与采购人平级机构，对方不配合时无权命令对方。

四、预防和治理政府采购腐败

新 GPA 首次将治理政府采购腐败作为基本原则和目标，将防止政府采购腐败纳入成员和采购实体的基本义务，由传统的关注成员贸易利益扩展到更深层次的关注腐败治理等社会公共利益。序言第 6 段强调保持政府采购制度和措施透明的重要性，遵守《联合国反腐败公约》等国际文件避免利益冲突和腐败行为的重要性，以公正、透明的方式实施采购行为的重要性。GPA 突破了 WTO 协议通常仅约束成员中央政府的局限，将约束的主体扩展到参加方具体承诺中涵盖的采购实体（procuring entity），第 4.4 条将防止腐败置于和非歧视待遇原则同等重要地位，要求采购实体以透明和公正的方式进行所涵盖的采购，该方式应该：（1）与本协议规定一致，使用诸如公开招标、选择招标和限制性招标的方式；（2）避免利益冲突；（3）防止腐败行为。这说明防止腐败不仅是参加方和采购实体的承担的义务和责任，也是其履行协定义务应期待的结果。参加方除了需要承担透明度、公正、非歧视义务，还要合理地期待能建立透明度机制和预防腐败机制，确保采购实体履行上述义务，以供应商自身优势作为选择中标基础，发现和堵塞采购做法中的腐败漏洞。

将第 4.4 条与第 18 条国内审查和第 20 条争端解决程序联系起来应该看到，供应商可以针对腐败行为本身投诉，成员诉诸 WTO 争端解决不需要沿用贸易限制或利益受损的理由，采购中有腐败做法本身就可以作为申诉理由。

我国国家治理体系现代化的重要任务之一是建立预防和治理腐败的长效制度，加入新 GPA 是政府采购领域建立这样制度的最好时机。十八大以来，中央以"零容忍"的态度惩治腐败，一大批腐败分子被清除出干部队伍，受到党纪国法的惩罚，大规模查处腐败分子是集中解决腐败存量、"呆账坏账"的治标措施，体现了中央目前"以治标为主，治标为治本赢得时间"的反腐战略步骤。长远看应该标本兼治，治本之策就是"必须构建决策科学、执行坚决、监督有力的权力运行体系，健全惩治和预防腐败体系"，[1] 通过制定和实施法律，限制和规范公权力行使的范围、方式、手段、条件和程序，使公权力执掌者不能腐败、不敢腐败，从而达到减少和消除腐败的目标。要善于用法治思维和法治方式反对腐败，加强反腐败国家立法，加强反腐倡廉党内法规制度建设，让法律制度刚性运行。[2]事实说明，政府采购领域是中国腐败高发区和重灾区，看似严密的制度围栏早已经全面失守，在最上层的大宗采购决策中，在具体招投标程序执行中，在中国广泛存在的招标采购代理运作中，贿赂公行，回扣公开，不断地腐蚀大批干部。药品由地区卫生管理部门集中采购本来是为了防止广泛寻租，单一买方也有利于压价，但是公立医院招标药品价格仍居高不下，有些药品甚至高于药店零售价，原因是医药企业抓住了招标环节的寻租空间，通过贿赂中标，有负责人说："他们可以用药品利润空间的一半贿赂，把这一环节拿下，药品销售就一马平川。"[3] 依据国际惯例，政府采购代理机构不得具有盈利目的，而国内活跃大批以盈利为目的的招标代理公司，其负责人与政府部门关联，接受其暗示选取指定供应商

---

① 《中共中央关于全面深化改革若干重大问题的决定》第 10 段。
② 习近平 2013 年在中纪委 18 届 2 次全会上讲话。
③ 北京晚报记者访谈"药价虚高，产业沦陷？"，载《北京晚报》2014 年 5 月 16 日，第 21 版。

中标, 采购招标代理公司每拿到一个项目给作为采购实体的政府部门 20% ~ 40% 回扣, 招标公司也通过向采购活动中向供应商寻租暴富。[①] 当然最严重的腐败是建筑工程项目采购, 例如检察机关对季建业的起诉书中提出 7 项指控, 有 6 项涉及项目开发、设备供应、获得土地使用权中违规为供应商提供好处, 受贿 1132 万元。2014 年 3 月至 5 月, 中央巡视组对北京、天津等 14 个省级单位进行首轮巡视, 结果有 9 个巡视点查出工程腐败, 领导干部及其亲属插手工程招投标是普遍的问题。[②]

加入新 GPA 是我国在政府采购领域根治腐败, 走向 "善治" 的必由之路。透明国际于 2015 年 1 月公布了《2015 年度全球清廉指数报告》, 对全球 168 个国家腐败情况进行评分, 以 100 分为最清廉, 统计结果显示排名前 10 的国家是丹麦、芬兰、瑞典、新西兰、荷兰与挪威 (并列第 5)、瑞士、新加坡、加拿大、德国、卢森堡与英国 (并列第 10), [③] 这 12 个国家都是国家治理体系现代化的先进典型, 经对照, 这 12 个国家又都是 WTO《政府采购协议》参加方, 说明加入 WTO 政府采购协议, 采纳相关的国际惯例是建立政府采购刚性制度的必需工具, 是遏制大范围采购腐败, 实现 "善治" 的必需工具。首先, 加入 WTO《政府采购协议》将极大地改善我国治理采购腐败的整体制度环境, 党的十八届三中全会以来实行的践行 "八项规定"、依法依纪严惩党政公职人员的腐败的政策措施与中国加入新 GPA 互为因果, 相辅相成, 前者为后者创造政治条件和立法条件, 没有两年多来中央持续实施的反腐政策以及带来的显著成绩, 不可能产生相应的政治意愿和立法动机, 解决中国加入新 GPA 问题; 此外, GPA 本身就是监督约束政府权力运行方面的有效国际法, 加入 GPA 才能在政府采购领域建立 "决策科学、执行坚决、监督有力的权力运行体系", 形成科学有效的权力制约和协调机制, 实质

---

① 杨军: "商业贿赂治理击中政府采购", 载《南风窗》2006 年第 5 期, 第 22 页。

② "中纪委监察部网站推出首轮巡视图解", 载《北京晚报》2014 年 7 月 15 日, 第 6 版。

③ 环球网报道: "2015 年全球清廉指数出炉中国排名上升 17 位", http://ah.sina.com.cn/news/s/2016 - 01 - 28/detail - ifxnzanh0194775.shtml, 访问日期: 2016 年 5 月 26 日。

上是中国反腐败长远制度建设重要组成部分，是新时期中国整体政治体制改革与行政体制改革措施的一部分。

其次，加入 GPA 将通过进一步提高政府采购透明度遏制腐败高发。保持政府采购的公正透明是新 GPA 宗旨和基本原则，是实现新协议市场准入、非歧视、防止腐败目标的保证，中国采购制度在遏制腐败上的失效和失守首先是在保持采购透明度上失守①。与其他 WTO 协议相比较，新 GPA 提出以下更高的透明度要求：（1）成员应迅速公布影响政府采购的任何法律、规章、司法判决、行政裁决、标准的采购合同条款和有关的采购程序，应其他成员请求对以上文件给予解释；成员应通过附录 1 ~ 附录 4，公布可获得以上信息的电子或纸质媒体、网址。（2）对协议包括的采购，采购实体应通过附录 3 列明的适合纸质和电子媒体公布意图采购的通知，该通知应以一种 WTO 正式语言公布概要，使之可以免费获得。（3）参加方应公开一项采购对供应商的资格要求，对被拒绝参与采购的供应商应说明拒绝理由。（4）采购实体应该迅速公布中标信息，通知供应商授予合同决定；如有请求，应向没有中标的供应商说明没有选择它的原因、中标方投标的相对优势。（5）在不迟于授予合同后 72 天，在附录 3 列出的媒体中公布有关中标供应商的信息，申明合同项下产品或服务的性质、数量；采购实体和合同中标者的名称、地址；所授予合同的价值。最后，加入新 GPA 将使中国的采购制度和做法置于国际监督之下，第 18.1 条允许供应商对任何违反本协议或者参加方实施本协议的国内法律的措施提出质疑，如果存在这样的违反，参加方应该采取纠正的行动或者对遭受的损失或者损害的赔偿。第 20 条允许参加方就另一参加方实施新 GPA 义务的措施造成利益丧失或减损，诉诸 WTO 争端解决机构裁决。因此，

---

① 《政府采购法》实施以来，信息公开遭受层层阻力，中央部委及 21 个省、直辖市在其政府采购网站上主动公开了协议供货商品目录，协议供货最高限价，但仅有两个省在其政府采购网站上主动公开了协议供货有效成交记录，公布商品目录的部门又不提供采购的商品型号、具体配置和对应单价等关键信息，令人无法对协议供货价格的合理性进行判断。参见：董伟、王亦君、董俊芳："八成政府采购商品的价格高于市场平均价"，载《中国青年报》2013 年 02 月 26 日，第 5 版。

过去中央政府和采购实体纯粹违反国内法的行为可能构成违反国际义务，在这样的压力下，政府采购规范将变得真正具有刚性和执行力。

五、结 论

我国全面深化改革的目标是推进国家治理体系和治理能力的现代化，加入新的 WTO《政府采购协议》是实现政府采购体制现代化的必由之路。它有助于我国政府采购市场对外开放，提高庞大的政府采购资金使用效率；有助于国内企业走出去，进入发达国家政府采购市场，释放巨大的国内剩余产能；有助于改革现有落后的政府采购体制，使之协调统一运行，更加公正透明和高效。GPA 本身就是监督约束政府权力运行方面的有效国际法，加入新 GPA 引起的中国政府采购体制改革将在这一领域建立"决策科学、执行坚决、监督有力"的权力运行体系，有效遏制采购腐败，促进治理采购腐败由"治标"向"治本"转变。

美国反垄断与
WTO 相关案件平行诉讼考察

蒙启红*

摘　要： 美国私人针对中国出口商操纵价格的反托拉斯诉讼和美国在WTO针对中国政府提出的出口限制案件的同时发生，说明私人诉讼和WTO争端解决之间可能出现重叠、交叉和相互作用。对WTO进行的事实认定，美国三个法院选择了不同方式进行了回应。中美双方就事实认定问题应坚持一致、连贯的立场，支持"交叉采信证据"，避免双重危害或双重救济的发生。

关键词： 反垄断；平行诉讼；主权抗辩；法庭之友

一、问题的提出

随着中美贸易的迅速发展，中美之间的贸易纠纷也不断增多。解决中美贸易纠纷的场所，不仅包括两国的内国法院，还包括世界贸易组织（WTO）的争端解决机制。通常，一国内国法院处理的争议限于私人行为，而WTO

---

* 蒙启红，哈尔滨商业大学法学院副教授，研究方向为国际商事交易法、知识产权法。

争端机制解决的是公法主体,即国家政府之间的贸易摩擦。但是,在美国已经出现的若干针对中国出口商的反垄断案件,使我们看到两者之间出现了重叠、交叉和相互作用。

自 2006 年起,美国公司对中国出口商提出了若干反垄断案件。在案件审理过程中,我国被告对指控他们从事价格垄断没有异议。相反,他们试图利用外国政府行为的主权抗辩驳回原告的起诉。因此,美国法院在处理这些案件时必须要判断中国政府在多大程度上参与到了固定价格的行为。如果中国政府直接指使出口商操纵价格,中国出口商将依据外国主权强制抗辩而免于美国反托拉斯法律责任。然而,指使中国出口商使用价格限制,中国政府则涉嫌违反中国的"入世"承诺,从而导致相关案件被提起到 WTO 争端解决机制,中国在类似 WTO 案件中承担败诉的后果。对于同时发生在美国法院和 WTO 争端解决机制的平行诉讼案件,中美双方都面临着立场选择之中的两难。

本文试图分析美国三个法院在回应此问题中所选择的不同方式,梳理美国法院在回应国内反垄断法和 WTO 法律之间关系的立场和做法,以期为完善相关制度建设,对我国政府和企业应对类似案件有所助益。

二、相关案例的讨论

(一)维生素 C 案:中国政府首次发声

维生素 C 的案件审理过程中,2006 年,中国商务部为了支持中国维生素 C 生产者使用的主权行为、外国主权强制和国际礼让的抗辩,在向联邦区法院递交了中国政府在有史以来第一个"法庭之友"意见书。① 该意见书解释

---

① In re Vitamin C Antitrust Litig. , 584 F. Supp. 2d 546 (No. 06 – mdl – 1738 (DGT) (JO)), 2006 WL 6672257.

道，在中国出口的监管制度下，中国政府通过附属的中国医药保健品进出口商会（CCCMHPIE）维生素 C 分会，指示被告协调出口的价格下限。CCCMHPIE 并非是原告所称的私人组织，而是商务部授权设立的、"完全是在商务部的直接领导和监督下的"。商务部并没有直接设定价格，但要求成员参加价格讨论会，对最低价格进行表决，并遵守这些价格，对违规者将取消出口补贴或吊销其出口许可证。

对此，原告方指出，中国政府过去公开声称商会是独立的私人组织。商务部随后在 2008 年向法院提交了第二份"法庭之友"意见书，① 指出其在 2006 年"法庭之友"意见书代表了商务部的官方立场。商务部强调中国的行业协会不适用于美国对于行业协会的概念理解："相较于原告所熟悉的概念，原告忽视了中国这些部门在结构或功能上的不同。"

尽管如此，联邦区法院认为，它仍不能判断中国维生素 C 生产者们的行为是被强迫或自愿的，因此并未驳回起诉，而是继续进行其诉讼程序。虽然表示尊重商务部的观点，但法院强调了行业协会自身的文件，包括其官方网站，说明出口商达成"自律协议"，他们将"自发地控制"出口的价格和数量并且采取"自我约束的措施"。法院也注意到，商务部所提及诸如出口商的"自愿的自我约束"和"自律"不应做字面上的翻译，而应放在中国的监管制度背景下。在其后的审理过程中，被告请求的简易判决，为支持该项简易判决的动议，商务部向法庭提交了第三份"法庭之友"意见书："这一［自律］制度在中国有着悠久的历史，一直以来都是为中国企业所知并遵循。自律并不意味着完全自愿或自我行为。实际上，自律制度是指在中国政府的指定机构监督下的一个监管制度。"②

然而，纽约东区联邦法院驳回了被告简易判决的动议，认为在法律上中

---

① In re Vitamin C Antitrust Litig. , 584 F. Supp. 2d 546, 552 （E. D. N. Y. 2008）.

② In Re Vitamin C Antitrust Litigation at 1, In re Vitamin C Antitrust Litig. , 810 F. Supp. 2d 522 （No. 06 – MD – 1738 （DGT）（JO））.

国政府并没有强迫被告修改出口价格。商务部仅仅是鼓励而不是要求出口企业订立出口价格和产量的协议。即使有一些强制的存在，中国政府只迫使出口商为避免低于成本的定价而遭受国外的反倾销指控，没有设定具体水价平。法庭拒绝在"中国管制"语境之下理解行业协会"自律"和"自愿"的措辞。法院认为，商务部向法院提交的"法庭之友"意见书是"事后"的试图免除出口商的责任的一种努力。①

（二）中美 WTO 原材料出口限制案②

2009 年，美国对中国启动 WTO 的诉讼，控告中国对某些原材料（如镁和铝）实施出口限制，包括使用出口税费、出口配额、最低出口价格和出口许可证，违反了中国的世贸承诺。美方的观点是，进行出口限制的是由于中国政府而不是私人出口商，适用 WTO 的争端解决。在其提交给 WTO 专家小组的申诉中，美国引用维生素 C 反垄断案中中国政府的"法庭之友"意见书作为证据，证明是中国政府而不是行业协会规定了最低出口价格要求，而这样的出口价格的要求违反了关税及贸易总协定（GATT）和中国入世议定书中的义务。

WTO 专家组在 2011 年裁定，中国的出口限制违反了 GATT 和入世议定书。它认为中国政府通过中国五矿化工进出口商会 CCCMC 协调原材料的出口价格（包括铝和镁），出口商不得不遵守这样的最低出口价格的要求，构成了第 GATT 第 11 条下的出口数量限制。显然，美国政府引用的维生素 C 案中的"法庭之友"意见书，使中国的应诉变得很被动。

2012 年 1 月 30 日，WTO 上诉机构认定，中国对九种工业原材料的出口

---

① In re Vitamin C Antitrust Litig. , No. 06 – MD – 1738（BMC）（JO），2012 WL 425234（E. D. N. Y. Feb. 9, 2012）.

② China – Measures Related to the Exportation of Various Raw Materials, WTO［hereinafter WTO, Exportation of Various Raw Materials］, http：//www. wto. org/english/tratop_e/dispu_e/cases_e/ds394_e. htm.

收费和配额制度——包括"某些形式"的铝和镁——违反了关贸总协定和中国入世议定书。但是，上诉机构认为，专家小组的裁决支持的美方提出的最低出口价格限制的主张，是"没有实际意义，没有法律效力"的。

三、不同联邦法院的路径选择

（一）维生素 C 案件

维生素 C 案件的审理法院在做出判决时，WTO 上诉机构尚未对原材料出口案做出裁决。维生素 C 案判决书有一节关于"WTO 诉讼的关联性"，法院指出，WTO 专家组的结论是，中国实行对某些原材料最低出口价格的要求是政府的行为，政府指示五矿化工进出口行业协会协调出口价格，对不符合要求的出口商进行处罚。法官认为，"WTO 专家小组的结论并没有改变我对中国法律的解释"。另外，因为美国行政部门没有明确对法院表示它将依赖于专家小组的结论，所以法院拒绝考虑行政部门在 WTO 中的观点。

（二）雷斯科案[①]

2010 年在宾夕法尼亚西区联邦法院审理的案件。美国的原告以协议定价为由起诉中国的铝矾土出口商。中国被告辩称中国五矿化工进出口商会，是一个有权指导并协调定价的政府实体。法院决定中止诉讼程序，等待中美WTO 限制原材料出口案的审理结果。法院强调了它的案件与 WTO 案件在事实和法律关系上的相似性。它指出，此桩反垄断案和 WTO 争端存在重叠。首先，法院明确表示不愿意做出与美国贸易代表在 WTO 案中的主张相冲突的判决。第二，法院指出，虽然它认识到 WTO 决定是没有约束力的，但

---

① Resco Prods., Inc. v. Bosai Minerals Grp., No. 06 – 235, 2010 WL 2331069 (W. D. Pa. June 4, 2010).

"WTO 专家组的事实调查和法律结论至少可以简化本庭对国家行为主义的分析"。如果 WTO 专家组支持美国,"法庭可能认定有利于被告的辩论,"而一个"相反的主张同样会影响国家行为原则的适用"。法院不愿意对事实重复认定,等待 WTO 的最后决定,"可以省下大量的时间,精力和资源"。

(三) 菱镁矿案①

2010 年新泽西州法院审理的动物科学产品公司诉中国五金矿产进出口公司案件,法院大量引用了维生素 C 和铝土矿案件的判决书,以及美国贸易代表在 WTO 中的观点。法院认为,中国商务部在铝土矿案件和维生素 C 案件中的陈述说明了商务部及其下属行业协会的"一般性工作惯例"。法院认为五矿化工进出口行业协会是政府实体,而做出此判断不必等待 WTO 的决定。

从上述三个判例可以看出,美国国内法院应如何对待并行的国际法庭诉讼,是一个有争议的问题。如前所述,美国法院的做法并不一致。首先,国际法庭裁决具有非约束性。国际机构的裁决并不是对美国有约束力的先例,这是 1804 年首席大法官马歇尔确立的 Charming Besty 原则:如果美国法律是明确的,那么它可以被美国法院解释为优于美国的国际义务;如果美国法律是模糊的,那么它不应该被解释为与美国的国际义务是相冲突的。② 由 Charming Besty 原则,联邦巡回上诉法院在 2005 年 Corus Staal 公司诉商务部的判决书中说:"国会……已授权美国贸易代表作为行政部门的一个分支……确定是否执行世贸组织报告和决定……因此,我们无义务援引 WTO 判例。"③

换句话说,因为 WTO 的判决并非是自动执行的,美国法院不会仅仅因为世界贸易组织的裁决与美国的法律冲突,就对美国国际贸易法做出不同的

---

① Animal Sci. Prods. , Inc. v. China Minmetals Corp. , 654 F. 3d 462 (3d Cir. 2011).

② Murray v. Schooner Charming Betsy, 6 U. S. (2 Cranch) 64, 118 (1804).

③ Corus Staal – Is There Any Role, and Should There Be – For WTO Jurisprudence in the Review of U. S. Trade Measures by U. S. Courts?, 39 Geo. J. Int' l L. 199, 200 (2007).

解释。因为依据三权分立的原则，改变法律或政策以符合世界贸易组织的决定，应由立法和行政部门做出。

然而，世贸组织文件仍可能在美国司法中有重要的作用。美国国际贸易法院审理的一系列案件，都说明世界贸易组织的文件和这些文件的推理理由可以对法院的分析提供"信息"。事实上，雷斯科中，原告援引 Corus Staal 案，认为法院不应中止审理等待 WTO 的决定。但法院认为，那些判例与反垄断案是不同的。在先判例主张的原则是不应援引国际裁决解释美国的成文法；而在 Bosai 案中，法院之所以在中止程序，并非是要等待 WTO 的决定去解释《谢尔曼法》，而是等待 WTO 的结果去理解外国法律以正确适用《谢尔曼法》。

四、中国应从美国反垄断和 WTO 平行诉讼中汲取的经验和教训

大部分涉及中国出口的美国诉讼案件都集中在贸易救济措施上，即反倾销税或反补贴税的案件。但近些年以来，涉及对中国出口反垄断的案件已经成为一种新的案件类型。考虑到中国向美国出口的规模和中国监管体系的连续转变，更多的像维生素 C、原材料案的私人诉讼案件可能会在美国法院提起，同时存在美国政府将之诉诸 WTO 争端解决机制的可能性，从而引发平行诉讼，导致国内法律和 WTO 法律之间的紧张关系的加剧。面对这种情况，中国应从上述案件之中汲取经验和教训，避免遭受更大的损失。

首先，彻底割断行业协会与行业主管部门的行政隶属关系。我国行业协会的转型已经讲了十几年，但在实践中，行业协会和行业主管部门仍然是剪不断、理还乱。行业协会是私人领域的独立实体，在美国国内的反垄断案件中，它完全可以独立发声，独立抗辩。在维生素 C 案件中，商务部为之出具"法庭之友"意见书，事后被证明是不明智的。假设在美国国内反垄断案中，商务部没有出具意见书，行业协会也会尽最大努力提供证据证明主权强制在

一定程度上存在，从而存在被豁免的可能性；即使出现在 WTO 的平行诉讼，对于反垄断个案而言，也没有规则禁止当事人主张与 WTO 案中商务部不一致的立场。另一方面，商务部在 WTO 案中就存在了商务行为豁免的可能性，也可以主张 GATT 20 条下的豁免。

其次，关注美国国内反垄断与 WTO 诉讼中的程序差异。WTO 专家组有广泛的独立寻求证据的权力，它可以收集任何来源的证据，向它认为适合的任何人或机构进行咨询。这种独立的证据认定与美国法院抗辩制下的程序是不同的。在抗辩制下，法院并没有收集证据的义务，举证责任在抗辩的双方。因此，必然存在美国法院和 WTO 对事实的认定不同的可能性。例如，法院认定某一中国行业协会不是外国主权强制抗辩意义上的政府实体；或者，WTO 认定某一中国行业协会仅就某一 WTO 争端而言，是一个政府实体。如果得出这样的结论，中国可能遭遇双重惩罚：既要接受《谢尔曼法》下的三倍的赔偿，又要受到 WTO 的贸易制裁。所以，在平行诉讼中，我们应要求美方也坚持一致、连贯的立场，支持"交叉采信证据"，避免双重危害或双重救济的发生。

初探地震引起的核污染
与水产品贸易限制措施[*]

马　光　田　甜^{**}

摘　要： 自 2011 年日本福岛发生核事故之后，韩国对其水产品等一系列产品依据《SPS 协定》设置临时限制措施，对此日本方面表示不服。本文通过对日韩水产品禁令案的分析，结合其他相关《SPS 协定》的经典案例，在新的语境下对《SPS 协定》的正当性以及协定存在的诸多问题进行思考，并在最后提出认为应当从《SPS 协定》的目的原则、规则设置、组织机构以及实际运作等多角度、多层面考虑解决办法，最终使得《SPS 协定》能够在保护进口国国民健康权利的同时遏制国际市场保护主义。

关键词： 水产品禁令；《SPS 协定》；贸易保护主义；风险评估；专家组改革

一、日韩水产品禁令案概要

在 2011 年 3 月 11 日福岛核事故之后，韩国公众认为从日本进口的水产

---

　*　本文系"中央高校基本科研业务费专项资金资助"研究成果。
　**　马光，浙江大学光华法学院副教授，法学博士。田甜，浙江大学光华法学院国际法研究生。

品可能由于放射性污染隐含毒性物质，如果韩国政府不采取措施则是将消费者健康置于危险中。这种舆论使得消费者以及一些利益相关者担忧，由此韩国政府决定从 2012 年起加强对来自日本 8 县的水产品控制来减缓国内的担忧。这些进口限制措施包括：针对产自或者途经福岛核事故影响最严重的 8 县的 49 种水产品①采取禁止进口措施，具体 8 县指：福岛、群马、茨城、栃木、宫城、千叶、岩手和青森；此外的 16 县产水产品要求提供日本政府发放的放射性物质检测证；16 县以外捕获的水产品要求提供日本政府发放的产地证明。对此，韩国国内批判此措施过于有限。到了 2013 年，随着事故现场每天有数百吨的污水流入大海，韩国国内开始忧虑该海域的水产品有可能受到污染。对此，韩国政府于 2013 年 9 月 5 日对 8 县的所有水产品采取禁止进口措施，② 并向世界贸易组织（以下简 WTO）进行了通知。③

　　2013 年 9 月，在日韩外交部长会谈中，日本政府要求韩国早期解除对日本水产品的进口限制措施，对此，韩国政府说明这些措施具有预防和临时性质，原因是福岛核电厂污水流出引发的恐惧心理和销售骤减。要求日本政府能够首先解决好污染水问题，从而消除周边国家国民的不安心理。日本对此表示不满，2013 年 10 月 16 日，在 WTO 卫生与植物卫生措施（以下简称《SPS 协定》）委员会会议中主张韩国未能就禁止进口措施和证明要求提示科学说明；对此，韩国则反驳在难于预测的情况下基于事先预防而采取了《SPS 协定》第 5.7 条规定的临时措施。④ 2015 年 5 月 15 日，日本政府正式

---

　　① 这些产品是日本政府规定限制出口的产品。

　　② 韩国国务调整室、国务总理秘书室："报道资料：韩国政府禁止进口福岛周边 8 县所有水产品"，2013 年 9 月 16 日。

　　③ WTO, Committee on Sanitary and Phytosanitary Measures: Notification of Emergency Measures, G/SPS/N/KOR/454, 16 September 2013, Committee on Sanitary and Phytosanitary Measures: Notification of Emergency Measures, G/SPS/N/KOR/454/Add. 1, 29 October 2013.

　　④ 韩国外交部："报道资料：尹炳世外交部长官在纽约联合国大会期间与日本外务大臣岸田文雄举行韩日外交长官会谈"，2013 年 9 月 27 日。

向 WTO 争端解决机构提出对该问题的磋商请求。[①] 6 月 11 日，中国台北要求加入磋商。[②] 8 月 20 日，日本要求成立专家组，[③] 而该专家组在 9 月 28 日得以成立，中国、欧盟、危地马拉、印度、新西兰、挪威、俄罗斯、中国台北和美国保留其作为第三方的权利。

日本方面认为韩国的禁止进口措施具有如下违法性：首先，是对《SPS 协定》第 2.2 条的违反，该款规定"各成员应保证任何卫生与植物卫生措施仅在为保护人类、动物或植物的生命或健康所必需的限度内实施，并根据科学原理，如无充分的科学证据则不再维持"，但是依据目前的科学水平或者监测技术，韩国的如此大范围、大规模的禁令并没有充分的证据；其次，是对《SPS 协定》第 2.3 条以及第 5.5 条的违反，这两款分别规定"各成员应保证其卫生与植物卫生措施不在情形相同或相似的成员之间，包括在成员自己领土和其他成员的领土之间构成任意或不合理的歧视。卫生与植物卫生措施的实施方式不得构成对国际贸易的变相限制"和"为实现在防止对人类生命或健康、动物和植物的生命或健康的风险方面运用适当的卫生与植物卫生保护水平的概念的一致性，每一成员应避免其认为适当的保护水平在不同的情况下存在任意或不合理的差异，如此类差异造成对国际贸易的歧视或变相限制。"但是，韩国并没有禁止进口俄罗斯以及韩国的渔船在日本海岸捕获的水产品，而是仅仅禁止进口福岛以及另外邻近七个县的日本水产品，这明显是差别歧视对待。

韩国政府回应声称之所以采取措施主要是考虑到了《SPS 协定》下的相关责任。韩国《水产生物疾病管理法》第 24 条第 1 款第 1 项和《水产生物

---

① WTO, Korea – Import Bans, and Testing and Certification Requirements for Radionuclides: Request for Consultations by Japan, WT/DS495/1, 1 June 2015.

② WTO, Korea – Import Bans, and Testing and Certification Requirements for Radionuclides: Request to Join Consultations, WT/DS495/2, 15 June 2015.

③ WTO, Korea – Import Bans, and Testing and Certification Requirements for Radionuclides: Request for the Establishment of A Panel by Japan, WT/DS495/3, 21 August 2015.

疾病管理法施行规则》第 26 条第 1 款规定，采取禁止进口措施要由海洋水产部长官指定区域，而此次措施并未经过该程序。而仅通过由国务总理主持的相关长官会议和党政协商实施，因此具有临时特别措施的性质。① 根据《SPS协定》第 5.7 条规定，"在有关科学证据不充分的情况下，一成员可根据可获得的有关信息，包括来自有关国际组织以及其他成员实施的卫生与植物卫生措施的信息，临时采用卫生与植物卫生措施。在此种情况下，各成员应寻求获得更加客观地进行风险评估所必需的额外信息，并在合理期限内据此审议卫生与植物卫生措施。" 韩国政府的行为可以被认为是一种为应对紧急核事故导致辐射危机影响公众健康的临时性保护措施，而这种保护仅仅依靠日本政府是不能达成的。②

分析上述《SPS 协定》第 5.7 条可知，如果适用临时措施应满足两个条件：其一，现有科学技术不足以提供充足准确的科学证据；其二，存在其他充分的可以客观进行风险评估的其他信息。由此可见，风险评估是实施临时措施的基础，而临时措施旨在满足维护适当程度的健康保护这一总体目标。在韩国政府采取临时措施的当时相关科学证据并不够充分表明水产品中辐射超过正常标准，但是随后应当在某一确定的时间内积极寻求其他有关信息或者依据一定的国际标准证明采取措施的正当性与持续措施的必要性。根据相关数据可知：加拿大在 2011 年 6 月 11 日之后开始逐渐解除对日本水产品的临时措施，缅甸自 2011 年 6 月 16 日开始解除，塞尔维亚自 2011 年 7 月 1 日解除，智利自 2011 年 9 月 30 日解除，而墨西哥、秘鲁、赤道几内亚、新西兰、哥伦比亚自 2012 年开始解除临时措施，马来西亚、厄瓜多尔、越南则自

---

① CHUNG Minjung, Korea's Measures on the Safety of Seafood Imports from 8 prefectures of Japan in response to the Nuclear Accident at Fukushima in view of the WTO SPS Regulations, The Korean Journal of International Law, Vol. 58, No. 4 (2013), p. 242. 《SPS 协定》第 5 条第 5 款。

② WTO, Sanitary and Phytosanitary Measures: Formal Meeting (16 and 17 October 2013), http://www.wto.org/english/news_ e/news13_ e/sps_ 16oct13_ e. htm#korea, 访问日期：2015 年 12 月 20 日访问。

2013 年开始解除对日本的临时措施，澳大利亚和泰国则分别自 2014 年、2015 年解除对日本的临时措施。截至 2015 年 5 月 22 日，对日本涉嫌遭受核污染地区产品实施检查强化要求的国家有印度、尼泊尔、巴基斯坦、乌克兰、以色列、伊朗、土耳其和毛里求斯；对日本部分地区部分食品禁止进口或者要求证明书的国家地区有新加坡、中国香港、中国澳门、中国台北、菲律宾、美国、玻利维亚、巴西、欧盟与欧洲自由贸易联盟以及俄罗斯；对日本的所有产品要求证明书的国家有印度尼西亚、阿根廷、法属波利尼西亚、阿拉伯联合酋长国、伊拉克、阿曼、卡塔尔、科威特、沙特阿拉伯、巴林、埃及、刚果民主共和国以及摩洛哥；对日本全部或部分食品禁止进口，其他食品要求证明书的国家有韩国、中国、文莱、新喀里多尼亚和黎巴嫩。韩国的临时措施对福岛等 13 个县的全部或大部分食品禁止进口，对北海道等 16 县的除上述禁止进口食品外的水产品进口要求提供政府放射性物质检测证明书，对福岛等 13 个县除上述禁止进口以及水产品之外的食品要求提供政府放射性物质检测证明书，北海道、鹿儿岛等 12 县的养鱼用饲料、鱼粉进口需提供政府放射性物质检测证明书，静冈等 9 县其余饲料进口需提供政府放射性物质检测证明书，13 县以外的全部食品进口需要政府提供产地证明书。[1] 类比同时期的其他国家和地区针对福岛核泄漏事件对相关海域水产品的进口限制措施不难发现韩国和中国等近邻国家的措施更为严格。笔者认为其原因在于近邻国家所采取的措施与像欧盟这些远距离国家采取措施存在差异是因为水产品的易腐败性质导致倾向于出口到近邻国家，从而这些近邻国家受到核辐射的可能性也增加。[2] 尽管韩国采取了最为严厉的限制措施，在韩国国内仍然有民众甚至一部分专家学者认为韩国政府针对日本的限制性临时措施范围不足以保护公众的健康，政府应当采取更为广泛的禁止进口措施。

---

① 《诸外国·地域の规制措置（平成 27 年 5 月 22 日现在）》。

② CHUNG Minjung, Korea's Measures on the Safety of Seafood Imports from 8 prefectures of Japan in response to the Nuclear Accident at Fukushima in view of the WTO SPS Regulations, The Korean Journal of International Law, Vol. 58, No. 4（2013），p. 252.

本文将首先对韩国水产品禁令是否违反《SPS 协定》的相关条款进行分析，然后再对《SPS 协定》的内容进行评价，并提出改善方案。

二、韩国的措施是否违反《SPS 协定》

截至 2015 年 12 月 20 日，在 WTO 里涉及《SPS 协定》的案例共有 43起，[①] 这些案子中主要争议包括：（1）SPS 措施是否符合《SPS 协定》第 2.3条上的不歧视原则；（2）风险评估以何种方式进行；（3）保护水平是否适当，是否超过必要限度；（4）临时措施是否符合规定要求。下面将结合这些案例对《SPS 协定》进行解释，并对本案进行评析。

（一）韩国的禁令是否属于 SPS 措施

《SPS 协定》附件 A 第 1 项将 SPS 措施定义为：以下任何一种被适用的措施：……（2）用以保护成员方境内人类或动物生命或健康，免于因食品、饮料或饲料中的添加剂，污染物、毒素或致病细菌而产生的危险；……而本案中韩国政府采取措施可被理解为是旨在保护境内人类的生命或健康免于因食品中的污染物而产生的危险，进而符合 SPS 措施的定义。

《SPS 协定》第 5.1 条规定，成员方应确保其卫生或植物检疫措施是以与周围环境相应的对人类、动物或植物生命或健康风险的评估为根据的，并考虑了由有关国际组织制定的风险评估技术。进而，《SPS 协定》附件 A 第 4项将风险评估分为：依据即将实施的卫生措施对某种虫害或病害在进口成员方境内的引入、定殖或传播的可能性（likelihood）进行估测，并对可能随之产生的生物学后果和经济损害进行估测；对食物、饮料和饲料中的添加剂、污染物、毒素或致病生物可能对人类和动物健康造成不利影响的可能性

---

① WTO, Disputes by Agreement, http：//www. wto. org/english/tratop_ e/dispu_ e/dispu_ agreements_ index_ e. htm? id = A19#selected_ agreement，访问日期：2015 年 12 月 20 日。

(potential) 进行估测。本案中的情况显然涉及后者，即对食物和饲料中的污染物进行估测。韩国政府要做到：就放射性污染食品对人类健康的否定效果予以确认，并且评估该效果发生的潜在可能性。放射性食品对人类健康的否定效果是显而易见的，问题是评估此效果发生的潜在可能性。欧共体荷尔蒙案专家组认为食物、饮料和饲料的风险评估应分两步进行，首先是对食物、饮料和饲料中的某种物质对人体或动物的健康可能造成的不利影响进行确认。其次是对上述不利影响发生的可能性进行评估。① 而该案的上诉机构否定了专家组将 potential 解释为 probability 的做法，认为 potential 的含义更接近于 possibility，而 probability 比 possibility 的认定门槛更高。② 澳大利亚鲑鱼案的上诉机构则认为 likelihood 等同于 probability。③ 从而可以看出，对食物和饲料中的污染物进行估测时的要求相对病虫害的引入等要低。因此，笔者认为韩国政府能较为容易的满足此项要求。

（二）韩国的禁令是否违反《SPS 协定》第 2.2 条

在欧共体转基因食品案中，专家组认定《SPS 协定》第 5.7 条是有条件的权利而非例外，因此如果某项 SPS 措施符合第 5.7 条的要求，则无须再判断是否符合第 2.2 条。相反，如果某项措施与第 5.7 条的任意一个要求不符的话，则应适用第 2.2 条下的相关义务，只要没有其他因素导致第 2.2 条不得适用。因此，专家组认为如果原告声称某项 SPS 措施与第 2.2 条的义务不相符，则原告有义务证明该措施与第 5.7 条中的至少一个要件不符。④ 本案中，韩国主张

---

① WTO, EC – Measures Concerning Meat and Meat Imports (Hormones)：Report of the Panel, WT/DS26/R, August 18, 1997, para. 8.98.

② WTO, EC – Measures Concerning Meat and Meat Imports (Hormones)：Report of the Appellate Body, WT/DS26, 48/AB/R, January 16, 1998, paras. 182 – 184.

③ WTO, A ustralia – Measures Affecting Importation of Salmon Recourse by Canada to Article 21. 5 of the DSU：Report of the Panel, WT/DS18/RW, February 18, 2000, para. 7. 111.

④ WTO, EC – Measures Affecting the Approval and Marketing of Biotech Products：Report of the Panel, WT/DS291, 292, 293/R, September 29, 2006, paras. 7. 2974 – 7. 22976.

其水产品禁令是依据第 5.7 条采取的临时措施，因此，日本既然主张韩国违反了第 2.2 条，就要首先证明韩国违反了第 5.7 条。

（三）韩国的禁令是否违反《SPS 协定》第 2.3 条

澳大利亚鲑鱼履行案中，专家组将是否违反第 2.3 条的条件整理为：除了实施措施的成员以外的其他成员领土间或措施实施成员与其他成员领土间存在差别措施；该差别是任意或不正当的；被比较的成员领土处于相同或类似条件。① 本案中，对日本水产品的禁止进口措施在俄罗斯产和日本产以及韩国产与日本产水产品中存在差别待遇，而这些则很难被正当化。因为韩国渔船在日本沿岸捕获的水产品被认定为韩国产而可继续生产及流通，俄罗斯渔船在日本沿岸捕获的水产品也并未被禁止，仅对日本八个县渔船捕获的水产品采取禁止进口措施。

（四）韩国的禁令是否违反《SPS 协定》第 5.5 条

《SPS 协定》第 5.5 条要求保护程度的适当性，而附件 A 第 5 项则将这种适当性定义为成员方在制定保护其境内的人类、动物或植物生命或健康的卫生或植物检疫措施时认为合适的保护程度。因此，采取何种程度的保护措施，取决于成员方的判断。澳大利亚鲑鱼案中，上诉机构推翻了专家组将零风险作为目标的措施认定为超过适当性的裁定，认为是否属于适当措施由采取措施的成员方决定。②

（五）韩国的禁令是否违反《SPS 协定》第 5.7 条

在日本农产品案中，专家组发现根据《SPS 协定》第 5.7 条，成员采取临

---

① WTO, A ustralia – Measures Affecting Importation of Salmon: Report of the Appellate Body, WT/DS18/AB/R, October 20, 1998.

② WTO, A ustralia – Measures Affecting Importation of Salmon: Report of the Appellate Body, WT/DS18/AB/R, October 20, 1998, para. 125.

时 SPS 措施必须先符合两个条件：（1）是在相关科学依据不充分的情况下采取措施的；（2）采取的措施是基于可获得的相关信息。然而，专家组进一步指出，即使某项措施满足这两个条件，该条又施加了额外的义务，即寻求为更加客观的风险评估所必需的额外信息和在合理期间内审议所采取的措施的义务。专家组认定日本并未履行后两项义务。即日本未能展开研究，寻求检验要求是否合适的相关信息，也未能在合理期间（已过 20 年）内对该措施进行审议。① 在日本苹果案中，上诉机构认为相关科学依据不充分是指导致无法进行适当的风险评估之情形。进而，上诉机构区分了科学证据不充分（insufficiency）与科学不确定性（uncertainty），认定只有科学证据不充分的情况下才能采取临时措施。② 科学证据不充分可理解为科学证据不存在或非常有限的情况。③ 从上述的案例来看，WTO 对科学依据的不充分采取了相当严格的标准。

再看本案，笔者认为韩国被认定符合科学依据不充分要求的可能性较少。因为对受放射性污染水产品之风险评估的科学研究成果已不在少数，而且联合国食品法典委员会也已通过风险评估设定了水产品的放射性污染标准值，进而可认为现状下科学依据已经相对充分。

而在美国/加拿大继续暂停案中，上诉机构认为，因新的证据出现，导致之前结论受到质疑时，可认定之前的科学依据不再充分。④ 从这一点来看，因日本将受到污染的核反应堆内的水放入大海，导致海洋污染扩大。而此种扩大因日本未提供正确的数据无法予以正确地进行调查，进而似乎可以此为理由主张相关科学依据不充分。

---

① WTO, Japan – Measures Affecting Agricultural Products: Report of the Panel, WT/DS76/R, October 27, 1998, paras. 8. 54 – 8. 58.

② WTO, Japan – Measures Affecting the Importation of Apples: Report of the Appellate Body, WT/DS245/AB/R, November 26, 2003, paras. 183 – 184.

③ KANG Minji, An Analysis on Korea's Import Ban on Japanese Fish Products – Focused on the Consistency of the WTO SPS Agreement – , Yonsei Law Review, Vol. 23, No. 4 (2013), p. 289.

④ WTO, Canada/United States – Continued Suspension of Obligations in the EC – Hormones Dispute: Report of the Appellate Body, WT/DS320/AB/R, WT/DS321/AB/R, October 16, 2008, paras. 701 – 703.

（六）小　结

分析上述几个较为典型的案例发现，无论是欧共体对美国牛肉进口限制、澳大利亚对加拿大鲑鱼进口限制还是日本对美国农产品和苹果采取严格的检疫措施，在双方发生冲突时，双方的直接争议就是进口是否造成风险以至于进口国采取限制贸易的措施，最终的落脚点就是双方在判断进口国决定措施的"风险评估"环节所采取的标准问题。各国在经济、科技以及文化等方面差异导致对国民安全保护的水平不一致，也即对判定构成"风险"的标准严苛程度不一致。纵观诸多涉及SPS措施的WTO争端发现，某些实力强大的经济体由于广阔的市场以及政治、技术等强大影响力，在发生争议时，其贸易伙伴并不会否定SPS这种标准或者坚持自己的标准，以美国最为典型。简而言之，大部分SPS争端的解决都是依赖协商谈判，但是结果也是受制于某一方的经济实力。

将日韩水产品禁令案与上述案例进行对比发现，日韩水产品禁令案有很多特殊之处。首先，水产品禁令的事故特殊。由上述介绍可知引发禁令的事故是发生在日本福岛的核泄漏，由于核辐射不仅在危害上具有范围广、周期长以及程度深等特点，并且依据目前人类的科学技术对于核泄漏危害并不是完全能够估计即具有不确定性，并且由于核事故本身的特殊性，仅仅依赖日本一国进行防治不足以达到保护目的。其次，对日禁令的范围广且内容不一。在事故发生后，不仅韩国，几乎所有与日本有水产品贸易往来的国家和地区都在不同程度上设有进口限制，但是其中以韩国的进口限制措施最为严厉，范围上不仅涉及核泄漏波及最为严重的八个县还包括其较为内陆的其他地域，内容上不仅涉及水产品还包括饲料以及其他众多食品，时间上维持时间长并且没有给出具体的时限。最后，禁令涉及歧视性差别待遇。根据可探知的事实发现，韩国对水产品的禁令仅仅是针对来源于日本的，对于邻近的俄罗斯以及韩国本国的渔业（靠近日本核泄漏发生地）并没有设置限制措施，这就涉嫌违反《SPS 协定》第 5.5 条的规定。但现实的问题是可否跟踪渔业活动，以此为根据确定原产地，对政府来说取得这些系统是否构成过多负担？① 基于日韩水产品禁令案的种种特殊性，也促使相关方重新审视《SPS 协定》的有关规定。

实际上没有完全安全的食物，对于主管政府当局来说，依据更充分的信息来制定政策能够更好地减缓来自消费者以及利益相关者对风险的错误感知。因此，韩国政府在处理突发性紧急情况对食物安全造成影响时，如果在韩国境内的随机抽样检测中发现明显问题并且来自原产地声明表示仅对原产地采取措施并不足以消除危机时再考虑采取禁止进口等一系列临时措施可能更为稳妥。

三、新视角下重新审视《SPS 协定》

（一）《SPS 协定》存在的正当性争议

《SPS 协定》是 WTO 在乌拉圭回合谈判的一个重要产物。在国际贸易进一步发展的情况下，国家借由动植物检疫对出口国变相设置贸易壁垒的情形时有发生，尤其是发达国家针对发展中国家的食品进口往往设置较为严苛的检疫标准，使得动植物检疫被作为一种变相的贸易保护措施，依据《关贸总协定》以及《技术性贸易壁垒协定》的规定，并不能完全有效的遏制这种措施的滥用，因此在这种语境下，《SPS 协定》应运而生，企图运用《SPS 协定》规范各国动植物检疫措施的适用。

但是，随着时间的推移，无论是学界还是实务界均不乏对《SPS 协定》的质疑。有些人认为 SPS 措施既违背了一般的经济理论又不利于构建自由贸

---

① KANG Minji, An Analysis on Korea's Import Ban on Japanese Fish Products – Focused on the Consistency of the WTO SPS Agreement –, Yonsei Law Review, Vol. 23, No. 4 (2013), p. 298.

易市场，一方面质疑《SPS 协定》对于消灭贸易壁垒的功能，另一方面认为《SPS 协定》侵犯了国家主权并忽视了不同地区文化和政治的差异。①邬达克站在科学角度思考，认为《SPS 协定》违背了 WTO 的宗旨，并且容易导致一种后市场的歧视。②纵观诸多反对意见，发现大多认为《SPS 协定》实际上使得国内监管肆意，产生家长式的技术规定，最终是在破坏市场准入的保护。可以认为，临时性限制措施实施在符合某些条件后具有合法性，而这种"合法"的措施被越来越多的国家积极适用，从总体上讲，贸易限制情形的出现更为平常。举例说明，在 1966 年美国食物出口遭遇的非关税贸易壁垒占 50%，而 1986 年这一比例增加到了 90%。③从经济学角度分析，由于进口国对出口国的某产品实施了《SPS 协定》下的限制措施，会导致这种产品在全球价格的下跌，进而此产品的同类产品的全球价格也会随之下降，最终产生的成本均由产品的提供者承担，因此认为《SPS 协定》下有关限制的措施被滥用最终导致整体成本的增加，并不利于贸易的发展。

（二）《SPS 协定》规则与实践中的诸多问题

从外部来看，《SPS 协定》整体的存在正当性饱受质疑，从该协定内部的规则文本以及实践分析，也存在不少问题。结合本文所主要探讨的日韩水产品进口限制案，临时措施的发动主要依据《SPS 协定》的第 5.7 条，即若依据现实条件并不存在充分的科学依据时，综合参考其他国际组织或者其他成员方的标准等信息，在符合一定条件下也可以采取临时措施，但是这种临

① Dunoff, Lotus Eaters: Reflections on the Varietals Dispute, the SPS Agreement and WTO Dispute Resolution, in G. Bermann and P. C. Mavroidis (eds), Trade and Human Health and Safety (2006), pp. 153, 163 – 172.

② Robert E. Hudec, Science and "Post – Discriminatory" WTO Law, Boston College International and Comparative Law Review, Vol. 26, No. 4 (2003), pp. 185, 187 – 188.

③ Dunoff, Lotus Eaters: Reflections on the Varietals Dispute, the SPS Agreement and WTO Dispute Resolution, in G. Bermann and P. C. Mavroidis (eds), Trade and Human Health and Safety (2006), p. 156.

时措施的采取应当及时搜集更多客观信息佐证合理性并且为搜集证据信息设定一定期限。本案中涉及的"科学依据"就是有关核泄漏的危害等相关的科学依据，但是根据目前的科技发展水平，人类尚未完全掌握有关核的一系列知识，因此韩国采取临时限制进口措施的依据就是第 5.7 条。根据本文第一部分分析，日本提出抗辩的理由在于韩国政府并没有完全满足第 5.7 条中提出的条件，即充分收集相关客观的信息并设定一定期限，从事实分析来看，这一点上日本尚待需要证明。但是无论是从日韩水产品禁令案还是本文提及的其他与 SPS 措施有关的经典案例，我们不难发现，《SPS 协定》的上述规定都存在模糊性。首先，"充分的科学依据"中的"充分"就难以界定，即究竟证据充足到何种程度的判断是不统一的；其次，积极依据国际组织或者其他成员方的标准来搜集客观信息，也是一种模糊不清的说法，一方面国际组织的标准设定旨在符合该组织建立的宗旨并不一定契合 WTO 有关积极促进贸易自由化的目标，另一方面所谓采纳其他成员方的标准实际上是将政治较量引向了科学领域，纵观争端处理的实践，"其他成员相关标准"就是经济政治实力强大国家的标准。

本案争议中，日本的另外一项反对意见是有关《SPS 协定》第 2.3 条以及第 5.5 条，即进口国在采取临时限制措施时禁止相同情形下在本国与其他国或者其他国之间设置"任意或不合理差异"，这也符合 WTO 有关消除歧视性待遇的目标。规则设置的初衷符合 WTO 宗旨并且有助于创建良好的国际贸易环境，但是在实践中"相同情形的不合理差别待遇"并不容易审查，有学者认为，即使在相同的情形下相似产品也可能会产生不同的负外部性。[①]由此可见，仅仅依据情形是否相似或者产品是否类似判断歧视待遇并不完全合理。此外，依据《SPS 协定》第 5.6 条，采取临时措施并不能超过限度，在本案中日本经过归纳类比韩国和其他国家（地区）针对此次核泄漏事件做

---

① Boris Rigod, The Purpose of the WTO Agreement on the Application of Sanitary and Phytosanitary Measures (SPS), European Journal of International Law, Vol. 24, No. 2 (2013), pp. 503 – 532.

出的限制措施，发现韩国最为严苛。但是，至于临时措施是否超过保护进口国国民健康安全的必要限度的界限也并没有统一的规定，究其本质仍然需要回归到"风险评估"，尤其是风险评估过程中所采纳的标准统一性和正当性的问题。

(三)《SPS 协定》发展的几点建议

即便对《SPS 协定》存在的正当性以及必要性存在些许质疑，但是从《SPS 协定》设立的初衷等分析，发现《SPS 协定》的存在对于人类健康保护以及贸易自由化有重要意义，笔者认为目前存在的种种有关《SPS 协定》的质疑可以通过对《SPS 协定》自身的改进予以消除。

其一，关于标准选择的改进。无论是临时措施做出所依据的"风险评估"还是措施做出后有关限度的审核都需要选择合适并且统一的科学标准。"危险"标准过高容易导致对进口国国民的健康保护不力，标准过低又会引起贸易保护，不利于国际贸易的健康发展。因此，认为在进行标准选择的时候，首先应当结合争议的实际情形以及涉及当事各方的情况背景，综合考虑科技、文化、经济和损害等各方面因素；其次，前后标准的一致性，即针对同一争议在专家组以及上诉机构审议时，如无明显不当应当保持标准的一致性，此外对于相同情形下的相似争议应当尽可能采取一致的标准进行判断；再次，选择的标准具有权威性，有关科学证据的来源应当具有权威性，这样更能有说服力和公信力；最后，标准来源应当具有多样性，当今世界是信息爆炸的时代，仅仅依靠专家组专家或者某些国际组织研究人员的调查对于结果判断可能有局限性，因此在选择判断标准的时候应当尽量综合来自于其他专家学者的研究成果。

其二，关于专家组磋商实效性的改进。在涉及科学或技术问题的争端中，专家组的磋商和征求意见是 SPS 争端解决的前期工作，但是在实践中，通过上述工作常常对争议问题不能得出一致的结论。对于专家组改进，首先，应当明确技术顾问专家组专家的角色定位，专家的职责在于对提交争议问题进行技术上和科学上的指导意见，但是在实践中不少专家在提出意见的时候脱离了自身的职业要求，融入了很多自身的政治倾向性，因此对专家组专家去政治化尤为关键；其次，专家意见的来源，在国内法庭上证据意见要么来源于法庭要么来源于当事人，但是在 SPS 争端解决中信息应当取自专家组和当事人双方所雇佣的专家，如果仅仅依靠专家组的专家解决，这不仅可能会受到双方当事人的质疑，更容易导致专家组负担过重的结果，反之如果仅仅依赖于双方当事人提供意见，极易导致意见混乱不能得出一致的结论；最后，对专家咨询过程的调整，一方面，应当将专家讨论会聚在一个小组之内，这样有助于防止由于处于不同地点专家不便于交流的境况；另一方面，应当明确专家商议的程序和内容，即由专家组或者上诉机构指导监督专家咨询的过程，要求其集中对风险评估、计算、预测以及可替代方法的寻找，尽力保持其技术性与科学性。

其三，关于 SPS 争端解决机制的整体改进。首先，争端解决机制程序上应当更为高效，就目前而言，争端处理的耗时非常久，一方面是由于专家组在初裁阶段本身由于自身的意见不统一等原因导致时间的拖延，另一方面是由于当事双方对于初裁结果往往是不满意的，争端被提交至上诉机构使得整体的时间成本增加。为此，应当完善初裁的程序以得出统一意见的同时增加专家组意见的公正合理度，增加初裁的可接受度。其次，专门机构的建立，根据上述提及的种种 SPS 争端案件，不难发现 SPS 争端的特殊性与专业性，相对于 WTO 争端解决机构处理的其他国际贸易争端，SPS 争议对于科学及技术问题要求更为严格，因此应当在专家组或者上诉机构内部设置出独立于一般的争端问题解决小组的其他专门小组处理有关 SPS 问题的争端。最后，明确 SPS 争端处理原则的特殊性，由于 SPS 争端本身的特殊性，也使得相关争议处理原则的特殊性，SPS 临时措施一方面是对国民健康这一基本人权的保护，另一方面使用过分会损害出口国经济利益并且有害于国际贸易的自由发展，因此在处理过程中应当注重审查临时措施实施在保护国民利益的同时是否具有合法性。除此之外，对于措施是否正当的审核应当不仅仅是科技层面与经济政治层面的讨论，而应当结合消费者文化偏好以及社会公众道德的因素，综合判断临时措施发布是否正当以及程度是否合理。①

四、结　语

日韩水产品限制进口案是随着科技发展出现的新问题，较之以往的争端存在极大的特殊性，因此在新情况下重新审视《SPS 协定》并进行改进，显得非常有必要。就目前的争议情形来看，韩国方面应当及时搜集证据证明其临时措施合理性，即风险程度的客观信息，并依据要求对证据搜查设定一定期限，无论是临时措施发布的形式程序还是内容幅度均应综合考虑国民保护、科技和经济等多重因素，避免违背 WTO 有关遏制贸易保护主义和积极推动贸易自由化的宗旨与目标。就长远而言，《SPS 协定》本身存在的诸多弊病已经严重影响其设立目的与功能的发挥，甚至有违背 WTO 宗旨的趋势，因此从目的原则、规则设置、组织机构以及实际运作等多方面反思并改进《SPS 协定》实属必要。

参考文献

1. Boris Rigod. The Purpose of the WTO Agreement on the Application of Sanitary and Phytosanitary Measures（SPS）［J］. European Journal of International Law, Vol. 24, No. 2, 2013.

2. CHUNG Minjung. Korea's Measures on the Safety of Seafood Imports from 8 prefectures of Japan in response to the Nuclear Accident at Fukushima in

---

① Eric Gillman, Making WTO SPS Dispute Settlement Work: Challenges and Practical Solutions, Northwestern Journal of International Law and Business, Vol. 31, No. 2 (2011), pp. 440 – 477.

view of the WTO SPS Regulations ［J］. The Korean Journal of International Law, Vol. 58, No. 4, 2013.

3. Dunoff. Lotus Eaters: Reflections on the Varietals Dispute, the SPS Agreement and WTO Dispute Resolution ［M］. in G. Bermann and P. C. Mavroidis eds, Trade and Human Health and Safety, 2006.

4. Eric Gillman. Making WTO SPS Dispute Settlement Work: Challenges and Practical Solutions ［J］. Northwestern Journal of International Law and Business, Vol. 31, No. 2, 2011.

5. KANG Minji. An Analysis on Korea's Import Ban on Japanese Fish Products – Focused on the Consistency of the WTO SPS Agreement ［J］. Yonsei Law Review, Vol. 23, No. 4, 2013.

6. KIM Yongsung. Analysis on Radioactive Contamination on Japanese Marine Product Problem – Focusing on an Analysis of Current Regulatory Actions of Korean Governments and Counterplan for Expected Disputes ［J］. Sogang Law Review, No. 7, 2014.

7. LEE Deun, SPS Agreement and Radioactive comtamination – seeking limitations and a new balance ［J］. Sogang Law Review, No. 7, 2014.

8. Robert E. Hudec, Science and "Post – Discriminatory" WTO Law ［J］. Boston College International and Comparative Law Review, Vol. 26, No. 4, 2003.

"一带一路"倡议下的中俄经贸合作

冯秋燕*

摘　要：美国以中国现有条件下不可能达到的标准，将中国排除在外，带领亚太地区 14 国和欧盟 27 国建立跨太平洋战略经济伙伴关系协定（TPP）和跨大西洋贸易投资伙伴协定（TTIP），为破解可能由此给中国带来的困局，中国在 2013 年提出了"一带一路"倡议。俄罗斯是这个倡议向西环节上的重要一环，其主导的欧亚经济联盟与"一带一路"成员有重合，中俄两国最终形成在欧亚经济联盟框架下与"一带一路"合作，即欧亚经济联盟成员作为一个整体参加"一带一路"。这种团购式的统一价格、统一标准的模式与"一带一路"倡议以具体项目带动整体发展的运作模式有冲突，实际中会造成很大的困难。中俄合作的前提必须实现互信。

关键词："一带一路"；俄罗斯欧亚经济联盟；合作阻碍；实现互信

中俄两国是近邻，有 4300 余平方公里的边境线，曾经实现相同的国家基本政治制度和经济制度，曾经是同志加兄弟的友谊，也曾交恶长达 20 余年，现在是战略协作伙伴关系。作为两个世界大国，两国关系尤为重要，俄罗斯是中国"一带一路"倡议上重要的一环。

---

* 冯秋燕，哈尔滨工业大学法学院副教授。

一、 "一带一路"倡议的提出，其与 WTO 关系、TPP、TTIP 的关系

（一）"一带一路"是中国 2013 年 9 月和 10 月先后提出共建"丝绸之路经济带"和"21 世纪海上丝绸之路"的战略构想，即"一带一路"

"丝绸之路"源于中国古代社会。公元前 140 年西汉时期张骞应募出使西域，开辟了从中国通往西域的陆上丝绸之路。海上丝绸之路也是中国古代从东南沿海，经过中南半岛和南海诸国，穿过印度洋，进入红海，抵达东非和欧洲，成为中国与外国贸易往来和文化交流的海上大通道，推动了沿线各国的共同发展。这条通道连接了中国同世界 60 多个国家商贸往来。中国的丝绸、瓷器和茶叶运往世界各地。宋元时期中国的造船技术、航海技术的提高和指南针在航海上的应用提高了商船的远航能力。在新的历史时期，中国沿着陆上和海上"古丝绸之路"构建经济大走廊，目的是将给中国以及沿线国家和地区带来共同的发展机会，拓展更加广阔的发展空间。①

（二）"一带一路"与 WTO 的关系

WTO 即世界贸易组织，是由美国发起倡议，于 1994 年 4 月 15 日成立的全球性的贸易组织，它具有独立的国际法人资格，是一个常设性、永久性存在的国际组织。WTO 成员不分大小，对多边协议必须遵守，必须全面接受WTO 的协定和协议。160 个成员方贸易总额达到全球的 97%。其前身是 1947年成立的关贸总协定。WTO 的职能是：组织实施各项贸易协定；为各成员提供多边贸易谈判场所，并为多边谈判结果提供框架；解决成员间发生的贸易争端；对各成员的贸易政策与法规进行定期审议；协调与国际货币基金组织、

---

① 林华东："'海上丝路'的影响与启示"，载《人民日报》2014 年 10 月 19 日。

世界银行的关系，提供技术支持和培训。

中国 2001 年加入 WTO，根据当时签署的《中国加入 WTO 议定书》相关条款，15 年过渡期内，WTO 成员方如果任务中国为"非市场经济国家，可以使用替代国价格确定是否存在倾销行为，截止时间为 2016 年 12 月 11 日"。以 2004 年美国诉中国企业彩电倾销案为例，美国仲裁庭使用印度作为中国的"替代国"，以印度的成本作为确定我国几家彩电出口企业的倾销的依据，最终裁定中国企业补缴倾销税 27.94% ~ 78.45%。2016 年 5 月 11 日欧盟议会通过决议，不承认中国是市场经济国家，可能产生的后果就是钢材等廉价产品在海外遭受更多的反倾销调查。中国"入世" 15 年走过漫漫长道，却又重新回到起点。

（三）"一带一路"与 TPP 和 TTIP 的关系

TTP 就是跨太平洋战略经济伙伴协定，是由亚太经济合作组织（APEC）成员方中的新西兰、新加坡、智利和文莱四国发起，从 2002 年开始酝酿的多边关系的自由贸易协定，2005 年签署时为发起国四个国家。2009 年美国加入后，势力不断扩大，现在已经包含 12 个国家，其中 9 个国家是 APEC 成员。12 个参与国加起来所占全球经济的比重达到了 40%。TPP 将对近 18 000 种类别的商品降低或减免关税。而中国是 APEC 的重要成员，中国在以东盟为核心推动的东亚 13 国自由贸易区和东亚 16 国全面经济伙伴关系上，显示了中国在该地区的重要作用和影响力。

因此，国际社会有观点认为，TTP 是美国为了抑制中国出口，为了代替 WTO 而新成立的组织。俄罗斯民友谊大学教授、东方学专家 Юрий Вадимович Тавровский 就说过，"海上丝绸之路"是对美国为遏制中国在经济上提出 TPP 计划以及在军事政治上提出的"亚太再平衡"战略的回应。① 这种观点有一定

---

① Артем А. Кобзев: Сейчас мы для Китая — "старшая сестра"., http://globalaffairs. ru/global-processes/Seichas-my-dlya-Kitaya--starshaya-sestra-17326，访问日期：2015 年 2 月 20 日。

的事实作为依据：2009 年奥巴马政府国务卿希拉里参加东盟外长扩大会议时明确表态："美国回到东南亚了"。所以，美国加入 TPP 被视为美国向亚洲转移的具体动作，是意图削弱和抵制中国在亚太区域合作中的重要地位。奥巴马在 2011 年说："TPP 不单是经济问题，也是美日同盟的战略问题"；奥巴马在 2016 年还说，"不能让中国等国家书写全球贸易规则"。① 而中国加入 WTO 后，中国人生产，美国人消费这种模式提供了物美价廉的商品，中国的对外出口带动了中国经济的快速增长，但也造成美国工人的失业和中国国内的通货膨胀。而在 TPP 规则下，12 个成员方中，11 个国家生产，美国消费。

TTIP 是指跨大西洋贸易投资伙伴协定，是美国政府 2013 年提出的与欧盟 27 国开展的 "全面跨大西洋贸易与投资伙伴关系"。

美国从战略层面出发通过建立跨太平洋战略经济伙伴关系协定（TPP）与跨大西洋贸易投资伙伴协定（TTIP）这两种途径，不难想象其针对中国设立，其加入条件也专门为中国设置门槛，以中国现有状况下不可能实现的标准将中国排除在外，引领曾经与中国经济活跃的国家建立同盟，通过 TPP 和 TTIP 的经济活动，进而辐射到政治领域就可能是顺理成章、水到渠成了。

二、"一带一路" 与俄罗斯欧亚经济联盟的冲突与合作

俄罗斯对中国主导的 "一带一路" 是不理解的，俄罗斯在提出的区域经济观念是欧亚经济一体化项目——欧亚经济联盟 2015 年 1 月 1 日成立，现有中亚地区独联体五个国家参加。其前身是 2014 年 5 月 29 日俄罗斯、白俄罗斯、哈萨克斯坦三国建立的关税同盟。这五个国家与 "一带一路" 成员有重合。俄罗斯以为中国是另起炉灶，昔日的 "战略合作伙伴" 变成对手。后来表示可以在俄罗斯推动的欧亚一体化即欧亚经济联盟框架下与 "一带一路"

---

① "奥巴马声称：不能让中国等国家书写全球贸易规则"，载《环球时报》2015 年 10 月 06 日。

进行合作。

这实际上表达了俄罗斯不希望中国的"一带一路"倡议干扰甚至威胁到俄罗斯倡导的欧亚联盟这个独联体地区一体化进程。而俄罗斯是落实"一带一路"倡议的必经之地,其对"一带一路"的实行十分重要。[①] 因此,俄罗斯近期一直组织欧亚经济联盟成员方就参与中国提出的"一带一路"项目合作事宜进行集团磋商,以欧亚经济联盟集团的身份参加中国的"一带一路"。

但是,问题在于"一带一路"是以具体项目带动整体发展的运作模式推进、配合以亚投行对亚洲基础设施建设实施贷款实行的,各国国情不同、项目内容和条件不同,欧亚经济联盟框架下与中国"一带一路"的合作以一对多、统一价格、统一标准的运作模式怎样进行呢?是不是好比对商品进行团购,团购的价格压低到有工钱没料钱,要么前功尽弃,要么赔本赚吆喝,无论上述哪种方式都将使中俄之间的合作难以为继、无法持续。

现在"中国—欧亚经济联盟智库论坛"已经召开了第三届,可"一带一路"实施以来项目进行并不顺利。说明理论上的研讨与项目的实际操作不同的。

三、中俄合作无法避开的阻碍

中国官方认为,中国与俄罗斯等欧亚经济联盟成员方政治上高度互信,经济上互为重要的合作伙伴,经贸合作基础牢固,潜力巨大。[②] 中俄经贸合作具有很强的互补性,但中俄合作的阻碍是客观真实存在的。俄罗斯既拉中国作为伙伴,在联合国、G20,APEC 等国际事务中为其站脚助威、壮大势力,同时,又对中国时刻存有戒心。这种戒心源于自然状况和历史形成。

---

① 李秀蛟:"俄罗斯智库专家对'一带一路'的评析",载《西伯利亚研究》2015 年第 6 期。
② "'丝绸之路'对接欧亚经济联盟",载《南方日报》2016 年 6 月 8 日。

（一）俄罗斯地广人稀，远东地区尤甚

俄罗斯是世界上国土面积最大的国家，1708 万平方公里，是中国面积的两倍；边境线长达 6 万里，与 14 个国家接壤，与中国的边界线达 4300 余公里。俄罗斯以平原为主，平原、低地和丘陵占国土总面积 60%，由于地势平坦无阻，有利于入侵者长驱直入，因而，俄罗斯历史上也屡遭侵略，俄罗斯人只有团结起来一致对外才能生存。因此，铸就了俄罗斯人很强的民族意识和防范心理。

广袤的土地上人口下降是俄罗斯面临的现实问题。最近一次的全俄人口普查是 2010 年进行的，这次人口普查显示，俄罗斯总人口 1.43 亿，距上一次 2002 年全俄人口普查减少了 230 万，占比 1.6%。俄罗斯人平均寿命仅为 39 岁，而根据美国中央情报局世界人口寿命数据，2012 年世界上预期最长寿的国家是摩纳哥——平均寿命为 89.73 岁，世界人口平均寿命仅为 67.07 岁。[1] 且男女比例失调，女性数量继续大幅超出男性。据 2002 年人口普查显示，全俄总人口（含城市和农村）在 32 岁这个年龄段，男性比女性多 99.4 万人，这说明出生时男女比例正常。而一年以后——33 岁这个年龄段，女性数量就暴增到比男性多 100.8 万人。而与此同时，农村人口男女比例直到 49 岁男性数量还是高于女性 99.1 万人，城市男性平均年龄在 22 岁时，数量多于女性 99.9 万人，而到了平均年龄 23 岁时，女性数量多于男性 100.3 万人。

俄罗斯远东地区由于恶劣的气候环境使人口问题尤甚。2010 年人口普查时该地区总人口为 629.3 万人，比 2002 年统计时的 669.3 万人减少了 40 万，占比 5.97%，比全国平均值高 4.37%。从 1989 年至 2010 年远东联邦区的九个行政主体都呈人口下降趋势，其中人口减少最多的是马加丹州，2010 年人

---

① 世界各国人口平均寿命排名_人口平均寿命，http：//www.renkou.org.cn/world/general/2014/2015.html，访问日期：2014 年 12 月 24 日。

口普查统计数据为 15.7 人，而苏联解体前的 1989 年有 53.3 万人。①

谈到人口减少不能不提的是俄罗斯较高的离婚率。据 2010 年人口普查登记，每年登记离婚率占当年登记结婚数量的 85.6%。这样的离婚率反过来也影响俄罗斯的人口出生率。

这样的国家地理环境和人口、婚姻状况不能不影响俄罗斯国家对内外政策，形成俄罗斯政策不稳定的特点，使外国投资遭遇到不确定因素，乃至投资失败。如在俄联邦国家经济安全战略中，失业率一直是有关国家经济安全一项重要指标。2009 年制定的《2020 年前俄罗斯国家安全战略》已将失业率摆在国家经济安全的第一位。在受国际金融危机影响，全球经济放缓的 2007~2013 年，俄罗斯人的工资及社保比例还在持续增加，由 29.1% 上涨到 47.2%，增加了企业的成本。而劳动配额制的实施则在很大程度上导致劳动密集型产业的死亡。

(二) 远东地区历史渊源

世界上人口出生率下降的国家很多，不仅发达国家降低，发展中国家也在降低，但像俄罗斯那样因此而对自己的近邻存有戒心的却不多。这大体上与俄罗斯远东的人口和土地来源有关，这是根植于两国人民心里的事。2001 年中俄虽然签署了《中俄睦邻友好合作条约》，但在程序上是有瑕疵的，中方签字未经中国全国人民代表大会常务委员会授权，根据中国宪法，属于违宪。

这样的国家地理、人口结构和历史渊源决定了俄罗斯对中国在伸出双手热情合作的同时，又瞪大眼睛时刻防范，以至于不断出现经常调整的对外政策，使中国在俄投资企业吃到不少苦头。

20 世纪 90 年代开展的私有化运动使俄罗斯企业的私有化程度很高，一

---

① 《西伯利亚研究》2012 年 5 期。

些人以较低的价格取得了企业的成包经营权。当他们在俄罗斯有更丰厚利润的投资项目需要大量现金的时候,就希望通过转手将已经增值的经营权转让,以转化成为现金。所以,中俄企业的收购和投资还将大量发生。根据多年的投资经验,外国企业在俄罗斯的投资建设期内一切正常,一旦有盈利以后,俄罗斯国内的民族主义思想抬头。20世纪90年代初期,远东地区甚至以国家安全的名义,动用KGB的力量调查中国投资企业。投资人为避免麻烦,逃回中国。

四、实现中俄跨越式发展必须增进互信

中俄于1996年建立战略协作伙伴关系,1999年普京执政后坚决推行适合俄国国情的改革战略,对原有政策进行了一系列调整,同时中国经济发展对能源和原料性商品需求急剧增加;此外,2000年中俄签署了《中俄政府间2001~2005年贸易协定》、2001年7月两国又签署了《中俄睦邻友好合作条约》、2002年12月两国首脑发表的《联合声明》。2012年4月28日,中俄贸易和投资促进会议在莫斯科开幕,两国首脑提出双边贸易额在2015年达到1000亿美元、2020年达到2000亿美元的目标。

这些文件的出台为两国经贸合作的发展奠定了法律基础,提供了政治、外交上的体制保障。"双方将力争在双边经贸关系整体发展和质量提高方面取得突破性进展"。但中国与俄罗斯的贸易量至2015年年底还不足1000亿美元,这与两国现有"战略协作伙伴关系"的质量和水平是不相符的。而中国与美国、与欧盟的贸易量分别达到了5583.9亿美元①和3650亿,② 其中德国

---

① 中国日报网,2016-01-29。
② "中国与欧盟每天贸易额超过10亿欧元",http://www.askci.com,访问日期:2014年4月1日。

1802.7 亿美元。①

因此，中俄之间应该增加互信，理解和沟通。"一带一路"倡议恢宏博大，横跨欧亚，引起了俄罗斯的警觉。

其实，几千年的历史证明，中国人民是勤劳朴实、没有排外意识，热爱和平的。《中俄睦邻友好合作条约》中方签字在程序上的瑕疵没有引起国内波动就可见一斑。

---

① "2014 年德国与中国双边贸易额为 1802.7 亿美元"，http://www.askci.com，访问日期：2015 年 4 月 27 日。

"一带一路"之哈萨克斯坦知情权的法律保障

——以税收和投资关系为例

王宏伟[*]

摘　要："一带一路"语境下知情权是政策实施的基本保障，当今法治都是以宪法为顶点的阶层构造，故将基本人权知情权列入宪法加以保护是实现人民理解并支持"一带一路"的重要出路。哈萨克斯坦新宪法的制定顺应了《世界人权宣言》的价值理念。法秩序由负数的法规范构成，故而宪法基本人权的实现需要相关部门法的支撑。本文以哈萨克斯坦税收法和投资法为视角，根据法律内容的增删和修改，谈论在行政领域纳税人和投资人的知情权问题，要求相关行政机构履行解释等义务。同时，在知情权的视角下，分析商业秘密和国家机密的保护问题。哈萨克斯坦致力于完善国内法律建设和机构建设，进入世界经济体系之中，创造更好的投资环境和经济环境。

关键词：哈萨克斯坦；知情权；税收；投资

党中央推行的"一带一路"指"丝绸之路经济带"和"21世纪海上丝绸之路"，是中国为推动经济全球化深入发展而提出的国际区域经济合作新模式。其核心目标是促进经济要素有序自由流动、资源高效配置和市场深度

---

* 王宏伟，哈尔滨工业大学法学院副教授，研究方向为国际法。

融合，推动开展更大范围、更高水平、更深层次的区域合作，共同打造开放、包容、均衡、普惠的区域经济合作架构。"一带一路"框架包含了与以往经济全球化完全不同的理念，即"和平合作、开放包容、互学互鉴、互利共赢"，这正是丝绸之路文化内涵的体现。"一带一路"的推行势必会给政策语境下的国民生活产生影响，然而"一带一路"本身概念的抽象化又会对政策的实施带来诸多不便，所以哈萨克斯坦政府的信息公开体制建设对"一带一路"的落实有着极为深远的意义。

落实"一带一路"，必须让国民充分了解这一政策，所以国民的知情权不可或缺。米克尔约翰曾说："言论自由是公民自治的需要，特别注重独立于代议制民主的公民精神：当人民进行自我统治时，是他们，而不是其他人，必须判断何为不明智、不公正和危险的观点。"① 所以必须让人民充分了解"一带一路"，这样在了解的基础上由人民自由选择才会达到最理想的效果。

一、哈萨克斯坦"知情权"的宪法构造

"一带一路"旨在促进经济要素有序自由流动、资源高效配置和市场深度融合，推动开展更大范围、更高水平、更深层次的区域合作，共同打造开放、包容、均衡、普惠的区域经济合作架构，使"一带一路"倡议变得公开、透明，对区域实现经济腾飞塑造了意识和人力基础。哈萨克斯坦共和国于 1995 年 8 月 30 日颁布的宪法第 1 章第 1 条规定：哈萨克斯坦共和国是民主的、非宗教的、法治的、社会的国家，其最高价值是人，包括人的生命、权利和自由。这一规定意味着哈萨克斯坦共和国正在努力建设一个符合本国国情的、民主的、非宗教的、法治的、社会的国家，并将依法治国作为国家、政府及其官员活动的最主要目标之一。

---

① ［美］亚历山大·米克尔约翰：《表达自由的法律限度》，侯健译，贵州人民出版社，2003 年版，第 19 页。

根据宪法，哈萨克斯坦共和国确认并保障公民的人权和自由。"真正的主体，只有在主体间的交往关系中，即在主体与主体相互承认和尊重对方的主体身份时才可能存在。"① 这一条是由宪法第 12 章第 1 条严格规定的。它在国家法律制度中承认并保护公民的人权和自由，明确了立法者保证遵守社会经济、文化和政治法律的义务。这些保障的具体形式上由宪法第二篇后半部分加以阐述，总的来说，可以由相关的明确的法律解释来明确这一事实。② 在这部分条款中，宪法所规定的公民人权是值得注意的，包括公民有权以任何不被法律禁止的（合法的）手段获得信息的权利。

知情权，即每个公民所享有的获取关于其自身权利、自由、利益的相关信息的权利被载入国家的法律中。"一个民众的政府，如果没有民众所关心的信息以及让民众获取信息的渠道，则是一切闹剧或悲剧的开始，或者既是闹剧又是悲剧。有知将永远统治无知；一个民族想要把握自己，就要用充足的信息和只是武装自己。"③ 例如，在 1995 年 6 月 5 日颁布的亚美尼亚共和国的法律中规定：人人享有言论自由，包括通过任何媒介（且不论国别）寻求、接受和传递信息和思想的权利（第 24 款）。白俄罗斯宪法保障白俄罗斯共和国公民有接收、存储、传播关于国家机关、社会团体或有关政治、经济、文化、国际生活、周围环境状况的完整、及时、准确的信息的权利。在上述情况下国家机关、社会团体、官员有义务向白俄罗斯共和国公民提供机会，使公民了解事关公民权利和法律利益的材料，但是为了保护公民的荣誉、尊严、个人和家庭生活，充分保证他们享有的权利，信息的使用可能受到法律的限制。塔吉克斯坦共和国宪法第 30 条规定了对公民言论自由、出版自由、利用媒体自由的保障条款，不允许国家对公民的自由权利进行监督、检查和批评，并且国家机密的构成清单要由法律来制定。1992 年 5 月 18 日颁布的

---

① 郭湛：《主体性哲学——人的存在及其意义》，中国人民大学出版社 2011 年版，第 212 页。

② 《哈萨克斯坦共和国宪法》，1998 年第 61 章。

③ ［美］James Madison, Letter to W. T. Barry, Aug. 4. 1822, in G. P. Hunt, ed., IX The Writings of James Madison 103. (1910).

土库曼斯坦共和国宪法规定了一个限制公民获取信息的更完整的清单：土库曼斯坦公民言论自由，可以获得除国家的、官方的或商业机密之外的信息的权利。（第二部分）

应当指出，哈萨克斯坦共和国宪法第 20 章所规定的：公民有权以任何不被法律禁止的（合法）手段获取信息的权利，是依据 1966 年颁布的《公民及政治权利国际公约》中第 19 条关于公民权利而制定的。本条款包括：每个人有权坚持自己的观点而不被干涉，有权自由发表个人见解，享有言论自由的权利，其中包括自由地寻求、接受、传播信息和思想的权利，而不受国别的限制，可以自由选择以口头、书面、印刷、艺术形式或其他方式传播信息、思想。"统治是一场考验，正如任何生活都是一场试验。每年每月，我们都必须把命运压在对未来的预见之上，而这种预见必然基于不完善的知识。既然这场试验是我们体制的一部分，我们就应该永远保持警惕，避免试图去控制那些我们憎恨并认为致命的言论—除非它们如此紧迫的去干扰迫切的合法目标，以至于要求立刻控制来拯救国家。"[1] 在本章第 3 款中规定，因为使用上述权利带有特殊性的义务和责任，所以在使用过程中可能受到限制，因此信息的获取和使用必须由法律规定而且必须符合以下两条之一：（1）为了尊重他人的权利的名誉；（2）为了保证国家安全、公共秩序、保障公民的健康和道德不受侵犯[2]；根据宪法第 20 章第 2 条的规定，每个人拥有以合法的方式自由获取、传播信息的权利。属于哈萨克斯坦共和国国家机密信息的清单由法律开列，哈萨克斯坦共和国 1999 年 3 月 15 日颁布的第 349 - 1 号《国家机密法》中明确了哈萨克斯坦共和国保护国家机密、保卫国家安全利益的法律框架和体系，从而协调社会关系，统一管理国家机密的保密和解密环节。该法第 3 章规定了在军事、经济、教育、科学技术、外交政策、贸易领域以及信息、情报、反间谍、搜查活动等方面的信息属于国家机密。"一旦人们

---

① Abrams v. United States, 250U. S. 616。
② 《国际保护人权和自由论文集》，1990 年，第 41 页。

理解实践曾推翻国一度富有战斗力的许多信念，他们终于坚信：他们所期待的至善，最好通过思想的自由交流获得；对真理的最佳检验，在于思想在市场竞争中获得接受的力量，并且这项真理是其愿望得以实现的唯一基础。""一带一路"的实施不只需要政府的铁腕实施，更需要全国民众的齐心协力来完成，集体智慧永远大于个人智慧，集体理性优于个人专制，确保公民的知情权不仅是宪法所赋予的基本人权，同时也是"公民自治的需要，特别注重独立于代议制民主的公民精神：当人民进行自我统治时，是他们，而不是其他人，必须判断何为不明智、不公正和危险的观点。"①

众所周知，立法者在提供某方面的某项权利的同时，相应地就会为保障该权利而设定相关的义务。除此之外，任何一个法律关系都表现为权利和相应法律责任的相辅相成，构成了对应关系②与此相关，国家和社会基本法（哈萨克斯坦共和国宪法）第18章第3条规定了国家机关、社会团体、官员和大众传媒的义务，即保障以文件或决议的方式使每个公民了解事关其权利、利益的信息。应当指出，哈萨克斯坦共和国宪法委员会颁布法令，对上述法规做出了解释，该法令指出，源于宪法第18章第3条的"每个人享有了解关乎他们权利和自由的文件、决议和信息来源的权利，而国家机关、官员的职责是保障该权利的实现"，这和宪法中的其他规定密切相关，尤其是和宪法第20章第2条、第39章第1条关系密切，这些规定都提到了："每个人都有通过不被法律禁止（即合法）的任何方式（手段）自由获取信息的权利"，"表示异议的自由并非仅限于无关紧要的问题，那不算真正的自由，只有在触及现存秩序的核心问题上有权不同意，那才是对其实质的检验。"③ 所以，规定了"由法律确定的哈萨克斯坦共和国国家机密信息清单"，"公民的人权

---

① ［美］亚历山大·米克尔约翰：《表达自由的法律限度》，侯建译，贵州人民出版社2003年版，第19页。
② 《国家和法律概论》第2版，1996年，第38页。
③ ［美］亚历山大·米克尔约翰：《表达自由的法律限度》，侯建译，贵州人民出版社2003年版，第38页。

和自由只能由法律限定，只有出于必须保护宪法秩序、公共安全、人权和自由、健康和道德的目的时才会有限制，宪法第十八章所规定的权利不列入清单中，不受任何形式的限制"（宪法第 39 章第 3 条）。①

"一带一路"政策的实施，不仅惠及本国国民，对外国人士和无国籍者同样具有莫大的惠及力，故而对外国人员和无国籍人士的知情权也必须有着相类似甚至相同的规定。基本法第 12 章第 4 条也规定了一条，根据这一条，外国人以及无国籍人在共和国同样享有权利和自由，甚至要履行宪法给公民规定的义务，哪怕有的义务是宪法和国际条约未规定的。因此可以得出结论：国家机关、官员和媒体的职责包括向外国人和无国籍人提供获得和传播信息的机会。应该指出，第 2 章中的任何公民是对称谓的解释。在文中涉及人权、公民的权利和职责，这些概念得到了宪法领域的首席专家、教授、哈萨克斯坦共和国院士萨巴尔卡里耶夫的确认。他指出，这是在哈萨克斯坦宪法史上第一次单独承认"人权"的概念。当然"人权"和"公民的权利"的概念应该有机地结合起来。因为公民首先是人，因此所提及的公民势必属于人类，可是"公民的权利"和"人权"的区别在于国家给公民们提供更广泛的权利和自由。如果权利、自由和义务属于所有人，那么就应该使用这些概念"所有人""人""每个人""任何一个人"。如果相同的权利、自由、义务只属于哈萨克斯坦共和国的公民，那么就应该直接指出这一点。② "一个得到适度而良好管理的民主社会的基本制度不会如此脆弱或如此不稳定，以至于会仅仅用颠覆性的主张就可以颠覆之。"③ 所以，无论是本国人员还是外国人员，都必须在世界人权宣言的语境下共享基本人权，这是不容置疑的，同样也是"一带一路"落实减少阻力的重要举措。

---

① 根据哈萨克斯坦共和国宪法由哈萨克斯坦共和国宪法委员会于 2002 年 8 月 5 日 5 号文件颁布《关于修改和增补哈萨克斯坦共和国一些公诉问题的立法行为》。
② 《哈萨克斯坦共和国宪法》（教科书），阿拉木图，1998 年，第 88~89 页。
③ ［美］罗尔斯：《政治自由主义》，万俊人译，译林出版社 2000 年版，第 368 页。

二、哈萨克斯坦知情权保障措施

"没有救济就没有权利"这是古老的法律格言。"一带一路"的落实需要人民的参与，这并不是一句宣言，而需要具体的法律制度来规制。"一带一路"关系到国民的物质生活，人民不可能不关心，更不可能没有看法，所以这就需要将人民的权利保障的以贯彻。

哈萨克斯坦共和国宪法第 18 章第 3 条在很多领域发挥了法律效力，特别是涉及国家强制执行范围。因此立法中的刑事诉讼相关规定会影响到一些人的利益，解决这些问题的关键是提起诉讼。对刑事案件程序中的刑事起诉、暂缓或终止刑事诉讼的各个阶段，仍然需按相应程序解决。在刑事案件审理结束时，必须向被告提供所有的刑事诉讼材料（哈萨克斯坦共和国刑事诉讼法第 273、275 章）。若不遵守这些规则会被认为是违反刑事诉讼法，会导致对该刑事案件所做出的最后的所有决定无条件取消。在法院审理的刑事案件在审理前一定要提供起诉书、协议书及其副本（复印件），刑事案件的受害者有权要求按照自己的请求全部或部分了解刑事案件的材料，而审判的日期应该专门通知受害者。法院就刑事诉讼和民事诉讼的所有问题所采取的决定一定要交给罪犯或民事案件的各方①。哈萨克斯坦共和国宪法第 18 章第 3 部分实现了对调查机构的立法规定。如果罪犯的准备实施或已实施的罪行没能被法律证实，那么罪犯也有权要求实施调查和搜集犯罪证据的机关停止披露受国家法律和其他法律保护的事关自身的秘密。检察机关在确认证据不足的情况下法官要对其裁定做出说明，而检察长可以要求指定机关将相关消息通知给申请人。《社会团体法》（从 1996 年 5 月 31 日起实施）制定专门条款规定社会团体的职责是向自己的成员提供机会了解涉及他们权利和利益的相关

---

① 《哈萨克斯坦共和国宪法》，阿拉木图，1998 年，第 90 页。

文件和决定。①

（一）"一带一路" 语境下哈萨克斯坦税制 "知情权" 分析

"一带一路" 的影响力涉及方方面面，不仅关乎国内，更涉及国外，所以关于外国法人的投资等国际经济方面的问题也需要国内立法进行完善。尤其是在涉及 "税收" "投资" 等方面，因为这关乎人民的切身利益，同时也是感触最为深刻的，故而必须要做到尽善尽美，让人民的利益得以维持是最为重要的目标。

对于违反法律的侵犯自然人或法人代表的行政行为可以提起诉讼，并且在诉讼程序中要向其他参与者解释本法所规定的他们的权利和义务，并登记备案。此外，对自然人或法人代表在其他领域提出的诉讼，应该为其提供机会使之了解行政违法议定书的内容。应当指出，在法官做出进行技术鉴定的裁定之前，负责的官员一定要通知对行政违法提起诉讼的受害人，向他们解释法律及其相关权利，受害人可以向鉴定专家提出异议，由他们指定鉴定专家，并申请向鉴定专家提出一些补充问题；或是宣布司法机关（或官员）递交的结论的日期不对；提出自己的意见；申请补充鉴定或重新鉴定；申请指定新的鉴定机关。对于得到的样本，包括人类、动物、物质等对象所反映出的特征的研究，如果对案件有意义，法官会根据哈萨克斯坦共和国法律的第612 章第 8 条的有关行政侵权一款传唤当事人，使其签字确认所收到的样本，并向当事人和与该诉讼案件有关的其他人员解释其权利和义务。

对上述问题的分析并非偶然，因为税收和投资法中的知情权的机制也是公民权利的重要内容。应当指出在实践中，长久以来就形成了把纳税人作为潜在的违法者的观点。因此，税务机关所做出的指控纳税人违反税法的行为已经成为一种普遍现象。可是不知为什么却忽视了一点：遵守法律的义务不

---

① 《哈萨克斯坦共和国宪法》，第 90～91 页。

应只落到纳税人身上，也应该同样落到事实国家税收政策的相关部门身上。"一带一路"的实施目的是惠及政策语境下的所有人民，所以必须转变这一观念。只有在纳税关系中的双方主体都遵纪守法的情况下才能建立一个法治的、民主的国家，才能使税法成为一个将保障公民及机关权利放在首位的文明的税法。[1]

　　"一带一路"的主动权掌握在政府手中，但是最终的落实却是要靠具体的法人和个人来实现的，所以在税制方面必须充分考虑纳税人的相关利益。并且让其充分了解"一带一路"政策的全貌，使之在内心接受并支持的情况下去推动政策的实行，纳税人在这方面，"知情权"的实现比任何一方面都热切。按照哈萨克斯坦共和国《关于税收和其他强制性付款的财政预算案》（税法）的规定，纳税人的权利之一就是有权获知税务机关的现行税收政策和其他强制性税收的信息，以及及时获知税法的修改内容。如果考虑到税务机关的权利和义务的对应性，那么税收机关就相应的承担解释税收责任的产生、履行和终止的义务。税务机关相关内容是根据哈萨克斯坦共和国法律第16章第1条第2款规定的，其职责是解释其按规定填写的税务核算报告（税法第17章第1条第5款）。因为税法第17章第1条第1款规定了应将保证纳税人的权利作为税务机关的义务。我们可以认为税务机关依据《税法》第17章的税务机关的义务的规定，有义务就税务责任的发生、履行和终止向纳税人提供信息，并提供解释和评价的日期。哈萨克斯坦的国内环境对于彻底实施税法中的这些规定有强烈的需求，这也是完善国家税法、创建良好的投资环境的必由之路。众所周知，由于税法的不完善，纳税人经常要求税务机关解释税法中不断被更改、补充的部分。因此，根据现实的需要，哈萨克斯坦共和国现行的《关于税收和其他强制性付款的财政预算案》（税法）从2001年6月12日起作了修改，并增加了54款。后又在2009年1月1日推出新的

---

[1] 布卢塔伊 З. С. 《哈萨克斯坦共和国现行立法中的税法主体》，阿拉木图，2003 年，第 4 页。

税法，帮助哈萨克斯坦走出经济危机的阴影。①

实践证明，纳税人要求税务机关解释相关内容的请求没有得到任何明确的答复，更有纳税机关索性直接拒绝提供任何信息。因此只有明确税务机关的义务，才能令税务机关切实对纳税人承担相应的义务和责任，保证纳税人切实享有相应的权利，以增加他们向国家履行纳税人义务的信心。在国际实践中，通行的是从纳税人的角度明确了纳税人作为当事人应该依法纳税的基本原则，使纳税人应该为纳税机关服务的意识处于一个相当高的文化层次上。完善财政税收立法，在一定程度上说明哈萨克斯坦共和国法律政策的观点，并且在 2002 年 9 月 20 日得到哈萨克斯坦共和国总统令的批准。因此，在金融政策和货币流通领域，国家的首要任务是将巩固和稳定国内金融市场作为保护国家、公民、法人的利益的手段，并且将行之有效的金融体制作为国家政策的支柱来发挥职能，这一目标可以通过以下方式实现：改善国家金融体系的基础；扩大金融工具的领域，加强国家对财政的宏观调控；加强国家财政活动，保护拥有金融资产的法人的法律权利和利益，采取综合措施使哈萨克斯坦共和国成功进入国际金融体系，并创造条件吸引外资投放到国内金融市场。哈萨克斯坦通过的《关于稳定金融系统法案的修改和补充》，是稳定金融体系和加强监管的重要措施。② 税法作为国家调控经济市场的杠杆之一，应考虑到经济发展的前景和企业家活动的发展，并且保有足够的预算资金来完成国家的职能和任务。税收立法应该前后一致，而且税收应刺激经济的发展，必须采取措施继续完善税法：确保所有条款清晰明确，减少税收负担，防止"地下"交易和偷漏税的合法化。哈萨克斯坦共和国总统纳扎尔巴耶夫对哈萨克斯坦共和人民的咨文《在新世界格局中的新哈萨克斯坦》（阿斯塔纳，2007 年 2 月 28 日）指出了国家政治改革的主要目标——迈向现代民主

形式的政府能保证国家和社会管理体系的有效运行，同时维持该国的政治稳定并确保所有的宪法权利和公民的自由得以实现。咨文中的一项任务是加快国际惯例的行政改革。在咨文中还提道：我们正在创建的国家管理模式必须坚持有效性、透明性和面向全社会的公开性。我们的目标是实现行政管理结构的现代化，创建高度专业的公共服务和有效的管理体系。

必须指出，国家元首致哈萨克斯坦人民的咨文《哈萨克斯坦公民的福利的增加是国家政策的主要目标》强调了制定和采用新的国家税法在促进现代化和经济多元化，使企业走出阴影的必要性。国家元首还指出："有必要把哈萨克斯坦发展新阶段的各项目标税制明确。"现行的税法在经济增长中发挥了积极作用，但目前其潜能已尽。现行法律中有超过170种免税和优惠在无节制的增长。新法典应当具有可以直接适用的法律性质，防止税务机关任意解释法规，同时也应该符合行政管理要求，保障纳税人的利益。但更为重要的是，它应该规定降低商品经济部门，尤其是中小企业的税收负担，在政府预算收入不足时，应由经济回报率高的采掘业补偿支付。不否认新税法对税务进行的大幅度修改，删除不必要和有双重解释的条例，在完善法规的同时我们注意到，从2009年1月1日实施该法并不符合共和国现行的税收立法，因此应当根据现行税法第3章第2条哈萨克斯坦共和国完善和修订本法则的立法行为，即订立新税法或其他必要的财政预算案，改变税率和现有税收及其他预算收支税不可迟于2009年1月1日，必须在其通过一年后发挥效力。除此之外，如果我们转向2008年11月26日由国家议会通过的税法草案，就会发现所有条款都包含在其现行的规则里。因此，采用新的国家税法却不考虑现行条款是不对的。哈萨克斯坦共和国宪法第4章第4条规定的保障条款已颁布，根据这些保障条款，对于共和国所指定的法律和加入的国际条约，其适用以官方解释为前提。

综上所述，必须指出各项规则都有其相应的适用范围，并且规定了保证执行宪法义务的条款，即支付法律规定的税收和其他强制性付款的规定。因此，无论是纳税人还是税务人员都应当仔细研究该规则的相关规定和执行，这也需要一定的时间才能实现。就税务委员会而言，他们会以哈萨克斯坦共和国财政部税务委员会信件的方式向纳税人提供参考资料，提供一些服务公约以及根据哈国财政部命令所确定的公共服务标准。毋庸置疑，这些都有其正面的效果，并帮助居民提高税收常识，使纳税人及时而充分地履行纳税义务。这也可以减少外国专家、外国投资者和国内企业们对税收规定频繁修改的不满。关于税收激励，税收优惠在任何国家的法律中都不稀奇，他们的设置取决于社会经济状况和国家经济调控目标。① 当然，这样的税收优惠待遇也并不普遍，每个国家决定采取自己的税收优惠制度时都会考虑其面临的独特的经济、社会、政治条件。② 税收调节可以被认为是经济管理的最有效的手段之一。③ 因此，处于不同的经济、政治、社会条件影响下的各发达国家也制定了税收优惠政策。谈到税收规定，其结构、征税方式、税率、各级政府的财政权利、税基、纳税范围、免税、税收制度的范围各国互不相同，免税制度有各种形式，国家财政政策的优惠与各种税分开实行。④

关于税收优惠的不同性质在 2008 年 11 月 20 日由哈萨克斯坦共和国法律《关于税收和其他强制性付款的财政预算案》做了明确规定，给予任何税收优惠，都应考虑到经济上的可行性。任何免税都应该满足经济可行性和社会需要，优惠制度需要一个全面的分析和计算。之所以免除支付五年企业所得税，是因为国家追求的经济目标是增加生产投资，形成、发展、扩大其投资规模，免征土地税是国家希望将这些措施用于扩大生产和增加就业机会。国家对退役军人、残疾人、国家功臣实行减免税收也是为了解决一些社会问题。在这种情况下，税法在向纳税人提供信息资料的条款方面，应该有所改善。

---

① 伊林 C. C., 瓦西里耶夫娜 T. И.：《经济学》语言学协会主办，2003 年。

② 《对非营利组织的征税》，2001 年第 2 版，第 60 页。

③ 格里岑科 B. B.：《在俄罗斯发生的金融法律问题》载《金融法》1996 年第 1 期，第 266 页。

④ 梅谢里亚科娃 O. B.：《世界发达国家的税务制度》，"法治文化"基金会 1995 年，第 3～5 章。

根据 2008 年 11 月 20 日税法草案第 20 章第 1 条规定税收服务机构必须尊重纳税人（或税务代理）的权利，其职权范围是解释税务义务的产生、履行和终止；向纳税人或纳税代理人提供现行税法和其他强制性付款预算信息；告知哈萨克斯坦共和国税法的变化；解释纳税形式完成的程序；免费提供税务机构规定的公共服务标准、税务报表、为了提交税务报告或税务核算所必需的电子表格。

如果参看一下哈萨克斯坦共和国 2003 年 1 月 8 日的法律，可以发现对投资者的知情权的保障得到了切实加强。因为根据该法第 4 章第 1 条对哈萨克斯坦共和国宪法、哈萨克斯坦共和国投资法及哈萨克斯坦共和国其他法律法规，甚至哈萨克斯坦共和国批准的其他国际条约所保障的投资者的权利和利益给予充分的无条件的保护。该法第 6 章规定了国家机构对投资者活动的透明度，并保证向投资提供与投资活动相关的资料按照一定程序出版，包括哈萨克斯坦共和国国家机构对与投资者利益相关的执行情况。与此同时，投资者，包括小投资者，可免费获得有关法律机构的注册信息和章程、房地产交易登记、颁发的许可证，以及有关其投资情况的信息，还可以获得除哈萨克斯坦共和国立法规定的或其他法律所规定的商业机密及其他秘密以外的信息。在受法律保护的高度机密和其他秘密方面，哈萨克斯坦共和国宪法第 18 章和第 20 章规定了限制获得、传播的信息包括：（1）每个人都有隐私权，个人和家庭秘密、荣誉和尊严受法律保护；（2）每个人都有个人存款、储蓄、信函、电信交谈、邮政、电报和其他通信秘密的权利，这些权利只有在法律明文规定的情况下才能受到限制；（3）不允许宣传、煽动武力改变宪法秩序，不允许侵犯国土完整、破坏国家安全、不允许发动战争，不允许社会的、种族的、民族的、宗教的、阶级的优越性，不允许有虐待和暴力行为的邪教组织存在。

哈萨克斯坦共和国国家法典第 144 章中规定了一些条款，根据这些条款公民有权保护个人隐私，通信秘密、通话内容、日记、笔记、备忘录、私人生活、收养、出生、医疗秘密、法律秘密、银行存款秘密，而个人隐私的披露只能是在有立法规定的情况下，只有经得作者同意，才能出版或刊登其日记、笔记、备忘录或其他文件，而信件的刊登需经作者和收件人双方同意，如果其中一方死亡，该文件的公开须经尚存的死者配偶和子女的同意。商业秘密的保护条款由民法规定，根据哈萨克斯坦共和国民法第 10 章第 5 条，商业秘密受法律保护。商业秘密的确定、保护手段、目录，以及不属于商业机密的清单都应依法设立。根据哈萨克斯坦共和国民法第 126 章中关于官方和商业机密的规定保护构成官方或商业机密的信息。如果信息有关实际的或潜在的商业价值，则有权不被第三者知情，信息的拥有者可采取措施保护其机密性。而非法获得该信息的人，如违背劳动合同的雇员以及违背民事合同的承包人，如果泄露了官方或商业机密要赔偿所造成的损失。

（二）"一带一路"语境下哈萨克斯坦"法人"知情权分析

"一带一路"实施的细胞在个人，骨架确实由法人来支撑的，法人相较于个人来说具有相当的比较优势，同时也对知情权的要求有着更高的诉求。

哈萨克斯坦共和国 2006 年 1 月 31 日的《私有企业法》在第 11 章规定了保护民营企业信息的条款。因此根据该法所保护的商业机密，包括禁止非法获取、传播甚至利用构成商业机密的信息。私营企业主体有权获得知晓商业机密信息的人员范围，并采取措施保护其机密性，并赋予私营企业主体直接规定可以利用的构成商业机密的信息所允许使用的等级的权利，而非法获得扩散或利用构成商业机密的信息的人，则必须按照哈萨克斯坦共和国民法对所造成的损失进行赔偿。私营企业主体或其授权人，有权要求自己的员工签署不披露商业机密的信息的保密协议，并进行检查，以防止违反哈萨克斯坦共和国法律。允许公开的信息清单只是哈萨克斯坦共和国法律要求的私营企业必要的股东企业合伙人或其他经济伙伴的资料。国家机关或官员不得侵犯私营企业主体的权利而完成登记监督职能，允许获得构成商业机密的信息的职位都必须由哈萨克斯坦共和国法律规定。在这种情况下，国家机关为履行其职能所得到的关于私营企业主体的任何信息和资料都不能予以披露和传播，除非是按哈萨克斯坦共和国法律规定将资料移交其他的国家机关部门。哈萨克斯坦共和国《私营企业法》第 19 章第 9 条规定，执法部门有权要求从私营企业主体或拥有这些信息的国家机关获得必要的信息，包括商业机密。①当然，这只能由检察长批准，事关已在法院立案的刑事案件的侦察。即便如此，未经私营企业主体同意，属于商业机密和受法律保护的一些其他秘密也不允许被泄露。除非是经法院允许，可以披露一些概括性的且不涉及私营企业主体具体活动的信息。

为了招商引资，哈萨克斯坦共和国创建了阿拉木图市的区域金融中心，该中心是按照哈国 2006 年 6 月 5 日的《关于阿拉木图市的区域金融中心》设立。采用特殊的法律制度以协调金融中心和哈萨克斯坦共和国金融市场的利益相关者的关系。发展证券市场，确保其与国际资本市场的一体化，吸引到哈萨克斯坦共和国进行经济投资，使哈萨克斯坦共和国资本进入国外证券市场是该金融中心的主要目标。哈国对在阿拉木图市设立金融中心的立法是为了弥补确定信息授权机构的法律特征的不足。因此，向金融中心的参与者解释其权利和义务是哈萨克斯坦共和国代言机关——阿拉木图市区城金融中心的职责之一。但是该功能在哈国法律第 6 章《关于阿拉木图市的区城金融中心》没有找到具体的条款。我们认为无论是从理论角度还是从实际角度都是一个重大疏漏，阻碍了金融中心的发展。2005 年在全球银行世界发展报告中指出，为了改善金融市场工作，必须克服市场的不足，并解决其政治经济性质，同样市场的无效性产生的主要原因是由于信息不对称。② 投资人在做出任何投资决定时，首先应拥有相关的信息，也就是说，应该为被告知其权利、

---

① 洛克捷娃 IO. C. ："阿拉木图作为吸引投资的哈萨克斯坦共和国的经济区域金融中心"，见《哈萨克斯坦国际法年鉴》，2007 年版，阿拉木图，2008 年出版第 2 部分，第 108 页。

② 2005 年世界发展报告《如何使投资环境有利于大众》，世界出版社，第 288 页、第 118 页。

义务、所有的条件、规则、程序、命令以及与他在金融中心的活动有关的全部信息。

哈萨克斯坦的国家元首元首为使哈国作为一个新的独立的国家进入世界经济关系中做出了很多努力。到目前为止哈国每年投入大量预算用于投资有潜力的国家，在国家境内、境外举办各种活动，目的是推广哈萨克斯坦，创造良好的投资环境。哈萨克斯坦已经在作为一个可以信任的合作伙伴等方面取得了一些成就。美国分析中心（遗产基金会）和《华尔街日报》制定了排行榜，分析了世界经济自由度排名，哈萨克斯坦排名第 75 位。根据这些数据，哈萨克斯坦共和国经济自由度超过了俄罗斯、吉尔吉斯斯坦、塔吉克斯坦和独联体的其他一些国家。① 根据杂志《机构投资者》的一项调查结果表明，世界上 135 个国家之中，按其投资声望的提高速度，哈萨克斯坦共和国进入世界 5 强，专门的国际金融刊物也证实了哈萨克斯坦共和国较高的投资吸引力。在 2000 年年初，《中欧经济回顾》杂志根据专家意见做出下列评价：按各项指标来说，哈萨克斯坦在社会职责方面居于领先地位，政治稳定、货币汇率稳定、投资环境良好、商业道德水平较高。哈国被官方所承认的成就是 2002 年 3 月美国对哈萨克斯坦共和市场经济的地位的确定、承认，哈萨克斯坦共和国参与的投资活动在独联体各国中居第 2 位。② 世界银行将哈萨克斯坦共和国列入最具投资吸引力的世界 20 个国家之一。③

---

① 杰巴耶夫 Д.：《哈萨克斯坦已超过俄罗斯，但与吉尔吉斯斯坦相比有差距》，2007 年 11 月 18 日。

② 图尔达雷 Н.、舒布奇巴耶夫 Г. Б.："在市场经济发展中的投资问题"（欧亚国立大学公告），欧亚国立大学，2003 年。

③ http：//www. centrasia. ru/newsA. php4？ st = 1149892500。

二　金融投资劳工服贸与 WTO法治创新

投资协定谈判与ISDS机制的改革：欧盟的方案与影响　张智勇 / *101*

贸易、投资与劳工标准问题：从多边、双边、地区，再到多边?　孙冬鹤 / *119*

自由贸易与国际核心劳工标准相连接的新情况：《TPP协定》的"劳工条款"及其对中国外贸的挑战　李雪平 / *136*

中国—新加坡服务贸易合作项目实施的法律与政策保障　曾文革　党庶枫 / *154*

美国对华"双反"措施中外部基准规则的适用问题　李　本　姚云灿 / *166*

投资协定谈判与 ISDS 机制的改革：
欧盟的方案与影响

张智勇[*]

摘　要： 尽管当前的投资者—国家争端解决（ISDS）机制存在着一些问题，但欧盟在其对外谈判的投资协定中依然没有放弃 ISDS 机制。不过，欧盟在谈判国际投资协定的进程中，也试图对现行 ISDS 机制（特别是仲裁机制）进行改进，比如强调维护国家的规制权、提高 ISDS 机制的透明度以及消除仲裁员的利益冲突。欧盟还提出了国际投资法庭方案，并纳入其与加拿大的全面贸易和经济协定中。欧盟的实践对于我国与其谈判中欧投资协定具有借鉴意义，也将为国际社会重构 ISDS 机制提供参考路径。

关键词： 投资者—国家争端解决机制；规制权；欧盟—加拿大全面贸易和经济协定；国际投资法庭；中欧投资协定

一、引言

投资者—国家争端解决（Investor-to-State-Dispute Settlement, ISDS）机

---

[*]　张智勇，北京大学法学院副教授。

制是国际投资协定的重要内容,① 该机制为投资者提供了在东道国司法体系之外挑战东道国措施的渠道（比如国际仲裁）。不过，近年来，ISDS 机制（特别是其仲裁方式）却招致了越来越多的批评，对 ISDS 机制进行改革的呼声越来越高。

在《里斯本条约》将外国直接投资（foreign direct investment）纳入共同商业政策（common commercial policy）的范围后，欧盟取得了与第三方谈判投资协定的专有权限（exclusive competence）。② 欧盟与加拿大的全面贸易和经济协定（Comprehensive Trade and Economic Agreement，CETA）以及欧盟与新加坡的自由贸易协定（EU – Singapore Free Trade Agreement ，EUSFTA）的文本草案均已尝试对 ISDS 机制做出了改进。2015 年 9 月 16 日，欧盟委员会发布了国际投资法庭（investment court system）的方案，并纳入了 2016 年初欧盟公布的 CETA 文本中。

国际投资协定起源于欧洲，而且欧盟成员方是全球现行投资协定中差不多一半协定的缔约方。欧盟关于 ISDS 机制的改革方案将对我国正与其谈判的投资协定产生影响，也将为国际社会重构 ISDS 机制提供参考。本文拟对此进行探讨。

二、关于 ISDS 机制的争论与欧盟的态度

（一）关于 ISDS 机制的争论

ISDS 机制的核心内容是通过国际仲裁来处理投资者与东道国之间的投资

---

① 国际投资协定的主要法律渊源是双边投资协定（BIT）。近年来的自由贸易协定（FTA）中也包含了投资的议题，相关条款的内容与体例与 BIT 类似。此外，能源宪章条约（ECT）中也包含能源投资保护和争端解决的内容。在本文中，出于研究的便利，将国际投资协定的范畴界定为 BIT 和包含投资内容的 FTA。

② 参见《欧洲联盟运行条约》第 3 条、第 206 条和 207 条。

纠纷。① 就仲裁方式而言，包括临时仲裁和机构仲裁。在机构仲裁方面，
1965 年《解决国家与他国国民之间投资争议公约》（也称《华盛顿公约》）
建立了专门处理外国投资者和东道国投资纠纷的解决投资争端国际中心
（ICSID），选择 ICSID 仲裁也是国际投资协定的通常做法。② 不过，近年来传
统的 ISDS 机制招致了一些批评。个别国家甚至采取了退出《华盛顿公约》
或者在投资协定中不规定 ISDS 机制的做法。③

对于 ISDS 机制（特别是仲裁方式）的批评主要集中在如下几个方面：

首先，东道国的规制权（the right to regulate）受到了限制。这是对 ISDS
机制最主要的批评。这种观点认为：国际仲裁给予了外国投资者在东道国司
法体系之外挑战东道国措施或决定的渠道，如果东道国规制社会经济活动的
措施或决定被裁定违反了投资协定，东道国的规制权就被剥夺了。④

其次，从仲裁实践看，即使是对于同一个投资协定，不同的仲裁庭也会
对相同的条款做出不同的解释，或者基于相同的事实做出不同的评估。这就
导致了对投资协定条款解释的不确定性，也无法为将来的案件中适用这些协
定提供可预见性。⑤ 比如，在阿根廷经济危机所引发的一系列仲裁案中，阿

---

① 投资者可以在其与东道国的投资合同（比如开采自然资源或进行公共项目建设的特许协议）
中约定仲裁条款，这称为以合同为基础的仲裁（contract - based arbitration），适用于缔约方之间的投
资合同纠纷。缔约国也可在投资协定中事先同意符合协定中投资者资格的外国投资者就其与该国的相
关投资争议诉诸仲裁，这属于投资协定下的仲裁机制（treaty - based investment arbitration）。参见
M. Sornarajah, The International Law on Foreign Investment, 3rd edition, Cambridge University Press,
2010, pp. 276 - 277, 306.

② 国际投资协定也会选择其他机构仲裁，比如斯德哥尔摩商会仲裁。在临时仲裁方面，投资协
定一般规定仲裁庭采用联合国国际贸易法委员会仲裁规则（UNCITRAL arbitration rules）。

③ 比如，玻利维亚、厄瓜多尔和委内瑞拉退出了《华盛顿公约》。澳大利亚和新西兰的更紧密
经济关系贸易协定的投资议定书没有规定投资者—东道国争端解决机制。参见王彦志：“投资者与国
家间投资争端仲裁机制的废除：国际实践与中国立场”，载《中国国际法年刊》（2012 年），法律出
版社，第 455 ~ 489 页。

④ Reinhard Quick, Why TTIP Should Have an Investment Chapter Including ISDS, Journal of World
Trade, Vol. 49, No. 2, 2015.

⑤ UNCTAD, Reform of investor - State Dispute Settlement: In Search of a Roadmap, IIA Issues
Note, No. 2, June 2013.

根廷以其与美国之间的 BIT 第 11 条作为其采取的一系列措施的抗辩。① CMS
案的仲裁庭认为，阿根廷虽然陷入了经济危机，但并未出现经济和社会全面
崩溃的局面，因此阿根廷不能援引第 11 条免责，应给予外国投资者补偿。②
但是，LG＆E 案的仲裁庭则认为阿根廷在 2001 年 12 月至 2003 年 4 月的经济
状况已经导致了最高程度的社会秩序混乱并威胁到了阿根廷的根本安全利益，
阿根廷这段时间的措施可免除该协定下对投资者的义务，无须对投资者予以
补偿。③

再次，仲裁缺乏透明度和上诉机制。大多数的仲裁是不公开审理的。尽管
ICSID 公布了大多数裁决，但也没有公开所有的裁决和当事人的陈述。其他机
构的透明度就更低了，比如国际商会案件的所有细节都是保密的。④ 同时，现
行仲裁机制也缺少有效的审查制度。尽管 ICSID 有仲裁撤销程序（annulment
process），但适用范围有限。ICSID 的撤销委员会也面临无法撤销或纠正裁决
的情况，即使其认为仲裁裁决存在明显的法律错误。⑤ 而且，撤销委员会同
仲裁庭一样，是针对个案临时设立的，也可能存在结论不一致的情况。⑥

---

① 其条文为："本协定不应排除任何缔约方为维护公正秩序、履行维护或恢复国际和平与安全
或保护其自身的根本安全利益而采取必要的措施。"

② CMS Gas Transmission Company v. Argentine Republic, ICSID Case No. ARB/01/8, Award of
the Tribunal（12 May 2005），pp. 281, 355, 468, 469, 471.

③ LG&E Energy Corp., LG&E Capital Corp. and LG&E International Inc. v. Argentine Republic,
ICSID Case No. ARB/02/1, Decision on Liability（3 October 2006），pp. 229 - 238.

④ Marta Latek, Investor - State Dispute Settlement（ISDS）: State of play and prospects for reform,
European Parliamentary Research Service Briefing, 21 January 2014.

⑤ 《华盛顿公约》第 52 条第 1 款规定，任何一方当事人可基于下列一个或几个理由向秘书长提
出书面申请，要求撤销仲裁裁决：（1）仲裁庭的组成不适当；（2）仲裁庭明显超越其权限；（3）仲
裁庭成员存在腐败行为；（4）严重违背仲裁基本程序；（5）裁决未陈述其所依据的理由。比如，在
CMS 案中，虽然撤销委员会认为仲裁庭的裁决在适用联合国国际法委员会编撰的国家责任条款第 25
条解释阿根廷—美国投资协定第 11 条下的"必要性"时存在错误，但认定仲裁庭没有明显越权而没
有撤销该裁决。参见，CMS Gas Transmission Company v. The Republic of Argentina, ICSID Case No.
ARB/01/8, Decision of the ad hoc Committee on the application for annulment, 25 September 2007, paras.
97, 127, 136, 150, 157 - 159.

⑥ Reinhard Quick, Why TTIP Should Have an Investment Chapter Including ISDS, Journal of World
Trade, Vol. 49, No. 2, 2015.

此外，很少有投资协定对仲裁员的公正性和利益冲突的解决做出规定。从实践中看，仲裁员大多来自欧洲和北美，他们同时也在其他案件中担任投资者或政府的律师，而且关系密切。①

(二) 欧盟的态度

欧盟也注意到了现行 ISDS 机制所存在的问题。不过，欧盟在投资协定谈判中并没有放弃 ISDS 机制，而是采取了对现行机制进行改进的策略。之所以如此，有以下几方面的因素。

1. 欧盟认为投资协定中的 ISDS 机制仍有其积极作用

ISDS 机制的宗旨在于保护外国投资者不受东道国的歧视或不公平待遇。欧盟委员会认为，在某些情况下，投资者通过东道国的司法体系取得救济可能并不容易。比如，东道国司法系统对外国投资者存在偏见，或者法院拒绝审理外国投资者与本国政府之间的征收争议。当东道国没有把投资协定转化为国内法时，东道国法院即使受理投资者的起诉，投资者也可能无法在国内法院中主张适用投资协定。② 此时，ISDS 机制对投资者就非常重要。缺乏 ISDS 机制的投资协定将使得东道国的投资环境缺少竞争力。③

2. 投资协定中包含 ISDS 机制是欧盟形成统一的国际投资政策的需要

根据欧盟的第 1219/2012 号规则，④ 欧盟与第三国签订的投资协定生效后，将取代其成员方与第三国的双边投资协定。⑤ 从现实中看，欧盟成员方

---

① LG&E Energy Corp., LG&E Capital Corp. and LG&E International Inc. v. Argentine Republic, ICSID Case No. ARB/02/1, Decision on Liability (3 October 2006), pp. 229 – 238.

② European Commission, Incorrect Claims about Investor – State Dispute Settlement, 3 October 2013.

③ European Commission Communication, Towards a Comprehensive European International Investment Policy, (COM) 2010, 343 final.

④ Regulation (EU) No 1219/2012 of the European Parliament and of the Council of 12 December 2012 establishing transitional arrangements for bilateral investment agreements between Member States and third countries.

⑤ 参见第 1219/2012 号规则第 3 条。

是全球现行投资协定差中差不多一半协定的缔约方，绝大多数是包含 ISDS 机制的，而且欧盟成员方的投资者也是 ISDS 机制的主要使用者。因此，如果欧盟谈判的投资协定缺少 ISDS 机制，是难以取代成员方与第三国之间的投资协定的，而且欧盟外的投资者也需要 ISDS 机制来保护其在欧盟的投资利益。此外，欧盟成员方签订的投资协定的内容存在差异，投资保护水平也不一致，形成欧盟层面的国际投资政策并由欧盟谈判投资协定对于保障欧盟投资者的竞争力也是必要的。①

3. 欧盟业已为在投资协定中包含 ISDS 机制建立了相关法律基础

虽然外国直接投资已经并入了欧盟享有专有权限的共同商业政策，但国际投资存在着直接投资和证券投资的划分，②《欧洲联盟运行条约》并没有进一步明确"外国直接投资"是否包括了证券投资。此外，在外资进入欧盟后，欧盟及其成员方在欧盟内部市场的运行方面是有共有权限（shared competence）的。③ 这就产生了欧盟是否完全取得了缔结包含证券投资、投资保护、投资规制和 ISDS 机制等内容的投资协定的专有权限的问题。假如欧盟不具有上述事项的全部专有权限，那么欧盟对外谈判的包含证券投资、投资保护、投资规制和 ISDS 机制的投资协定就属于欧盟法下的混合协定（mixed agreement），投资协定的最终签署和批准就需要欧盟及其成员方的同意。④

---

① 比如，在 2008～2012 年间的全球 214 个 ISDS 案件中，欧盟投资者（主要是来自荷兰、德国和英国的投资者）作为起诉方占到了 53%（113 个案件）。在 2012 年的 52 个案件中，欧盟投资者就发起了超过 60% 的案件。参见，European Commission Concept Paper, Investment in TTIP and beyond, 5 May 2015.

② 直接投资是指伴有企业经营控制权的资本流动，而证券投资指仅以其能提供收入而持有股票或证券的投资，对企业并不参与经营及享有控制权或支配权。参见，姚梅镇：《国际投资法》（修订版），武汉大学出版社 1987 年版，第 37～38 页。

③ 参见《欧洲联盟运行条约》第 4 条。

④ 欧盟委员会主张欧盟享有这些方面的专有权限。不过，部长理事会给予委员会的投资谈判授权指令中则倾向于将证券投资、投资保护、投资规制和 ISDS 机制等内容归入共有权限。欧盟与新加坡于 2014 年 10 月 17 日完成谈判的自由贸易协定也包含了证券投资、投资规制和 ISDS 机制等方面的内容。委员会已向欧盟法院提出申请，请求欧盟法院就欧盟与成员方的权能划分和协定的缔结程序发表意见。不过，欧盟法院尚未给出其意见。参见，http://europa.eu/rapid/press-release_IP-14-1235_en.htm, 2016 年 5 月 26 日最后访问。

就 ISDS 机制而言，欧盟谈判的投资协定将涉及欧盟及其成员方的责任分摊问题。也就是说，当投资者与欧盟成员方产生争议并诉诸 ISDS 机制时，是以欧盟还是成员方为被诉方？如果相关措施被裁定违反了投资协定的义务而需要赔偿，是欧盟还是成员方承担具体的赔偿责任？

为此，欧盟部长理事会专门制定了第 912/2014 号规则。① 该规则适用于欧盟作为一方以及欧盟及其成员方作为缔约方所订立的包含外国直接投资的国际协定中根据 ISDS 机制所产生的赔偿责任问题。② 对于因欧盟机构的措施而产生的纠纷，由欧盟作为被诉方（respondent）；因成员方自身措施而产生的纠纷，由成员方作为被诉方。③ 赔偿责任的基本原则是：欧盟承担因欧盟机构的措施违反国际协定义务而导致的赔偿责任；成员方承担其措施违反国际协定义务而导致的赔偿责任，但成员方的措施是应欧盟法要求而做出时，由欧盟承担赔偿责任。④

因此，欧盟已经为在投资协定中谈判 ISDS 机制奠定了法律基础。

4. ISDS 机制存在的问题是可以通过改进来消除的

就 ISDS 机制和东道国的规制权的关系来讲，欧盟认为外国投资者通过 ISDS 机制挑战东道国的措施并不意味着东道国就当然丧失了规制权。一方面，东道国改变法律从而导致投资者成本增加或利润减少并非投资者胜诉的当然理由。外国投资者需要证明东道国存在违反投资协定义务的情况，才能有胜诉的可能。⑤ 另一方面，欧盟也表示将在投资协定谈判中维护国家的规制权。例如，CETA 第 8.9 条明确表明缔约方保留其规制权和为实现合法的公共目标而采取措施的权利。CETA 也规定了一系列例外条款以明确缔约方的

---

① Regulation (EU) No 912/2014 of the European Parliament and of the Council of 23 July 2014 establishing a framework for managing financial responsibility linked to investor – to – state dispute settlement tribunals established by international agreements to which the European Union is party.

② 参见第 912/2014 号规则第 1 条。

③ 参见第 912/2014 号规则第 4 条、第 9 条。

④ 参见第 912/2014 号规则第 3 条。

⑤ 参见第 1219/2012 号规则第 3 条。

规制权。①

由于投资协定的缔约方有义务给予外国投资者相应待遇（比如最惠国待遇、国民待遇、公正与公平待遇）和投资保护（比如只能在符合特定条件时对外国投资者的投资予以征收）的义务，为减少产生争议的可能性，欧盟在投资协定谈判中也对相关条款的含义进行了澄清。比如，CETA 对征收通过附件进行了专门的阐述，明确规定政府基于保护公众健康、公共安全或环境的合法目的而采取的非歧视的规制措施不构成间接征收。② CETA 对缔约方在公正与公平待遇条款下所承担的义务做出了细致的列举。③ CETA 对公正与公平待遇的规定实际上是封闭性的，减少了仲裁庭在这方面解释的裁量权和不确定性。④

至于现行 ISDS 机制缺乏透明度和上诉机制以及仲裁员的利益冲突等问题，欧盟是认同的，并明确提出要予以改进。

三、欧盟改进 ISDS 机制的实践

以 CETA 为例，欧盟对 ISDS 机制的改革体现在以下几个方面。

---

① 比如第 28 章 "例外" 中有一般例外、国家安全例外、税收例外、针对资本流动和支付的临时性保障措施等。

② 在认定缔约方的措施间接征收方面，应以个案事实为基础，并考虑：（1）政府措施的经济影响。但是，只是因为政府措施对投资的价值造成了负面影响本身不足以认定其构成间接征收；（2）政府措施的持续时间；（3）政府措施对明确的投资合理预期的干预程度；（4）政府措施的特征，特别是其目的、内容和背景。除非在极其特殊的情况下，从该政府措施的目的来看，具体措施的影响非常严厉从而明显过度，政府基于保护公众健康、公共安全或环境的合法目的而采取的非歧视的规制措施不构成间接征收。

③ 缔约方违反公正与公平待遇义务的措施包括：在刑事、民事或行政程序中拒绝司法；根本违反了正当程序，包括在司法和行政程序中根本违反透明度原则；明显的武断行为；基于明显错误理由（比如性别、种族或宗教）的有针对性的歧视措施；对投资者的强迫、胁迫等行为等。

④ European Commission, Investment provisions in the EU – Canada free trade agreement（CETA）, February 2016.

（一）建立了全新的国际投资法庭机制（包括上诉机制）

2015 年 9 月 16 日，欧盟发布了国际投资法庭（Investment Court System）的方案，并纳入到 2016 年年初公布的 CETA 文本之中。该方案设立了专门的初审法庭（Tribunal of First Instance）和上诉法庭（Appeal Tribunal）来审理投资者和东道国的投资纠纷，可以说是 ISDS 机制的一次革命。

投资法庭是比照国内法院和国际司法机构的模式设计的。与传统的仲裁机制下由投资者和东道国任命仲裁员不同，投资法庭和上诉法庭的法官是由缔约方任命的。初审法庭由 15 名法官组成。5 名为欧盟成员方的国民，5 名为加拿大国民，其余 5 名为第三国国民。15 名法官应具有担任缔约方国内法官的资格，或是被认可的法学家，同时应具有国际公法、特别是国际贸易和投资协定争端解决的专业知识。① 初审法庭法官任期为 5 年并可连任一次。② 初审法庭案件的审理由 3 名法院负责，1 名来自欧盟成员方，1 名来自加拿大，1 名来自第三国。审理案件的法院也不是由争端当事方选择，而是由初审法庭的主席任命。具体任命 15 名法官中的哪 3 名审理案件，以轮换为基础并确保具有随机性和不可预测性。③ 上诉法庭法官的人数 CETA 没有做出具体规定，而是由欧盟和加拿大组成的联合委员会来决定。

常设上诉法庭审理对初审法庭裁决的上诉。上诉法庭审理案件的上诉由随机挑选的 3 名法官负责。④ 上诉法庭可以维持、修改或推翻初审法庭的裁决。⑤ 上诉法庭的裁决是终局的。⑥

---

① 参见 CETA 第 8.27 条第 4 款。

② 参见 CETA 第 8.27 条第 5 款。不过，自 CETA 生效之日起，15 名初审法官中的 7 名的任期可延长到 6 年。

③ 参见 CETA 第 8.27 条第 7 款。

④ 参见 CETA 第 8.27 条第 7 款和第 5 款。

⑤ 参见 CETA 第 8.28 条第 2 款。

⑥ 参见 CETA 第 8.28 条第 9 款。

根据 CETA 第 8.39 条，当法庭裁决东道国败诉且需要对投资者赔偿时，赔偿应与投资者实际遭受的损失相当，不得裁定惩罚性赔偿。同时，裁决也不具有废除欧盟及其成员方以及加拿大的措施的效力。①

（二）限定了 ISDS 机制的适用范围

根据 CETA 第 8.18 条，ISDS 机制适用于缔约一方的投资者主张另一缔约方违反如下义务的争议：（1）在投资的扩展、经营和投资的处置等方面违反投资非歧视待遇；（2）违反投资保护义务条款且投资者遭受损失的情况。② 因此，ISDS 机制并非适用于涉及协定所有条款的争议。比如，投资者不能就其投资未获得市场准入而适用 ISDS 机制。同时，该条还规定，投资者不可就其通过欺诈、腐败或滥用程序等方式进行的投资寻求本协定下的 ISDS 机制。CETA 第 8.32 条和 8.33 条还设立了拒绝投资者滥诉的快速程序。

此外，为了防止投资者通过国内法院诉讼或诉诸其他协定的争端解决机制来处理相同的争端并获得多重补偿的情况，以及为了避免裁决的不一致性，CETA 第 8.22 条和 8.24 条还禁止投资者同时采用 CETA 下的 ISDS 机制和国内诉讼（以及其他国际争端解决机制）。

（三）强化程序的透明度和消除利益冲突

CETA 第 8.36 条的标题即为程序的透明度。该条第 1 款明确规定《联合国贸易法委员会投资人与国家间基于条约仲裁透明度规则》（UNCITRAL Rules on Transparency in Treaty – based Investor – State Arbitration）将适用于 CETA

---

① European Commission, Investment provisions in the EU – Canada free trade agreement（CETA）.

② 投资非歧视待遇包括国民待遇和最惠国待遇。投资保护条款包括：公正与公平待遇；损失的补偿；征收；转移；代位。

下的争端解决程序,① 强调了 ISDS 机制的透明度，比如，案件的所有文件（当事人的陈述、裁决等）原则上都将在联合国网站上公开；案件的听证对公众开放；NGO 和工会也可提交意见。上述透明度要求是有约束力的，不能被法庭或争端当事方豁免。②

为了确保法庭法官的独立性和公正性，CETA 第 8.30 条还为法庭的法官确立了严格的道德准则规范（strict rules of ethical behavior）。比如，法庭法官不得在未决的或新的投资纠纷中担任律师、专家或证人。同时，CETA 也要求法官遵守国际律师协会关于国际仲裁利益冲突的指南（International Bar Association Guidelines on Conflicts of Interest in International Arbitration）以及 CETA 的服务与投资委员会制定的补充规则。

（四）强化了缔约方对协定解释的控制

CETA 第 8.31 条要求法庭根据《维也纳条约法公约》以及其他国际法原则来解释该协定。同时，加拿大、欧盟及其成员方的法律只能被作为事实审查（比如确定投资者主张被征收的财产权利在财产所在国是否实际存在）。③法庭没有权限决定争议的措施在加拿大、欧盟及其成员方的国内法下的效力。④

---

① 该规则于 2014 年 4 月 1 日起生效。联合国贸易法委员会仲裁规则也根据透明度规则进行了修改。同时，联合国还制定了《联合国投资人与国家间基于条约仲裁透明度公约》（United Nations Convention on Transparency in Treaty - based Investor - State Arbitration），2015 年 3 月 17 日开放签字，目前已有 17 国签署（比利时、加拿大、刚果、芬兰、法国、加蓬、德国、意大利、卢森堡、马达加斯加、毛里求斯、荷兰、瑞典、瑞士、叙利亚、英国、美国）。该公约将在第三份批准书、接受书、核准书或加入书交存之日起六个月后生效。目前只有毛里求斯一国批准。该公约规定，《联合国贸易法委员会透明度规则》应适用于任何投资人与国家间仲裁，不论该仲裁是否根据《联合国贸易法委员会仲裁规则》提起，除非被申请国和申请人所在国提出保留。参见 http://www. uncitral. org/uncitral/en/uncitral_ texts/arbitration/2014Transparency_ Convention_ status. html，访问日期：2016 年 5 月 26 日。

② European Commission, Investment provisions in the EU - Canada free trade agreement (CETA), February 2016.

③ European Commission, Investment provisions in the EU - Canada free trade agreement (CETA), February 2016.

④ 参见 CETA 第 8.31 条第 2 款。

CETA 第 8.31 条第 3 款还规定，当协定的解释将引起严重关切时，CETA 下的服务和投资委员会可建议联合委员会做出解释。联合委员会关于协定的解释对法庭具有约束力。这能够避免仲裁庭对投资协定的解释出现类似阿根廷仲裁案的情况，从而保证解释和裁决的一致性。

综上所述，CETA 业已尝试着对现行 ISDS 机制中存在的诸如透明度不足、仲裁员利益冲突等问题进行了处理，摆脱了通过国际商事仲裁来处理投资者和国家间投资纠纷的做法。

四、欧盟实践的影响

CETA 关于现行 ISDS 机制的变革方案对于我国和欧盟正在谈判的投资协定以及国际投资法的发展都会产生影响。

（一）中欧投资协定谈判中的 ISDS 机制

2013 年 11 月 21 日，在第 16 次中欧领导人会晤期间，中欧投资协定谈判正式宣布启动，并于 2014 年 1 月进行了第 1 轮谈判。中欧投资协定是欧盟取得投资领域专有期限后对外谈判的第一个专门的投资协定。在中欧投资协定谈判之前，我国与除爱尔兰之外的其他欧盟成员方也签订了双边投资协定。①

但是，中欧投资协定谈判并不是现行双边投资协定的翻版。在欧盟委员会看来，我国和欧盟成员方的双边投资协定都不涉及投资的市场准入问题，在投资保护和投资待遇方面也不一致。欧盟委员会认为这是影响欧盟对华投资的法律障碍。因此，欧盟与我国谈判投资协定的目标是：减少中国的投资壁垒，提高双边投资流量；提高双边投资保护水平；提高欧盟投资者在中国

---

① 协定内容请见商务部条法司网站。

投资待遇的法律确定性；提高欧盟投资在中国的市场准入。①

我国自 20 世纪 80 年代改革开放以来一直是吸引外国直接投资的大国。近年来，我国的海外投资也日益扩大。就我国和欧盟成员方之间的双边投资协定而言，欧盟认为存在的一些问题实际上是双向的，也同样制约着我国对欧盟的投资。在这一背景下，通过与欧盟谈判投资协定来进一步吸引欧盟对华投资和为我国的海外投资提供高水平的准入和保护，也符合我国的战略需要。

我国与欧盟成员方之间的双边投资协定中绝大多数是有 ISDS 机制的。②假如中欧投资协定不包含 ISDS 机制，对欧盟而言，该协定要根据欧盟第 1219/2012 号规则取代成员方与我国之间的现行双边协定也难以实现，因为缺乏 ISDS 机制的中欧投资协定并不符合欧盟希望提高现行双边投资保护水平的谈判目标。从保护我国在欧投资利益的角度讲，中欧投资协定也需要 ISDS 机制。但是，欧盟 28 个成员方的法律制度和法治水平也存在差异。如果没有统一的 ISDS 机制而适用欧盟各成员方的国内救济，我国对欧盟的投资会面临在不同成员方有不同结果的情况。另外，尽管我国自改革开放以来鲜有被外国投资者诉诸投资协定下 ISDS 机制的例子，③ 但我国的一些投资协定允许投资者诉诸国际仲裁的范围很宽，面临被诉的风险较大。④ 同时，我

---

① European Commission, Commission Staff Working Document：Impact Assessment Report on the EU - China Investment Relations，SWD（2013）185 final.

② 我国和瑞典的关于相互保护投资的协定只规定了缔约方在解释或执行该协定中所发生的争端的解决机制，但没有 ISDS 机制。

③ ICSID 网站显示我国作为被诉方的案件有 2 起。https：//icsid. worldbank. org/apps/ICSIDWEB/cases/Pages/AdvancedSearch. aspx？rntly = ST30，访问日期：2016 年 5 月 26 日。

④ 以我国和德国 2003 年的投资协定为例，与两国 1983 年的协定相比，2003 年的协定扩大了外国投资者就有关争议向国际仲裁庭投诉东道国政府的权利范围，从原先限于"征收补偿金"的争议，扩大到"就投资产生的任何争议"，并赋予了外国投资者单方向国际仲裁庭投诉东道国政府的随意性和决定权。参见陈安主编：《国际投资法的新发展与中国双边投资条约的新实践》，复旦大学出版社 2007 年版，第 359～360 页。

国投资者也存在诉诸 ICSID 机制没有成功的例子。① 因此，我国也需要对现行投资协定（包括但不限于与欧盟成员方的投资协定）中的 ISDS 机制进行完善。

需要指出的是，我国在近期的投资协定中已经开始改进 ISDS 机制，相关规定与 CETA 有类似之处。比如，我国和澳大利亚的自由贸易协定第 9 章（投资）对 ISDS 机制做出了比我国现行的投资协定更为详细的规定，也在透明度、仲裁员行为守则等方面对 ISDS 机制进行了完善。② 这也有助于中欧双方在投资协定谈判中达成共识。

由于欧盟委员会表示国际投资法庭方案将作为其与美国谈判 TTIP 以及其与其他国家谈判投资协定的建议本文，该方案也将在中欧投资协定谈判中提出。至于中欧投资协定将在多大程度上参照 CETA 的方案，还需要进一步论证。理论上讲，国际投资法庭方案比传统的仲裁方案更有可取之处。即便我国倾向于仲裁方案，国际投资法庭的上诉机制也是值得参考的。WTO 的争端解决机制就是一个例证。该机制下的专家组也是临时性的，但上诉机构是常设的，而且上诉机构的职责是审理专家组报告涉及的法律问题和法律解释。

---

① 比如，平安保险公司在 ICSID 下诉比利时案被仲裁庭裁定没有管辖权。参见该案的裁决：Ping An Life Insurance Company of China, Limited and Ping An Insurance（Group）Company of China, Limited v. Kingdom of Belgium, ICSID Case No. ARB/12/29, 30 April, 2015.

② 例如：（1）第 12 条第 3 款规定，如申诉方位于被诉方领土内的投资由非缔约方投资者间接拥有或控制，且该非缔约方投资者正在或已根据被诉方与该非缔约方的任何协定，就相同措施或事件提交仲裁请求，则申诉方不能依据本节提交或继续主张仲裁请求。这是禁止平行救济的规定。（2）第 15 条允许缔约方商定仲裁员名单，在争端当事方不能确定仲裁员人选时适用。（3）第 16 条第 3 款允许争端方以外的一方或实体针对争端范围内的事项可向仲裁庭递交书面法庭之友陈述。（4）第 17 条强调了仲裁的透明度，比如裁决、陈述等文件的公开、听证会的公开。（5）第 18 条和第 19 条规定了缔约方对协定及附件的解释对仲裁庭有约束力。（6）第 22 条规定仲裁庭对投资者的救济措施为金钱赔偿、返还财产，但不可做出惩罚性赔偿的裁决。（7）第 23 条规定缔约方应谈判建立上诉机制。（8）第 9 章的附件 1 规定了仲裁员的行为守则，就仲裁员的程序责任、披露义务、职责履行、公正性与独立性等方面做出了规定。

（二）欧盟实践的国际影响

双边投资协定起源于欧洲。德国和巴基斯坦于 1959 年签订的投资促进和保护协定被认为是世界上第一个双边投资协定。① 欧盟成员方也是全球现行投资协定的主要缔约方。不过，欧盟成员方签订的投资协定都不涉及投资的市场准入问题。相比之下，准入前国民待遇＋负面清单模式则是美式投资协定的标准做法。② 近年来，美式投资协定在全球范围的影响力日益增加。欧盟与加拿大、新加坡、印度和日本进行自由贸易协定的谈判以及与我国谈判投资协定也参照了美国的做法。③ 但是，欧盟也不甘心完全照搬美国的模式，也希望在其谈判的国际投资协定中体现欧盟的特色。④ 由于欧盟成员方的投资者比美国投资者使用 ISDS 机制更为频繁，⑤ 而且欧盟成员方的规制措施也面临着投资者的挑战，⑥ 在 ISDS 机制方面提出新的改革方案也是欧盟的切入点。

---

① Pieter Jan Kuijper, Study on Investment Protection Agreements as Instruments of International Economic Law, in European Parliament Policy Department DG External Policies, Investor – State Dispute Settlement (ISDS) Provisions in the EU's International Investment Agreement, Vol. 2 – Studies, p. 9.

② 准入前国民待遇是指一国除给予外资准入后的国民待遇外，在准入阶段也给予外资国民待遇。负面清单是国民待遇的例外，即列入清单之列的行业或事项不享有国民待遇。参见 UNCTAD, National Treatment, UNCTAD Series on issues in international investment agreements, UNCTAD/ITE/IIT/11 (Vol. IV), p. 22.

③ 欧盟与加拿大、新加坡、印度和日本进行自由贸易协定的谈判也参照了 NAFTA。参见 Nikos Lavranos, The New EU Investment Treaties: Convergence towards the NAFTA Model as the New Plurilateral Model BIT Text, http://papers. ssrn. com/sol3/papers. cfm? abstract_ id = 2241455, 访问日期：2016 年 5 月 26 日。

④ 比如，在公正与公平待遇方面，美国 2012 年投资协定范本第 5 条将其与习惯国际法相联系，而 CETA 文本草案则采取了封闭式列举的做法。

⑤ 比如，在 2014 年新增的 ISDS 案件中，64% 案件的发起者为欧盟成员方投资者，而美国投资者只发起了 6 个案件。参见, European Commission, Investor – to – State Dispute Settlement (ISDS)：Some facts and figures, 12 March 2015.

⑥ 比如，瑞典的能源公司 Vattenfall 针对德国政府 2011 年做出的停止核电的决定启动了能源宪章条约的争端解决机制，Philip Morris 亚洲公司也根据香港与澳大利亚的投资协议在常设仲裁法院（PCA）挑战将澳大利亚政府关于香烟包装要求的规定。

抛开欧盟的自身诉求，CETA 的国际投资法庭方案也对其他国家改革 ISDS 机制有借鉴意义。现行 ISDS 机制下的仲裁是参照传统的国际商事仲裁设计的，有的投资协定还直接选择了国际商事仲裁机构（比如斯德哥尔摩商会、国际商会）进行仲裁。不过，保密性（confidentiality）国际商事仲裁的特点之一，在商人们看来这也是其相对于诉讼的优势。① 但是，投资者—国家投资争端与一般的国际商事纠纷是不同的。国际商事纠纷当事人的地位是平等的，而投资者与东道国的投资纠纷则是国家行使公权力采取规制措施所导致的。在国内法中，这是通过行政诉讼和司法审查来解决的。在国际层面借助商事仲裁的机制来处理投资者—国家投资争端并不妥当。② 欧盟的方案则是针对投资者—国家投资争端的特点而设计的。

对于现行 ISDS 机制的问题，美国也同样表示出了改革的意向，尽管美国在过去 30 多年里没有输掉过一起 ISDS 机制下的案件。③ 在美国主导的刚刚完成谈判的跨太平洋战略经济伙伴协定（Trans – Pacific Strategic Economic Partnership，TTP）中，协定文本也包含了 ISDS 机制，其仲裁安排同样强调了维护国家的规制权、防止投资者平行诉讼和滥诉、仲裁程序透明度、缔约方对协定的解释对仲裁庭有约束力等方面。④ 除了上诉法庭外，这些方面与欧盟方案也是近似的。

因此，世界主要经济体都没有放弃在投资协定中纳入 ISDS 机制的做法，而是采取了改革现行机制的策略。事实上，ISDS 机制通过排除投资者本国政

---

① ICC, Introduction to ICC Arbitration, http：//www. iccwbo. org/products – and – services/arbitration – and – adr/arbitration/，访问日期：2016 年 5 月 26 日。

② Gus Van Harten, A Case for An International Investment Court, http：//papers. ssrn. com/sol3/papers. cfm？abstract_ id＝1153424，访问日期：2016 年 5 月 26 日。

③ US Chamber of Commerce, 13 Myths About Investment Agreements and Investor – State Dispute Settlement（ISDS），https：//www. uschamber. com/sites/default/files/13_ myths_ about_ investment _ agreements_ and_ isds. pdf，访问日期：2016 年 5 月 26 日。

④ USTR, Summary of the Trans – Pacific Partnership Agreement, https：//ustr. gov/about – us/policy – offices/press – office/press – releases/2015/october/summary – trans – pacific – partnership，访问日期：2016 年 5 月 26 日。

府的介入，使投资争议的解决非政治化，① 其积极意义仍是不容置疑的。ISDS 机制也能够促使东道国切实履行条约义务，从而有助于东道国吸引外国投资。当然，理想的 ISDS 机制应当在保护投资者利益和维护国家规制权之间实现平衡。不过，也不能只因为裁决东道国违反投资义务就认为东道国的规制权受到了限制。如果东道国的做法确实违背了条约义务，裁决东道国败诉恰恰是为了实现投资协定保护外国投资者的目的。

欧盟在重构 ISDS 机制方面是雄心勃勃的。CETA 第 8.29 条提出缔约方应与其他贸易伙伴一起努力建立多边的投资法庭和上诉机制。不过，欧盟的设想能否实现，取决于各方谈判和博弈的结果。从技术层面来讲，由于国际投资领域缺乏类似贸易领域的 WTO 体制的多边条约，建立多边的投资法庭和上诉机制也存在困难。但是，改革或重构现行 ISDS 机制已经成为国际社会的共识，发达国家也开始注重规制权的维护，这代表了国际投资法的发展方向，对于发展中国家来讲也是契机。

五、结　语

尽管现行 ISDS 机制存在着一些问题，但欧盟在其对外谈判的投资协定中并没有放弃 ISDS 机制。CETA 和 EUSFTA 文本草案对现行 ISDS 机制（特别是仲裁）进行了改进。欧盟委员会在与美国谈判 TTIP 的过程中还提出了国际投资法庭方案。欧盟的实践在维护国家的规制权、提高 ISDS 机制的透明度、消除仲裁员（法官）的利益冲突等方面进行了有益的尝试，特

---

① 在历史上，主要为发达国家及其投资者寻求使用来解决投资者与东道国之间的投资争议方法，有外交保护和外国法院诉讼。外交保护是投资者母国出面解决投资者与东道国争端的做法。外国法院诉讼则是由投资者在东道国以外的法院对东道国提起诉讼。发达国家及其投资者对这两种方法的滥用，遭到发展中国家的普遍反对。参见余劲松主编：《国际投资法》（第四版），法律出版社 2014年版，第 375 页、第 406~416 页。

别是国际投资法庭方案明确建立了上诉机制。我国近年来也注意到了 ISDS 机制的完善问题。欧盟的实践对于中欧投资协定谈判和我国改进现行其他投资协定的 ISDS 机制也有借鉴意义。在完善现行 ISDS 机制已经成为国际社会共识的背景下，欧盟的实践也将为国际社会重构 ISDS 机制提供参考路径。

贸易、投资与劳工标准问题：
从多边、双边、地区，再到多边？

孙冬鹤*

摘　要：以美欧为代表的发达国家在近半个多世纪时间内未能成功将劳工议题纳入 GATT/WTO 多边贸易体制。发达国家因此将劳工议题的谈判场所转移至双边和地区自贸协定。新近达成的 TPP 协定全文于 2015 年 11 月 5 日正式公布。劳工条款首次在区域自贸协定正文独立设章，劳工权利的涵盖范围既包括基本劳工权利，也包含与经济发展水平相关的劳工权利，增加了缔约方全新劳工保护义务，引入史上最高最严的劳工保护标准，并且劳工问题适用以贸易制裁为后盾的 TPP 统一争端解决机制。TPP 协定对发展中国家缔约方也没有给予特殊与差别的优惠待遇。TPP 将和未来的 TTIP 一起在超大区域自贸集团范围内筑成贸易与劳工挂钩的事实并被树立为将来自贸协定"新范本"，最终美欧国家可能再次通过主导新一轮全球贸易规则在 WTO 多边贸易体制中成功输入劳工标准议题。劳工标准条款由此最终"迂回"进入多边贸易体制框架。中国政府在新一轮国际经贸规则重构的关键时期，对劳工标准问题应当保持密切关注和研究，并在涉及劳工条款的谈判中坚持发展中国家的基本立场和底线。

关键词：劳工标准；世界贸易组织；TPP

---

* 孙冬鹤，女，哈尔滨工业大学法学院副教授，研究方向为国际经济法。

在国际社会，将国际自由竞争的贸易行为与劳工保护规则相联系的呼声可追溯至 1919 年国际劳工组织（International Labor Organization，简称 ILO）成立之前。19 世纪初，欧洲主要资本主义国家的资本家为了增加其产品在国际贸易中的竞争优势，不惜采取牺牲劳工的工作条件、大量使用童工等手段以降低产品成本。一国单方提高本国劳动条件将使本国经济在国际自由竞争中处于不利地位的观点大行其道。由此不难理解，为了消除或者限制工业国家之间以损害工人利益为代价而展开的残酷竞争，最初作为《凡尔赛条约》建立的国际联盟的附属机构，现在作为联合国专门机构的 ILO，主要工作是以国际劳工公约和建议书形式制定国际统一劳工标准并督促成员方批准这些国际劳工公约。① 然而，根据目前的《国际劳工组织章程》第 33 条的规定，为确保成员方遵守已批准的公约，"理事会可以向国际劳工大会推荐采取其认为明智而适宜的行动"。② 这一折中但含义相当模糊的条款为日后无论是在 ILO 还是 GATT/WTO 范围内，关于是否使用经济制裁的方式提高劳工标准问题的激烈争论埋下了种子。③ ILO 的理念是通过自愿遵守和一般监督的方式而不愿诉诸高压强迫的经济制裁的手段来达到提高各国劳工标准的目的。正是因为 ILO 软弱无力的执行机制，才使得发达国家日后开始在执行监督机制强硬的 GATT/WTO 寻求突破口，从而在多边贸易体制下将贸易与劳动问题挂钩。

美欧国家极力将贸易与劳工问题挂钩主要缘于经济全球化的深入使得发

---

① 自 ILO 成立至今，历届国际劳工大会已制定 189 项公约和 204 项建议书，数据来自于国际劳工组织官网的 NORMLEX 数据库，2016 年 6 月 11 日访问。

② 在 ILO 历史上，这一条款仅在发生于 20 世纪末 21 世纪初的缅甸强迫劳动案中被适用过一次。

③ 早期的《国际劳工组织章程》曾规定可以使用多边经济制裁的方式制裁不履行已批准的劳工公约的国家。然而，经济制裁的方式从未被使用过，并且这条规定在 1946 年被删除。原因之一是 ILO 害怕新独立的最不发达国家如果可能被威胁实施经济制裁，将不参加 ILO，因为这些国家的劳工标准普遍偏低。

展中国家低劳动成本的商品冲击欧美国内市场。美欧国家认为来自于发展中
国家的商品之所以劳动成本低主要是因为政府宽松的劳工标准，以及对劳工
标准的执行和实施缺乏有效的监督，而非劳动力市场供大于求。为了消除这
种因低劳动成本产生的"不公平"竞争，这些国家认为有必要采取强制贸易
限制措施来确保在发展中国家国际劳工标准能获得有效实施。美欧等发达国
家强烈要求将贸易与劳工问题挂钩除了具有以上经济因素外，还具有深刻而
复杂的政治背景和社会因素。低劳动成本的商品冲击发达国家国内市场的直
接结果就是大量工厂破产倒闭，由此产生大量的失业工人。居高不下的失业
率严重影响了政府的合法性并产生了深刻的社会危机。所以不难理解为什么
美欧等发达国家多次在国际社会主张使用经济制裁的方式来强制执行国际劳
工标准。

本文接下来针对贸易、投资与劳工标准问题，① 将主要按照时间发展脉
络、采用历史分析方法，从欧美等发达国家试图将其纳入多边贸易体制框架
受阻开始（正文第一部分），到其将劳工议题转向双边、区域自贸协定谈判
（正文第二部分），再到新近成功达成的 TPP 协定作为欧美发达国家将来双
边、区域自贸协定"升级版"或"新样板"（正文第三部分），最后展望极
度"碎片化"的劳工规则经过发达国家和发展中国家两大阵营的妥协最终回
归到 WTO 多边贸易体制框架的可能性和必要性。

一、GATT/WTO 多边贸易体制框架下贸易与劳工标准问题之争

从 1948 年 GATT 临时适用开始，直到 WTO 成立后的多哈部长级会议，

---

① 传统国际经贸规则的主题是国际贸易，但将来应更加注重贸易投资一体化。关于国际投资的
多边规则很少，主要是双边协定。目前全球双边投资协定多达近 3000 个，几乎每个国家都是双边投
资协定的签署方，国际投资规则呈高度碎片化。目前各方在谈的投资规则涉及内容更加广泛，很多包
含劳工议题。参见冼国义："如何看国际经贸规则的新动向"，载《学习时报》2013 年 12 月 24 日。

将劳工问题纳入 GATT/WTO 多边贸易体制的呼声就从未停止过。① 虽然 ILO 自从 1919 年建立时起就一直为提高各成员方劳工标准不断地制定新的策略，但是关于劳工问题美欧等发达国家始终对 GATT/WTO 寄予厚望，最主要的原因就是相比于 ILO 虚弱的执行监督机制，GATT/WTO 协定具有强有力的"牙齿"。

纵观 GATT/WTO 历史，美欧等发达国家曾多次正式提议将劳工问题纳入 GATT/WTO 多边贸易体制，"社会倾销""社会条款"、工人权利、劳工权利等概念在 GATT 内部被广泛讨论。早在 1953 年，美国就提议在 GATT 增加关于"不公平劳工标准"的条款。1955 年的一个 GATT 工作组也拒绝了新西兰关于在 GATT 增加"充分就业"条款的提议。同一时期的英国政府也迫于国内工会的压力提议在 GATT 中增加"公平劳动条款"并且建议可以通过适用 GATT 第 23 条，对于不采取措施消除不公平劳工标准的国家进行制裁。国际自由工会联合会（International Confederation of Free Trade Unions，简称 ICFTU）于 1959 年也建议 GATT 进行改革，以使其与《哈瓦那宪章》中关于劳工标准的规定保持一致。1978 年，美国倡议建立一套国际公平劳动基准制度，北欧国家也曾提议将社会条款问题纳入东京回合谈判的议程中。然而，所有这些提议最终都没能逃过失败的厄运。

在 1986 年 6 月乌拉圭回合谈判前夕，在本国利益集团和 NGOs 的游说和鼓动下，美国企图将"工人权利"（后来改为"劳工标准"）纳入 GATT 讨论议程。1987 年 4 月，美国众议院将"践踏工人权利不应是一国获取国际贸易中竞争优势的一种方式这一 GATT 原则"作为美国乌拉圭回合谈判的目标

---

① 事实上，"二战"后期布雷顿森林体系试图建立国际贸易组织（International Trade Organization，简称 ITO）的《哈瓦那宪章》也涵盖了就业和劳工问题。该宪章第 7 条规定成员方承认不公平的劳动条件（特别是在出口产品的生产中）阻碍了国际贸易，因此每个成员方在其管辖范围内都应该采取适当和可行的行动以消除这种不公平的劳动条件。然而，由于美国国会没有批准《哈瓦那宪章》，国际贸易组织没有成立。一些学者认为，虽然《哈瓦那宪章》最终没有生效，但它却成为日后主张贸易与劳工标准联系的原点。参见林燕玲主编：《国际劳工标准》，中国劳动社会保障出版社 2007 年版。

之一。1987 年 7 月，美国正式提出建立工作组讨论国际贸易与工人权利的关系。1986 年 9 月，欧洲议会在其关于新回合谈判的指令中也支持在 GATT 中纳入"社会条款"的建议。OECD 的工会咨询委员会提议政府应在 GATT 中纳入社会条款以确保参加多边贸易体系的政府遵守最低劳工标准。就在乌拉圭回合谈判的最后阶段，对贸易与劳动的关系问题的讨论也到了白热化阶段。以美国和法国为首的西方发达国家提议在最后的多边部长宣言中应提到国际公认的劳动权，并且美国还提议在即将成立的 WTO 建立劳工标准委员会。在以巴西、印度、马来西亚、印度尼西亚为首的发展中国家以及德国和英国等国的反对下，这两个提议最后都被否决。关于就业与劳动问题，仅仅《马拉喀什协定》的序言有所触及，即 WTO 成员方应以"保证充分就业"为宗旨。

在 1996 年于新加坡举办的 WTO 成立后的第一次部长级会议上，贸易与劳动问题再一次被提起。美国和欧盟提出通过修改 WTO 协议增加社会条款从而允许成员方通过贸易制裁方式确保贸易伙伴遵守最低劳工标准。挪威和 ICFTU 请求 WTO 建立工作组探讨 WTO 规则怎样才能平衡国际核心劳工标准和多边贸易体系之间的关系。以美国为首的发达国家和以发展中国家为代表的同盟经过激烈的争吵最后达成了彼此都能接受的妥协。这种妥协见于《新加坡宣言》关于核心劳工标准的经典陈述："我们重申我们遵守国际公认的核心劳工标准的义务。ILO 是制定和处理这些标准的权力机构，我们确认我们支持其提高劳工标准方面的工作。我们相信贸易增长和贸易自由化的发展带来的经济增长和发展会有助于提高这些标准。我们反对利用劳工标准实现贸易保护主义的目的，并且同意这个问题不能影响一些国家——特别是低工资的发展中国家——的比较优势。在这方面，我们注意到 WTO 和 ILO 将会继续它们目前的合作。"这段文字也是目前 WTO 关于劳工问题的唯一陈述。然而，对这段温和但含义颇为模糊的文字的解释却多种多样。WTO 的多数成员认为《新加坡宣言》的这段陈述更多地反映了广大发展中国家成员的政治诉求，使劳工问题彻底脱离了 WTO 的管辖范围，从而使该组织为处理旷日持久的贸易与劳工问题的争论画上了句号。另有观点认为这段陈述只能被看作是 WTO 和 ILO 将来工作的前提或基础。从这个角度看，可以判定《新加坡宣言》的这段陈述在贸易和劳工问题争论过程中起到了分水岭的作用。

吸取了西雅图会议失败的教训，西方发达国家并未在多哈回合谈判中激进地推销劳工标准。[①] 它们深知任何将贸易和劳工问题联系起来的企图都将使团结一致的发展中国家离开谈判桌。因此，2001 年的多哈部长级会议并未将劳工问题纳入新一轮回合谈判的议程，正如《多哈宣言》第 8 条所陈述的："我们重申我们在新加坡部长级会议上做出的关于国际核心劳工标准的宣言。我们注意到 ILO 关于全球化引起的社会问题方面所做的工作。"然而，由于南北之间的矛盾分歧，这一条款曾被修改过三次。

事实上，目前的 WTO 协定仅有禁止囚犯产品贸易的 GATT 第 20 条一般例外条款涉及劳动问题（协定起草者制定该条款的动机实际上是防止不正当国际竞争，而不是为消除强迫劳动）。可以预见最近一段时间内，当 WTO 作为多边贸易谈判场所的职能陷入停滞，国际劳工标准的实施主要还是依靠全球层次的执行力虚弱的 ILO、社会标签与认证等市场手段及各种各样的单边、双边和区域性的自由贸易协定完成。其中，最令发展中国家政府和学者关注的就是最近刚刚达成的 TPP 协定。可以肯定的是，如果如美欧等发达国家所愿劳工问题被纳入 WTO、TPP 协定关于劳工问题的规定不会引起如此高的关注度。正是因为将劳工问题纳入 WTO 多边贸易体制无望，欧美发达国家才转换谈判策略力求通过双边及区域性自贸协定来解决贸易与劳工问题。

---

① 西雅图会议失败的导火索是时任美国总统克林顿在一次访谈节目中提出他要在每一个贸易协议中写入核心劳工标准，并对侵犯贸易协议任一条款的行为实施制裁。多数观察家认为，西雅图会议失败的真正原因不是抗议人群围堵会场，是南北之间对于一些重要问题的不可调和的矛盾及克林顿欲使用制裁执行劳工标准的讲话使发展中国家最终选择离开了会场。西雅图会议的失败告诫了美国等发达国家，在 WTO 桌面上讨论任何有关劳工问题的企图都将面临谈判破裂的尴尬局面。

二、极度"碎片化"的双边和区域自贸投资协定中的劳工条款

如上文所述，由于美欧等主要发达国家将劳工问题纳入 WTO 多边贸易体制的提议持续遇冷，这些国家逐渐寻求在双边和区域自由贸易协定中写入劳工条款，即产生劳工议题"谈判场所转移"。① 截至 2013 年 7 月，在 WTO 登记的近 280 个 FTA 中，纳入劳动标准的 FTA 已达 58 个。② 目前，劳工和环境条款已成为在美国和欧盟对外签署的自贸协定中的标配条款。在 20 多年的关于贸易、投资与劳工问题的双边和区域自贸协定谈判实践中，美国和欧盟相应形成了所谓"NAFTA 模式"和"欧盟模式"。③

（一）美国主导的"NAFTA 模式"

美国历来是将劳工标准引入国际贸易谈判的积极倡导者和推动者，一直致力于在单边、多边、双边、区域国际贸易谈判中确立劳工标准的地位。1890 年，美国就开始单方禁止进口囚犯生产的产品，《1930 年关税法》第 307 条将禁止范围扩大到所有强制性劳工生产的产品。1986 年，美国的普惠制安排要求给予发展中国家的关税优惠的一个条件是其尊重核心劳工标准。④ 1988 年，美国在《贸易与竞争综合法案》"301 条款"修订中，将侵犯劳工权利纳入"301 条款"所指的"不合理行为"范围，为其以劳工标准为由对其他国家实行所谓单边调查和采取贸易报复措施提供了借口。

20 世纪 90 年代以来，由于国际贸易、投资的深入开展和在多边贸易谈

---

① Anke Dahrendorf. Global Proliferation of Bilateral and Regional Trade Agreements: A Threat for the World Trade Organization and/or for Developing Countries 15. Maastricht Faculty of Law, 2009.

② International Labour Organization; International Institute for Labour Studies. Social Dimensions of Free Trade Agreements, Geneva: ILO Publication, 2013, P. 5.

③ 陈志阳："多双边贸易协定中的国际核心劳工标准分析"，载《国际贸易问题》2014 年第 2 期。

④ 一些国家由于被发现侵害了工人权利而被取消了普惠制待遇，如苏丹、中非共和国、智利、利比亚、尼加拉瓜、巴拉圭和罗马尼亚等国家。

判中引入劳工议题受挫，美国和其他一些国家将更多的谈判精力投入到双边和地区自由贸易谈判。在 TPP 协定签署之前，美国在 5 个地区性自贸协定中（与加拿大和墨西哥、美洲、中东、东盟和亚太经合组织）和 10 多个双边自贸协定（即美国分别与约旦、智利、新加坡、澳大利亚、摩洛哥、巴林王国、阿曼、多米尼加和五个中美洲国家、秘鲁、哥伦比亚、巴拿马、韩国）中成功引入劳工议题。形式上，有的是在自贸协定中直接写入劳工条款，有的是在自贸协定后附加劳工协议。内容上，各个自贸协定中的劳工规定也有很大区别。其中，最具代表性的是 1994 年 1 月 1 日开始实施的《北美自由贸易协定》附加的《北美劳工合作协议》（The North American Agreement on Labor Cooperation，简称 NAALC），其关于劳工标准的规定被概括为"NAFTA 模式"。该协议也是美国在后来双边和地区自贸协定中关于劳工议题谈判使用的范本。如果将 TPP 劳工章节看作是美国主导的区域范围内劳工条款的 2.0 版本，《北美自由贸易协定》作为全球范围内第一个明确涉及劳工问题的区域自贸协定，其附属协议 NAALC 绝对是 1.0 版。

概括地说，相比于欧盟模式，"NAFTA 模式"是一种更为激进的模式。该协议内容非常广泛，要求缔约方提高的 11 项劳工原则既包括基本劳工权利，也包括与一国经济发展水平相适应的劳工权利；公众参与性更强、监督机制更加有效；争端解决更具有强制性，具有准司法的性质。除自由结社和组织权、集体谈判权和罢工权以外，首次规定可以采用罚金形式强制实施其他劳工标准。因此，"NAFTA 模式"是一种更为"刚性"的模式。

值得关注的是，在美国发布 2007 年 5 月 10 日"国会—行政协定"后，将来美国签署的所有协定中的劳工义务都适用统一争端解决机制和以贸易制裁方式保障其强制履行。这样，在 2007 年的美秘（鲁）、美巴（拿马）、美哥（伦比亚）和 2010 年的美韩自贸协定中，劳工条款都赋予了强制有效的执行力。

（二）"欧盟模式"

在贸易自由化进程中，欧洲国家一开始就关注劳工标准问题，只不过在欧洲是以社会政策方式出现的。在欧洲，对是否在欧洲一体化进程中引入社会政策的争论早在 1958 年欧共体成立之前就出现了。同美国相比，欧洲国家对劳工标准的态度一点也不落后。[1] 早在缔结《罗马条约》时，法国担心其他成员方雇佣底薪女工会对本国服装业产生冲击，强烈要求将男女同工同酬条款写入其中。当时，法国女工的工资要高于其他欧洲国家，后来同工同酬被纳入《罗马条约》第 119 条。从 1999 年开始的欧盟东扩中的 31 项入盟谈判议题中第 13 项议题"就业和社会政策"专门涉及劳工权利问题。其具体条款包括劳工法、同工同酬、反歧视、安全与卫生、社会保护、社会对话、就业和公共卫生。[2]

从 1971 年欧盟开始实施的普惠制政策也将尊重核心劳工标准作为享受普惠待遇或额外优惠的条件。欧盟利用"社会条款"来"惩罚"那些不支持这些标准的国家。[3] 2004 年欧盟的普惠制到期以后，欧盟委员会于 2005 年提前实施新的普惠制安排。按照新规则，如果发展中国家在 2008 年前执行所有与核心劳工标准相关的 ILO 公约，这些国家将获得包括农产品等敏感产品在内的 7200 种产品系列的免关税待遇。

从 1975 年开始，在欧共体与非洲、加勒比地区和太平洋地区国家（简称 ACP）签订的系列《洛美协定》中，逐渐将发展援助与人权状况挂钩。于 2000 年 6 月在科托努签署的《ACP – EU 伙伴协议》的谈判框架及 2003 年 9 月的谈判议程中都包含了对尊重核心劳工标准的承诺。

---

① 参见佘云霞：《国际劳工标准：演变与争议》，社会科学文献出版社 2006 年版。

② 根据欧盟的要求，31 项议题都要逐项进行谈判，所有谈判达成协议之后，才算完成入盟谈判。

③ 1997 年，欧盟在由 ICFTU 和欧洲工会联合会（The European Trade Union Confederation，简称 ETUC）调查了缅甸童工现象后，决定撤回给予缅甸的普惠制待遇。

与美国"NAFTA 模式"相比，"欧盟模式"的显著特点是执行劳工标准更加务实灵活，适当照顾到参与方的不同发展水平，因缺乏贸易制裁等强制执行力，约束性较弱。因此，"欧盟模式"被认为是更为"柔性"的模式。

（三）小结

虽然在贸易、投资与劳工问题的双边和区域自贸协定谈判实践中，美国和欧盟相应形成了所谓"NAFTA 模式"和"欧盟模式"两大模式，但是目前全球范围内以美欧国家主导的、各发展中国家实力差距较大、权力极其不对称的合作情况下签署的 50 多个包含劳工条款的 FTA 协定在适用的劳工标准范围、劳工保护水平、国内实施的具体要求、组织机构、争端解决机制、制裁、合作行动和公众参与等方面都表现出巨大差异，[①] 由此产生了 FTAs 协定中的劳工条款极度"碎片化"现象，直接导致政府和企业规则成本和交易成本的增加。

三、TPP 区域自贸协定关于劳工标准规定的新特点和新趋势

2015 年 10 月 5 日，在谈判之初即被定位为"21 世纪标准最高、最为全面、深度合作的自由贸易协定"的《跨太平洋伙伴关系协定》（Trans – Pacific Partnership Agreement，简称 TPP）取得实质性突破，12 个缔约方就 TPP 协定达成一致。[②] 11 月 5 日，美国政府正式全文发布尚需 legal review 的 TPP 协定文本。2016 年 2 月 4 日，12 个缔约方在新西兰奥克兰市正式签署 TPP 协定。目前，TPP 协定正处于根据其第 30 章第 5 条关于该协定生效的规定，各缔约方适用国内法律程序核准加入阶段。作为 WTO 协定授权允许的

---

① 参见郑丽珍："TPP 谈判中的劳动标准问题"，载《国际经贸探索》第 29 卷第 9 期。
② TPP 是由文莱、智利、新西兰、新加坡四国于 2005 年发起，2008 年美国加入，现在已成为包括澳大利亚、秘鲁、马来西亚、越南、加拿大、墨西哥和日本等 12 国的超大型区域经济合作项目，其经济总量、外贸总额和人口规模分别占世界的 38%、32% 和 11%。

最惠国待遇原则的例外，TPP 协定这项区域范围内部分国家签署的自由贸易协定（Free Trade Agreement，简称 FTA）的优惠程度及市场开放程度应高于 WTO 协定。事实上，纵观全文，TPP 协定无论从目标定位、涵盖范围、执行机制还是具体操作方面都已远远超出传统普通的区域自贸协定，更别说 WTO。相比于 WTO 协定及其他双边和区域自贸协定，TPP 协定在环保、劳工、知识产权、原产地规则和政府采购等"21 世纪新议题"方面包含了诸多高标准的条款。这里尤其是关于劳工的规定引起发展中国家的政府和学者广泛关注，以贸易制裁方式强制执行超高的劳工标准已构成以中国为代表的诸多发展中国家加入 TPP 协定的主要法律障碍。

劳工标准议题是 TPP 谈判中最具争议的议题之一。虽然在 TPP 谈判中，越南和文莱反对将劳工问题适用争端解决机制，但是由于 TPP 谈判是由美国主导，不难理解 TPP 协定自然以"NAFTA 模式"为基础。但事实上，1994 年 1 月 1 日生效的 NAFTA 正文根本没有包含劳工权利问题，关于劳工议题的规定都在其附属的 NAALC 中。虽然 TPP 协定对劳工议题的基本精神借鉴 NAALC，但 TPP 协定关于劳工章节的结构比 NAALC 更为复杂，条款内容比 NAALC 更加丰富、具体和深入。同时，TPP 协定也增加了一些 NAALC 没有涉及的全新的规定。"升级版"的 TPP 劳工条款主要缘于 2015 年美国对外贸易政策的调整。2015 年美国的《贸易政策议程》明确了将严格的标准纳入经济协定的目的是为美国劳动者和企业"整平游戏场地"、创设公平的竞争环境。为确保此目的实现，2015 年美国《贸易促进法》在授权总统适用"快车道程序"谈判包括 TPP、TTIP 在内的经济协定时，除重申 2007 年新贸易政策的要求外，还增加"总统应在谈判开始之时向国会提交谈判对方的劳动标准状况报告，并在谈判结束之时向国会提交劳动标准实施计划"之要求。据此可以理解，基于 2015 年美国《贸易政策议程》和《贸易促进法》谈成的

TPP 的劳动标准将成为美国 FTAs 最新且最严格的劳动标准实践。[①] 本文接下来将主要以"NAFTA 模式"和"欧盟模式"为主要参照物，比较分析 TPP 协定关于劳工规定的新特点和新趋势。

（一）劳工条款的地位从例外和附属首次上升至正文的独立章节

如上文所述，在目前 WTO 多边贸易法律框架下，唯一一条具体的关于劳工问题的规定是 GATT 第 20 条（e）项关于禁止囚犯产品贸易的一般例外。虽然有学者建议应对 GATT 第 20 条（a）项"为保护公共道德所必需的措施"和（b）项"为保护人类、动植物的生命或健康所必需的措施"扩大解释为劳工保护条款，[②] 但通过对 WTO 专家组和上诉机构关于贸易与环境保护和卫生检疫案件的报告和裁决分析表明，这两款的目的重在保护本国人类、动植物生命或健康，而且 WTO 法律实践坚决反对一国国内的高环境标准的域外效力。

首次将劳工议题纳入区域性自贸协定的 NAFTA 关于劳工保护的具体条款见于其附属协议 NAALC。在 TPP 协定的前身，由文莱、智利、新西兰、新加坡四国协议发起的《跨太平洋战略经济伙伴关系协定》（Trans-Pacific Strategic Economic Partnership Agreement，P4），劳工议题也是被写入作为附属协议的《劳工合作谅解备忘录》，与《环境合作协议》一样被视为缔约方义务的一般例外。虽然附属协议适用于所有缔约方，但因其劳工条款未与主协定形成整体，使其约束力大大削弱。

在进入 TPP 协定谈判阶段后，相比于 P4 协定，劳工议题的地位明显得到提升。正如美国总统奥巴马所说，TPP 协定是将美国劳工利益置于首位的

---

① 参见郑丽珍："TPP 劳动标准规则的特点及对中国的谈判启示"，载《中国国际法学会 2016 年年会论文集》。

② 鄂晓梅："以劳工标准为基础的单边贸易措施与 WTO 规则——贸易壁垒的新趋向及发展中国家的对策"，载《环球法律评论》2010 年第 2 期。

新型贸易协定，劳工标准和环境标准是整个 TPP 协定的核心。[①] 因此，不难理解劳工问题作为 TPP 协定的独立章节第一次被正式放到区域性自贸协定的正文中。作为目前最受关注的区域自贸协定的样板，TPP 协定的此种实践做法将产生强烈的示范效果。不排除将来的诸多区域自贸协定，如 TTIP 及欧美国家主导的双边自贸协定，将劳工问题单独设章放到自贸协定的正文中。事实上，美国与秘鲁、哥伦比亚、巴拿马和韩国签署的双边自贸协定已经设定劳工专章。近来，欧盟也已在自贸协定中单独设立"贸易与可持续发展"章节，主要处理贸易与劳工、环境问题。[②]

（二）劳工权利的涵盖范围包括基本劳工权利和与经济发展水平相关的劳工权利

劳工权利，即通常所说的劳工标准的涵盖范围是 TPP 劳工议题谈判的难点之一。以美国为首的发达国家和以越南和马来西亚为代表的发展中国家争议的焦点是 TPP 协定保护的劳工权利是仅限于 ILO 在 1998 年采纳的《工作中基本原则和权利宣言》及其后续措施（以下简称 1998 年《宣言》）中所确定的基本劳工权利，还是也包括涉及最低工资、工时及职业健康和安全等工作条件的与一国经济发展水平相关的劳工权利。通过 TPP 协定第 19.1 和19.3 条款可见，最后美国无视发展中国家的反对，将上面这两种劳工权利都纳入 TPP 协定的劳工保护范围。而且，所有这些劳工权利都将通过贸易制裁方式获得所有缔约方的强制执行和遵守。

1998 年《宣言》是 20 世纪后期国际劳工组织对国际社会的最重要的贡献之一。该宣言将国际劳工权利划分为带有基本人权特征的国际基本劳工权利（即国际核心劳工标准）和与各国经济发展水平相联系的劳工权利。它要

---

① 《美国公布 TPP 基本协议 获得通过恐受阻》，来源于中国经济网，发布时间 2015 年 11 月 6 日。

② Lorand Bartels, "Human Rights and Sustainable Development Obligations in EU Free Trade Agreements", http：//papers. ssrn. com/sol3/papers. cfm? abstract_ id = 2140033.

求无论各成员方经济发展状况如何、也不管其是否批准带有基本劳工权利的八项基本劳工公约,都必须遵守这些基本劳工权利。^① 这些权利是工人行使其他劳工权利的前提和基础,具体包括结社自由和集体谈判权、废除强迫劳动、消除就业与职业歧视和有效废除童工。这样,ILO 对劳工权利的分级处理使得国际社会首先对劳工权利的关注更多地集中于基本人权特征的国际基本劳工权利。据 ILO 的统计,在目前自贸协定的劳工条款中,绝大部分都包含了对这些国际基本权利和各项原则的遵守。^②

值得关注的是,P4 协定《劳工合作谅解备忘录》和"欧盟模式"仅包含对上述国际基本劳工权利的遵守。而美国主导 NAALC 和美韩、美秘自贸协定将劳工权利的保护扩大至经济性劳工权利。很有可能将来的由美国等发达国家主导的双边和区域性自贸协定及投资协议关于劳工议题的谈判都将包含这两方面的劳工权利。然而,不同于在 1998 年《宣言》被明确而清楚地阐述的国际基本劳工权利,TPP 协定规定的"涉及最低工资、工时及职业安全和健康的可接受的工作条件"等与一国国内经济发展水平相关的经济性劳工权利具有相当大的模糊性和不确定性。一缔约方的国内经济发展状况需要具体的量化,"可接受"的工作条件的确定将带有明显的主观因素。因此,TPP 协定生效后,对"可接受"的工作条件的不同解释极易导致缔约方之间产生争端。

(三)增加缔约方全新劳工保护义务 引入史上最高最严的劳工保护标准

TPP 协定第 19 章劳工条款主要通过要求缔约方在其制定、实施和执行的劳动法律、法规和实践中保障其领土范围内劳动者的国际基本劳工权利和与其经济发展水平相适应的经济性权利。相比于目前其他自贸协定的劳工条款,TPP 协定为缔约方增加了诸多全新的劳工保护义务,从而使该协定成为史上

---

① 所有 12 个 TPP 缔约方都是 ILO 的成员方。

② ILO, Social Dimensions on Free Trade Agreements, pp. 1-21.

工人保护水平最高的贸易协定。TPP 协定为缔约方增加的新义务主要有以下几项：

（1）确立了 TPP 劳工条款的"不减损原则"。根据第 19.4 条款，各缔约方不得通过弱化或降低各自劳动法律确定的保护措施来鼓励贸易或投资，也不得以放弃或减损或提供放弃或减损其劳动法律和法规的方式影响各方之间的贸易或投资。另外，更特别指出不得减损出口加工区或对外贸易区的关于最低工资、工时和职业安全和健康的可接受工作条件方面的劳工保护标准。关于劳动法的执行的第 19.5 条款还要求缔约方持续、经常、有效地执行影响缔约方间贸易与投资的劳动法。

（2）限制缔约方进口整个或部分包含强迫或强制劳动（包括强迫或强制童工）成分的产品。缔约方除了有义务在其本国境内消除强迫劳动，第 19.6 条款还要求缔约方限制从所有国家和地区包括非 TPP 缔约方进口由强迫劳动生产的或其一部分是由强迫劳动生产的产品。美国在其关于 TPP 协定解释说明中阐述这项规定处理了日益增长的全球问题。根据 ILO 的统计，目前这项规定将影响 2100 万名成人和儿童，及每年在世界范围内各工业领域产生的430 亿美元的非法利润。

（3）强化企业社会责任。第 19.7 条款规定，各缔约方应积极鼓励企业在其领域内，自发地承担公司保护劳工的社会责任，并采用缔约方认可或支持的国际标准及指导方针。

（四）劳工问题适用以贸易制裁为后盾的 TPP 统一争端解决机制

是否以贸易制裁方式强制执行 TPP 劳工条款，及劳工问题是否适用 TPP协定一体化争端解决机制是谈判各方最具争议性的焦点问题。根据美国在其关于 TPP 协定的解释说明，1993 年的 NAFTA、2003 年的美智和美新（加坡）协定、2004 年的美澳协定的劳工条款与 TPP 劳工规定相比非常软弱，这些协定中的主要劳工条款也比协定中其他议题缺少强制执行力。值得注意的是，NAALC 也是不适用 NAFTA 第 20 章一般性争端解决机制。根据 NAALC 附件 39 "Monetary Enforcement Assessments" 第 1 条的规定，对于某一成员持续性地不有效执行国内与保护童工、最低工资和职业安全与健康原则等相关的法律、法规的情形，专家组可以判定该成员缴纳一定数额的罚款，但不得超过争议双方最近一年商品贸易总额的 0.007%。因此，NAALC 对劳工条款的强制执行主要体现在征收罚金的形式，而不是类似 WTO 报复机制的中止减让和其他义务。

正如上文所述，在美国发布 2007 年 5 月 10 日"国会—行政协定"后，将来美国签署的所有协定中的劳工义务都适用统一争端解决机制和以贸易制裁方式保障其强制履行。因此，从 2008 年美国加入 TPP 谈判开始，就将其定位于改革其现有协定关于劳工条款的契机及打造区域自贸协定劳工条款的样板。TPP 框架下，不执行劳动标准争端的仲裁裁决将引起执行货币评估（金钱制裁）和中止贸易利益减让（贸易制裁）。其中，执行货币评估被界定为临时制裁措施，其数额可依双方约定，或者无约定时按照裁决的利益损害之 50% 征收。执行货币评估的适用时间不能超过 12 个月，双方协议延长的除外；除另有协议外，若违反情况满 12 个月尚未消除，申诉方即可启动贸易制裁。事实上，关于劳工议题，美国没能在 WTO 多边贸易体制实现的政策目标，在 TPP 区域自贸协定中都实现了。

四、结　语

无可争议的是，将来 TPP 协定的最终生效将对中国产生强大的贸易、投资歧视与贸易、投资转移和替代效应。可喜的是，我国政府和专家学者一直以来对 TPP 谈判进展保持持续关注和研究。特别是在 TPP 文本全文公布以后，中国政府应如何应对，具体而言是否及何时加入 TPP 是目前亟待解决的迫切问题。这一问题不是纯经济问题，它也是复杂的波及国际和国内的政治问题和社会问题，更关乎中国在国际社会的国际外交形象问题。然而，我们不得不承认，和 TPP 环境条款一样，TPP 劳工条款将成为中国加入 TPP 的最重要的法律障碍。如果我国政府最终选择不加入 TPP，我们必须面对的一个事实是，在将来的贸易与投资协定中写入越来越严格的劳工条款是未来地区和多边贸易投资谈判的必然趋势。在《跨大西洋贸易与投资伙伴关系协定》(Transatlantic Trade and Investment Partnership，简称 TTIP) 谈判中，美欧双方也已明确将就贸易和劳工问题设定相关规则。当欧盟作为全球劳工保护水平最高的地区，TTIP 可能对劳工的保护标准比 TPP 协定还要高，虽然对劳工的保护最终采用欧盟模式还是 NAFTA 模式有待观察。无可争议的是，TPP 协定关于劳工议题的规定是双边和区域自贸协定关于劳工保护的"升级版"，它将和未来的 TTIP 一起在超大区域自贸集团范围内筑成贸易与劳工挂钩的事实并被树立为将来自贸协定"新范本"，最终美欧国家可能通过主导新一轮全球贸易规则在 WTO 多边贸易体制中成功输入劳工标准议题。劳工标准条款由此最终"迂回"进入多边贸易体制框架。

中国政府在新一轮国际经贸规则重构的关键时期，对劳工标准问题应当保持密切关注和研究，并在涉及劳工条款的谈判中坚持发展中国家的基本立场和底线。① 我国作为一个全球贸易和投资大国，如果应对不当，就会在新的规则重构中被排斥在外，面临被边缘化的风险。因此，必须认真把握国际经济和规则发展趋势，积极推动建立公平合理的国际经贸规则体系，构建开放型经济新体制。

---

① 目前，我国已经谈成的自贸区有 12 个，涉及 20 个国家和地区，包括东盟、巴基斯坦、智利、新西兰、新加坡、秘鲁、哥斯达黎加、冰岛、瑞士以及 CEPA、ECFA，占对外贸易的 1/4，如果扣除 CEPA 和 ECFA，仅占对外贸易总额的 12%，不仅在主要经济体中所占比重最低，而且自由化水平不高，基本不涉及政府采购、知识产权、环境、劳工等所谓"21 世纪新议题"。

自由贸易与国际核心劳工标准相连接的新情况：《TPP协定》的"劳工条款"及其对中国外贸的挑战

李雪平*

摘　要：ILO《1998 年宣言》确立了自由贸易推动的全球经济增长中保护劳工权益的国际核心劳工标准，成为越来越多的双边和区域自贸协定规定劳工问题的必要组成部分。新近达成的《TPP 协定》通过"劳工条款"，要求缔约方的劳工法与国际核心劳工标准直接相关，强调 TPP 内外禁止强迫劳动产品的贸易。但由于缔约方之间经济发展水平的差异，而所有缔约方皆为WTO 成员，TPP"劳工条款"在适用中还存在某些现实难题，也给中国与TPP 国家之间的贸易带来严峻挑战。明晰此类挑战并尝试找到应对策略，有助于中国避免与 TPP 国家之间的贸易因劳工问题而陷入极端困境。

关键词：TPP"劳工条款"；中国外贸危机；国际核心劳工标准；国际贸易秩序

　　20 年前，由于关注到自由贸易推动的全球经济增长对社会公正的严重侵

---

* 武汉大学国际法研究所教授。

蚀，联合国的专门机构国际劳工组织（ILO）疾呼全球价值链上的劳工权益保护。通过工人、雇主和政府等三方代表组成的协商机制，ILO 确立了包含 8 个基本公约的国际核心劳工标准，并将其置于 1998 年公布的《工作中的基本权利和原则宣言》（以下简称《1998 年宣言》），要求"即使尚未批准有关公约，仅从作为 ILO 成员方这一事实出发，均有义务真诚地并根据《国际劳工组织章程》尊重、促进和实现关于作为这些公约之主题的基本权利的各项原则"。①

自此，自由贸易进程应否适用又该如何适用国际核心劳工标准成为全球性的热点问题。在世界贸易组织（WTO）内能否引入国际核心劳工标准的讨论，因成员间的严重分歧而"搁浅"。② 由一些发达国家主导达成的双边或区域自由贸易协定开始频见劳工条款，但大多具有利益交换的性质。③ 在经历了近 20 年"犹抱琵琶半遮面"之后，2016 年 2 月，12 个既是 ILO 成员又是 WTO 成员的国家经过艰辛谈判达成了《跨太平洋伙伴关系协定》（Trans - Pacific Partnership Agreement，TPP），高调承诺保护劳工权益，并通过共同的"劳工条款"直接将国际公认的核心劳工标准与缔约国的劳工法建立联系。④

---

①　这 8 个基本公约是：《结社自由和保护组织权利公约》（第 087 号）、《组织和集体谈判权利公约》（第 098 号）、《最低年龄公约》（第 138 号）、《最恶劣形式童工公约》（第 182 号）、《强迫劳动公约》（第 029 号）、《消除强迫劳动公约》（第 105 号）、《同工同酬公约》（第 100 号）和《（就业和职业）歧视公约》（第 111 号）。所有 ILO 成员方"在自愿加入国际劳工组织时，都已经接受其《章程》和《费城宣言》陈述的原则与权利，以及保证为实现本组织的总体目标而尽力并充分根据自身具体情况从事工作"。See Section 2, 1998 Declaration, http：//www. ilo. org/declaration/thedeclaration/textdeclaration/lang - en/index. htm. (visited 22 Dec. , 2015)

②　See Lance A. Compa and Stephen F. Diamond (eds.), Human Rights, Labor Rights, and International Trade, University of Pennsylvania Press, 1996, pp. 13 - 27.

③　See Holger Janusch, Labor Standard in US Trade Politics, Journal of World Trade, Vol. 49, No. 6, December 2015, pp. 1054 - 1056.

④　这 12 个国家分别是澳大利亚、文莱、加拿大、智利、日本、马来西亚、墨西哥、新西兰、秘鲁、新加坡、美国和越南。其中，美国、澳大利亚、新西兰、日本，是 WTO 发达成员，其他的都是发展中成员；而更值得注意的是，越南被美国、欧盟等 WTO 成员认定为非市场经济国家。依据经济发展水平或经济体制进行分类，对于成员在自由贸易协定下享有哪些权利、承担哪些义务都至关重要。

在 WTO 和 ILO 之内,中国与这 12 个 TPP 国家有着同样的法律地位。作为太平洋沿岸的发展中大国,TPP 看起来触手可及,但在谈判过程中,中国不仅没有被邀请,从目前来看反倒成为"一种遏制中国的新方式",并使中国在劳工问题上正面临"点对点"的挑战。① 因而,亟须从国际法角度分析国际核心劳工标准的功能定位及其在自由贸易中的适用,厘清国际核心劳工标准在 TPP"劳工条款"中的地位和适用中的现实难题,进而明晰中国对外贸易面临的新挑战,并尝试找到应对的策略或方法。

一、核心劳工标准的功能定位及其在国际贸易中的适用

《1998 年宣言》认为,尽管经济增长是社会进步的一个必要条件,但所有情况都证实,这并不是一个充分的条件。它需要伴以最低限度的、以共同价值为基础的社会游戏规则,从而使有关人员自己能要求得到其为之做出贡献的所创造财富的公平份额。② 国际核心劳工标准表明了劳工在全球经济和财富增长的条件下应普遍享有的权利,包括结社自由和有效承认集体谈判权、消除一切形式的强迫或强制劳动、有效废除童工以及消除就业和职业歧视。

(一)国际核心劳工标准的功能定位

从 ILO 要求及其成员方的实践看,国际核心劳工标准的功能主要定位于以下几点:一是作为 ILO 成员方相关劳工立法的模式和目标。这 8 个 ILO 基本公约是由政府在同工人组织和雇主组织商议之后起草通过的,是成员方参照制定和实施国内劳工法律和政策的主要工具。即使有些国家没有批准 ILO 基本公约,但它们应以任何可能的方式使其劳工立法与此类公约保持一致。

---

① Don't treat trade as a weapon, The Economist, April 25, 2015, p. 12.

② See the preface of ILO Declaration on Fundamental Principles and Rights at Work and its Follow – up, adopted by the International Labor Conference at its Eighty – sixth Session, Geneva, 18 June 1998 (Annex revised 15 June 2010).

二是作为国家层面适用国际法的渊源。在自动适用已批准的国际条约的国家，法院通常会运用 ILO 基本公约裁决那些在国内法上没有充分依据或者没有明示规定的案件，或者适用 ILO 基本公约所列的定义，比如强迫劳动、歧视等。① 三是作为制定国内社会政策的指南。ILO 基本公约能为开发就业、工作和家庭等国家和地方政策提供指导，敦促跨国公司关注其供应链上的劳工权益，促进劳工事务、就业服务等管理结构的优化调整，成为建立良好劳资关系的源泉。②

必须指出，国际核心劳工标准本身存在可以量化的因素以及需要澄清的弹性范围。可量化的因素也可称之为可标准化的因素，是指那些法律可以具体量化的内容，重点指向"废除童工"。根据 ILO《最低年龄公约》（第 138号），"废除童工"就是在雇用当时和工作过程中废除雇用年龄不能满足该《公约》规定的工作年龄的劳动者。③ 企业或单位雇用工人的年龄大致可分为三种情况：一是一般工作雇用的最低年龄为 14 岁（第 2.4 条）；二是任何工作雇用的年龄为 18 岁（第 3.1 条）；三是因工作需要但又不伤害健康和发展的雇用年龄为 13～15 岁（第 7.1 条）。就 ILO 成员方看，尽管雇用年龄在国内法的规定上存有差异，但总体上均在《最低年龄公约》限制性要求的范围内。

相较于雇用年龄的可量化性，被 ILO 基本公约覆盖的其他三个方面皆存在较多的弹性因素。换言之，"结社自由权""消除强迫劳动"和"消除就业和职业歧视"等在法律上没有具体的参数来判断或确定，适用和实施起来也

---

① 关于国际条约在国内的适用，详见梁西主编：《国际法》，武汉大学出版社 2001 年版，第33～36 页。至于国家是否需要对适用的国际条约进行补充立法则取决于条约自身的适用属性及国家自身利益的考量。详见古祖雪："治国之法中的国际法：中国主张和制度实践"，载《中国社会科学》2015 年第 10 期，第 153～154 页。

② http://www.ilo.org/global/standards/introduction-to-international-labour-standards/international-labour-standards-use/lang--en/index.htm.（visited on 20 Mar., 2016）

③ 值得商榷的是，有时为了解决生存问题，与其严格遵守童工的年龄限制而不让其劳动来忍受贫穷、饥饿，进而失去作为人的尊严，还不如给予其工作来维持哪怕一点人的尊严。

比较困难。尽管 ILO 基本公约给它们做出了定义或释义，尽管在国际人权法上也有相关条约对此有规定或解释，但其中存在的非标准化因素带来的弹性空间会在很大程度上影响适用的结果。就结社自由和集体谈判权而言，它可以使劳工个人的意志通过劳工团体表现出来，由团体代表劳工个人交涉劳动过程中的事宜，有助于克服个别劳动关系的内在不平衡，增强劳工一方的力量；集体谈判也是雇主谋求企业和平和利润最重要的手段和目标之一。① 但鉴于各国不同的文化传统、社会基础以及经济发展的需要，对这一权利在法律上的规定及实际享有的表现形式也不尽相同。对于强迫劳动，由于它具有明显的奴役性质，严重侵害了人身自由和人格尊严，禁止奴隶制或奴役也已成为一条习惯国际法规则。但在实践中，实现"禁止强迫劳动"还存在不同程度的困难。1961 年加纳诉葡萄牙关于 1957《强迫劳动公约》（第 105 号）在其非洲领地上的适用问题，由于国家间种种复杂的利益关系，最终不了了之。② 至于就业和职业歧视，无论是基于性别还是工种，无论是源于文化地域差异还是宗教种族分野，都充分表明这是个世界性的难题，更表明了 ILO 基本公约在适用中同样具有国际法的特性。③

作为全球唯一促进和保护劳工权益的机构，为了确保国际核心劳工标准在全球价值链上发挥作用，ILO 定期向联合国人权机构及其他国际实体提交 ILO 劳工标准批准和适用的报告。④ 在此基础上，诸如世界银行和亚洲开发

---

① 参见李德齐主笔：《劳动关系的市场化行为与调整机制》，中国工人出版社 1998 年版，第 9 ~ 35 页。

② 而更为复杂的是 1984 年"波兰 87 号和 98 号公约案"。当时，国际劳工组织理事会第 277 次会议通过了调查委员会关于波兰违反第 87 号和第 98 号公约案的结论和提出的建议后，曾引起波兰、苏联和一些东欧国家联合提出抗议，一度造成国际劳工组织内部东西方势力严重冲突。波兰还为此致函国际劳工局局长，声称要退出国际劳工组织，以抗议"对波兰内政的干涉"。参见林燕玲：《国际劳工标准》，中国工人出版社 2002 年版，第 282 页。

③ 关于国际法的特性，详见李浩培：《李浩培文选》，法律出版社 2000 年版，第 475 ~ 488 页。

④ See in detail http：//www. ilo. org/global/standards/introduction – to – international – labour – standards/international – labour – standards – use/lang – – en/index. htm. （visited on 19 Feb., 2016）

银行等国际金融机构已经将核心劳工标准的内容融入它们的某些活动中，①
许多国家和区域组织也把国际核心劳工标准引入其双边、多边和区域的自由
贸易协定中。②

（二）国际核心劳工标准适用于自由贸易的现状与问题

自 20 世纪 90 年代以来，由发达国家主导谈判达成的自由贸易协定
（Free Trade Agreements）或者与其平行的协定中显见因贸易竞争而要求给予
最低社会保障的"劳工条款"。它（们）不仅列出了保护工作中的人权的最
低承诺以及 ILO 核心劳工标准，而且也提供了通过磋商、合作等方法来解决
缔约方不同劳工法律体制之间的冲突。

从 1994 年《北美自由贸易协定》（NAFTA）的补充协定《北美劳工合
作协议》开始，美国在其参加的所有双边和区域自贸协定中都安全地纳入了
劳工条款。美国《2002 年贸易法》的"促进贸易授权"条款，更赋予了美
国贸易代表办公室（USTR）签订自贸协定以新的主动权（new initiative）。
甚至在 2007 年，美国共和党和民主党谈判达成了著名的《两党贸易政策协
定》（Bipartisan Agreement on Trade Policy），又被普遍称之为《五月十日协
定》（May 10th Agreement）。该协定要求美国签署、批准的自贸协定应包含
具体的劳工条款，特别是要求缔约国的劳工立法应采用和维持 ILO 基本公约
下的义务以及有效实施包含此类基本公约的国内劳工法的义务。"这就意味
着自贸协定的任一成员因违背《1998 年宣言》而使其贸易伙伴受到影响，即

---

① See in detail http：//www. worldbank. org/en/topic/poverty/prsp_ html. （visited 10 Oct.，
2015）

② 比如美国—加勒比盆地经济振兴计划。它是美国国会于 1983 年 7 月通过的一项有关美国对中
美洲、加勒比地区国家进行援助的一揽子计划，核心内容是：美国对从该地区认定的国家进口的大约
4000 多项产品实行单方面免税的优惠待遇，但这些国家要满足美国提出的包括工作时间、禁止童工
等在内的劳工标准。2000 年 10 月，美国国会扩展了经济振兴计划的内容，进一步增加了免税产品范
围，将其称为贸易伙伴法案，有效期截至 2020 年 9 月。

可发生争议。"① 迄今为止，美国与其他 20 个国家达成的双边自贸协定中，有 15 个包含劳工权益的章节或条款；在美国主导参加的区域自由贸易协定中，除了 NAFTA 之外，TPP 以及正在谈判的《跨大西洋贸易与投资伙伴关系协定》（T‑TIP）等均包含劳工权益保护的内容。②

欧盟在其参加的区域和双边自由贸易协定中将劳工问题更多集中于合作框架的社会发展目标上。经过几十年的发展和完善，欧盟自身有较为全面的关于社会权利的法律制度，因而它更愿意促进对外贸易中的社会权利及与之有关的国际合作，包括诸如性别平等、工作健康安全等具体事项。在实践中，欧盟并不追求以贸易制裁为基本方法来解决社会权利和劳工标准的差异，而是通过技术合作与对话来促进劳工权益的改善。比如，"在欧盟与韩国达成的自贸协定下，欧盟从未正式提起过关于劳工问题的磋商请求。"③ 除此之外，它还给予那些已经签署并有效执行 ILO 核心劳工标准的国家额外的关税优惠，或者称之为 GSP（Generalized System of Preferences）待遇和超 GSP 待遇。④

由于贸易自由化的作用，将国际核心劳工标准引入 WTO 体制内的尝试，在 1999 年西雅图部长级会议期间表现得尤为突出，原因在于那些呼吁"公平贸易"、反对"劳动力倾销"的人士看中了 WTO 基于自身争端解决机制的权威性，特别是强制性的贸易制裁措施。但无论如何，这里必须解决以下两个

---

① Holger Janusch, Labor Standard in US Trade Politics, Journal of World Trade, Vol. 49, No. 6, December 2015, p. 1065.

② See in detail https：//ustr. gov/issue‑areas/labor/bilateral‑and‑regional‑trade‑agreements. (visited on Mar. 25, 2016)

③ Jeffrey S. Vogt, The Evolution of Labor Rights and Trade: A Transatlantic Comparison and Lessons for the Transatlantic Trade and Investment Partnership, Journal of International Economic Law, Vol. 18, No. 4, December 2015, p. 828.

④ 比如，1975 年以来与非洲、加勒比海和太平洋地区 46 个发展中国家（简称 ACP 国家）签订的《洛美协定》在执行四期之后，在 2000 年，欧盟以较为坚决的态度将"人权、民主、法治"作为一项原则纳入取而代之的《科托努协定》（The Cotonou Agreement），并据此有权中止向违反该原则的国家提供援助。See in detail Annex VII — Political Dialogue as Regards Human Rights, Democratic Principles and the Rule of Law, The Cotonou Agreement, Publications Office of European Union, 2014.

问题：其一，在法律上是否允许将贸易制裁措施（包括贸易限制和贸易报复）作为对严重违反核心劳工标准国家施压的一种手段？其二，如果一国的劳工标准较低，出口产品是否就因此获得了不公平的竞争优势？[1] 这两个问题不仅触及主权国家的劳工法律和政策，更关系到国际贸易秩序的稳定性和可预见性。鉴于 WTO 成员对 ILO 基本公约批准数量和接受程度的差异，WTO 至今再未正面讨论"贸易与劳工关系"的问题。

然而，根据《1994 年关贸总协定》（GATT）、《服务贸易总协定》（GATS）以及 1979 年东京回合"授权条款"，WTO 鼓励比其规则有更高要求的区域经济一体化措施。[2] 在 TPP 所有缔约方均为 WTO 成员的前提下，TPP 文本应符合 WTO "区域一体化例外"的规定。在美国和日本的推动下，专门协调 TPP 缔约方之间的劳工问题便跃然于第 19 章"劳工条款"上。毫不夸张地说，"TPP 真正的价值在于为世界贸易设定新的高标准"，故而必须明晰 ILO 核心劳工标准与该"劳工条款"之间的关系及其适用中的问题。

二、核心劳工标准在 TPP "劳工条款"中的地位与现实难题

作为由 WTO 成员达成的区域贸易协定，TPP 明确规定了贸易与劳工权益之间的关系，从一个侧面使自由贸易中"暧昧"而"隐晦"的劳工问题"大白于天下"。TPP 不仅全盘接受了 ILO《1998 年宣言》列出的 8 个基本公约，而且还规定了缔约方应遵循工作时间、工作安全与健康等要求，并将其全部适用于一国的出口加工区（export processing zone）。这一方面表明了TPP 推进和改革多边贸易规则的高标准和高要求，另一方面也恰恰反映了TPP "劳工条款"适用中存在的现实难题。

---

① 参见世界贸易组织秘书处编：《贸易走向未来》，张江波等译，法律出版社 1999 年版，第 95 页。
② 详见 GATT 第 24 条（及其注释行说明）、GATS 第 5 条以及 1979 年 GATT 东京回合《差别与更优惠待遇、互惠及发展中国家更充分参与》的决议。

（一）核心劳工标准在 TPP "劳工条款" 中的核心地位

第一，在内容上，TPP "劳工条款" 要求缔约方的劳工法与核心劳工标准的所有事项直接相关。TPP 第 19 章开篇就要求缔约国的劳工法应与 ILO《1998 年宣言》所列的基本公约下的权利直接相连，包括有效承认结社自由和集体谈判权、消除强迫劳动、废除童工、消除就业和职业歧视，同时也应将其适用于一国的出口加工区。此外，TPP 还要求缔约方应满足最低工资、工作时间、职业安全健康等可接受的工作条件。这些规定尽管不属于 ILO 基本公约管辖和调整的事项，但均与此类基本公约息息相关：在劳工法不健全、劳动执法不到位的情况下，劳工的最低工资、工作时间以及职业安全健康等需要通过自由结社和集体谈判权来促进和实现，工作时间的长短则往往意味着强迫劳动或变相强迫劳动，强迫劳动问题也极有可能发生在童工身上（强迫或强制童工），而要保障职业的安全和健康则需要消除职业和就业歧视。因此说，国际核心劳工标准在很大程度上可以扩大延伸至 TPP "劳工条款" 下的其他保护劳工权益的要求。

第二，在义务上，TPP 缔约方要满足核心劳工标准的要求，不得为贸易或投资事宜而克减劳工权利，包括一国的出口加工区。TPP 所有缔约方均为 ILO 的成员，由此应确保其作为 ILO 成员的义务，特别是要承担 ILO 基本公约下的那些义务及其与缔约方领土内劳工权益有关的义务；应采纳或维持相应的规章、条例及实践，管控与最低工资、工作时间以及职业安全健康有关的可接受的条件。① 为了证明一缔约方违反保障劳工权利的义务，其他缔约方必须证明前者未采纳或者未维持相应的法规或实践而给缔约方之间的贸易或投资带来的不利影响。而更为重要的是，TPP 要求所有缔约方承担 "不克减" 劳工权利的义务，即 "所有缔约方应认识到通过削弱或减少其劳工法给

---

① See Art. 2, Chap. 19, TPP Agreement.

予的保护来鼓励贸易或投资是不恰当的"。①

第三,在重点上,突出强调国际核心劳工标准下的禁止强迫劳动,严厉禁止强迫或强制劳动产品在 TPP 内外的贸易往来。强迫劳动是指"针对任何人的所有工作或服务置于任何惩罚的恐吓或威胁之下,但并不考虑该人的意愿。"它严重侵犯了基本人权,是产生贫困的首要原因,是国家或地区经济社会发展的障碍。但遗憾的是,强迫劳动在国际社会范围内广泛存在。据 ILO 估计,世界上有 2000 多万人还处在强迫劳动中,其中的 1800 多万受害者(占 90%)处在由个体或者企业经营的私有经济里,而剩余的 200 多万(10%)则处于由国家或政府压制的强迫劳动中。前者是为了赚取利润,后者则往往是为了强力推动国家经济发展或者是作为对持不同政见者的一种惩罚。② 因而,TPP 要求"每一缔约方认识到消除一切形式的强迫或强制劳动的目标,包括强迫或强制童工";要求"每一缔约方通过其认为合适的倡议,应阻止其他来源的强迫或强制劳动包括强迫或强制童工而生产的整体或部分货物的进口"。

(二) TPP "劳工条款" 适用中的现实难题

由于劳工法涉及各国国内的宏观经济社会政策和微观经济管理政策,TPP 各方经过"讨价还价"艰难谈判达成了以国际核心劳工标准为核心的"劳工条款",但在适用中还存在一些比较棘手的现实难题。

首先,由于缔约各国对于 ILO 基本公约批准数量上存有差异,TPP 允许缔约方视"劳工条款"的具体内容根据其各自的国情选择例外,这容易造成劳工权益保护的"碎片化"和"集中化"。这里以美国、日本、马来西亚和墨西哥等某些缔约方截至 2016 年 6 月批准的 ILO 基本公约为例予以说明。

---

① Art. 4, Chap. 19, TPP Agreement.

② See International Labor Office, Profits and Poverty: The Economics of Forced Labor, Geneva, 20 May, 2014, pp. 12 – 15.

表 1　TPP 某些缔约方批准 ILO 基本公约简况

国家	已批准	数量	已废止
美国	《消除强迫劳动公约》《最恶劣形式童工公约》	2	无
日本	《强迫劳动公约》《结社自由和保护组织权利公约》《组织和集体谈判权利公约》《同工同酬公约》《最低年龄公约》《最恶劣形式童工公约》	6	无
马来西亚	《消除强迫劳动公约》《强迫劳动公约》《组织和集体谈判公约》《同工同酬公约》《最低年龄公约》《最恶劣形式童工公约》	6	《消除强迫劳动公约》
墨西哥	《强迫劳动公约》《结社自由和保护组织权利公约》《同工同酬公约》《消除强迫劳动公约》《（就业和职业）歧视公约》《最低年龄公约》《最恶劣形式童工公约》	7	无

由表 1 可知，在国际核心劳工标准的 8 个基本公约中，美国仅批准了 2 个，日本批准了 6 个且至今有效，马来西亚批准了 6 个但废止 1 个，墨西哥批准了 7 个且至今有效；而且，除了各国集中批准 ILO 强迫劳动公约之外，其他事项都有些分散。鉴于此，TPP 允许缔约方根据其国情民情，根据其国内劳工立法的目标和具体需要，在某些方面可以与 ILO 相关基本公约的要求不一致。尽管 TPP 要求缔约方的劳工法不得低于更不得背离 ILO 的标准，但由于各缔约方对此类基本公约批准数量上的差异导致的批准分散和批准集中，最终会带来 TPP 对劳工权益保护的"碎片化"和"集中化"并存的局面。①

其次，从批准 ILO 基本公约的聚焦看，TPP 缔约方显然可以就"强迫劳动"的定义、形式达成一致，但 TPP 禁止进口强迫劳动产品的规定赋予了缔约方在面对贸易竞争时的自由裁量权。即使像美国、日本、东帝汶那样或者

---

① 例如，在最低工资方面，不同国家根据其经济发展水平、消费习惯皆有不同的标准，甚至最低工资的构成部分也有所不同。新加坡就声明其国内的最低工资包括《就业法》下的工资支付和调整以及根据《中央公积金法》所做的工资补偿计划。See footnote 1, Art. 1, Chap. 19, TPP.

没有批准 ILO 第 29 号公约或者没有批准第 105 号公约，但这并不影响 TPP 缔约方之间基于基本人权而对禁止强迫劳动的法律共识和实践同向。① TPP 要求缔约方之间不进行强迫劳动产品的贸易，也要求 TPP 所有缔约方阻止源自其他国家和地区的强迫劳动产品的进口。这极有可能赋予缔约方在强迫劳动产品上的自由裁量权，包括两个方面：一是对进口产品是否存在强迫劳动的认定。由于国家经济主权的作用，即便在 TPP 协定之下，要进口什么产品、从哪个国家或地区进口产品等，不需要通过缔约国大会的讨论、批准，而是由该国根据其国内市场供需状况做出选择。因而，对于进口产品的生产过程是否存在强迫劳动，基本上取决于该国的判断或认定，答案为"是"或者为"否"存在弹性空间已不言而喻。二是对强迫劳动产品是否要求进行补偿。根据 ILO《强迫劳动公约 2014 年议定书》，"每一成员应确保所有强迫或强制劳动的受害者，无论其出身和法律地位，有寻求适当有效救济的途径，比如补偿。"② 在 TPP 范围内，如果缔约方国内或者与缔约方有货物贸易往来的其他国家存在强迫劳动，但为了进口产品（比如紧俏商品）或者维持贸易关系，进口缔约方将会酌情裁量是否要求补偿强迫劳动的受害者。

最后，在自由贸易竞争中，如果 TPP 缔约方将"劳工条款"用于贸易保护，必然会分散 TPP 的注意力并加重 TPP 的运行负担。在贸易与劳工权益的连接问题上，世界各国最担心的是为保护劳工权益而采取贸易限制措施。这种情形在 WTO 体制内被称为"例外"，尤其在 GATT 第 20 条"一般例外"之下，如果一成员为某个例外目标而采取贸易限制措施，必须有足够的可靠证据证明该条"前言"中的"不对国际贸易构成变相限制""不在情形相同的国家之间构成贸易歧视"。③ 换言之，任何 WTO 成员采取贸易限制措施唯有满足了 GATT 第 20 条之下的"双层测试"（two‐tier test），才能维持该限

① http：//www. ilo. org/dyn/normlex/en/f？p = NORMLEXPUB：11310：0：NO：11310：P11310_ INSTRUMENT_ ID：312250：NO.（visited on May 16, 2016）
② Art. 4. 1, Protocol of 2014 to the Forced Labor Convention, 1930.
③ 详见 GATT 第 20 条。

制措施。① 但在 TPP "劳工条款"之下，没有采取贸易限制措施必须满足的条件。当然，同《1998 年宣言》的要求一样，TPP 敦促缔约方不得将"劳工条款"用于贸易保护主义的目的，但并不阻止缔约方"对任何国家的比较利益提出异议"。② 这种原则性的要求在面对激烈的国际贸易竞争以及复杂的政治利益时，会显得不堪一击。

TPP 的宗旨之一是"为了进一步提高区域经济一体化和创造'亚太自由贸易区'的基础，并通过鼓励其他国家或独立关税领土加入扩大伙伴关系。"据最新统计，美国、日本是中国除了欧盟国家之外的两大贸易伙伴，与 TPP 的其他缔约国间的投资和贸易也有较大比重，在总量上与 TPP 缔约国家之间的贸易额占到了中国对外贸易额的近 50%。③ 对照 TPP "劳工条款"，中国法律均包含与其大体一致的规定，甚至在某些方面还占有优优势。④ 但上述分析表明，中国需要明晰它带来的具体挑战，防止劳工问题给外贸带来的极端困扰，这对于稳定发展中国对外贸易，对于推进或提升亚太地区的政治经济关系，都至关重要。

三、TPP "劳工条款"对中国外贸的挑战及应对

（一）TPP "劳工条款"对中国外贸的挑战

在美国、日本的领导下，TPP 将占全球 40% GDP 且处于不同发展阶段的 12 个国家联系在一起。这份宏大的区域政治和经济合作协定力图对缔约方国

---

① Peter Von den Bossche and Werner Zdouc, The Law and Policy of the World Trade Organization: Text, Cases and Materials (3rd Edition), Cambridge University Press, 2013, pp. 848 – 849.

② ILO《1998 年宣言》也特别强调，"不应将劳工标准用于贸易保护主义之目的，并且本《宣言》及后续措施中的任何内容不得被援引或被以其他方式用于此种目的"。See in detail ILO Declaration on Fundamental Principles and Rights at Work and its Follow – up, para. 5.

③ http：//www. 21jingji. com/2015/10 – 9/zMMDA2NTFfMTM4MzMzMg. html.

④ 中国法律规定的就业年龄在 16 岁，优于 ILO《最低年龄公约》的规定，也优于 TPP 所有缔约方国内法规定的最低就业年龄。详见中国《劳动法》第 15 条。

内包括劳工问题在内的一些难以改革的领域借助国际法（国际核心劳工标准）进行改革（尤其是越南、马来西亚、文莱和墨西哥），并从深度和广度上影响甚或重塑 WTO 这一全球性的多边贸易体制，由此将使中国对外贸易面临极为严峻的挑战。[①]

其一，货物贸易中的强迫劳动问题。关于强迫劳动，虽然中国至今尚未批准 ILO 基本公约中的 2 个强迫劳动公约（第 87 号和第 98 号），但从宪法到劳动法再到刑法对此都有明晰的规定，而且中国根据《1998 年宣言》的后续措施，每年都向 ILO 提交年度报告。[②] 禁止强迫劳动是 TPP 对缔约方的强制性要求，特别是明文禁止进口强迫劳动产品，无论该产品之来源。从实践角度看，尽管并非 TPP 所有缔约方都批准了 ILO 两个强迫劳动公约（比如美国），但由于 TPP 某些缔约方倚仗其强大的贸易实力，在由其参加的双边或区域贸易协定中，特别是给予发展中和最不发达国家的 GSP 待遇中，早就将"禁止强迫劳动"作为给予贸易优惠待遇的一个充分必要条件。中国实际上早在加入 WTO 之前就有过此种贸易争端，即"中美袜子案"。本案中，美国根据其《1930 年关税法》，认定从中国进口的袜子属监狱囚犯产品，存在严重的强迫劳动。因此，在某种程度上，TPP 协定关于强迫劳动的规定，可以看作是美国法律的延伸，是对 GATT 第 20 条"一般例外"下禁止监狱囚犯产品贸易的扩大适用。

其二，公众广泛参与的劳工问题反应程序。TPP 要求在缔约国之间建立劳工问题的合作机制。除了承担劳工合作对话义务外，TPP 缔约方还应建立或维持国内劳工磋商或咨询机构，并通过工作坊、研讨班和其他论坛分享知

---

① See Gary Clyde Hufbauer and Cathleen Cimino – Isaacs, "How Will TPP and TTIP Change the WTO System?", Journal of International Economic Law, Vol. 18, No. 3, Sep. 2015, pp. 679 – 681.

② 《1998 年宣言》后续措施下的报告程序有别于 ILO 定期报告程序，重点在于即使那些没有批准这 8 个基本公约的国家也要就其国内相关的法律和实践问题做出回应。See Janice R. Bellace, Human Rightss at Work：The Need for Definitional Coherence in the Global Governance System, The International Journal of Comparative Labor Law and Industrial Relations, Vol. 30, Issue 1, March 2014, p. 180.

识、经验和最佳实践，通过游学、访问、援助交换项目等开展最佳实践合作研究，促进和提高对劳工问题的能力建设。① 在此基础上，TPP 要求每一缔约方建立针对劳工问题的透明的反应程序，允许工会、劳工倡议者和其他利害关系人关注和监督 TPP 国家遵守在劳工问题上的承诺，包括对内和对外两个方面。在这样的合作机制和反应程序下，中国对外贸易中的劳工问题不仅会被置于 TPP 国家的监督之下，而且也很容易变成一个世界性的话题，使中国陷入"牵一发而动全身"的极端困境，在整体上影响中国对外贸易的环境，降低或消灭"中国制造"的国际市场竞争力，甚至还会危及中国国内的生产环节。

其三，与 TPP "劳工条款"有关的贸易争端问题。中国和 TPP 缔约方均为 WTO 成员，但 WTO 协定本身并未就贸易争端解决的多边机制和区域机制的优先次序选择做出规定。特别值得注意的是，在北美自由贸易协定（NAFTA）下，美国、加拿大和墨西哥皆为 WTO 成员，它们援用争端解决机制的选择取决于缔约方自身意愿。在 NAFTA 之下的劳工问题上，由于WTO 协定未有任何明晰条款，缔约方之间与此有关的贸易争端均选择NAFTA 的争端解决机制。据此可以安全地推断，中国和 TPP 任一缔约方之间关于劳工问题的争议，极有可能被置于 TPP 争端解决机制下，包括磋商、专家组和仲裁等程序。② 对中国来讲，加入 WTO 以来解决贸易争端的经验和教训，使其面对此类具体程序时应该有充分的把握，但不可否认的是，中国和 TPP 缔约方之间存在的错综复杂的政治经济关系以及国家基本利益分歧，显然会加重与劳工问题有关的贸易争端解决的难度。

（二）中国在 TPP "劳工条款"上的应对措施

首先，从便利产品出口角度，应看到我国关于强迫劳动问题在立法上的

---

① See Arts. 10 – 15, Chap. 19, TPP.

② TPP 争端解决机制没有上诉程序，这一点不同于 WTO，但也许可以避免过于冗长的程序带来的低效率和多抱怨。

优势，同时还应加强劳动执法的监督检查，防止遗漏出口加工区的劳工问题，减少或消除强迫劳动对外贸的不利影响。在 ILO 看来，世界上的许多国家都存在强迫劳动，消除强迫劳动仍然是 21 世纪的挑战。① 中国法律上关于禁止强迫劳动的规定，可以说是相当完善。除了宪法、劳动法禁止强迫劳动外，②《中华人民共和国刑法》第 244 条还规定了"强迫劳动罪"，即以暴力、威胁或者限制人身自由的方法强迫他人劳动的，处 3 年以下有期徒刑或者拘役，并处罚金；情节严重的，处 3 年以上 10 年以下有期徒刑，并处罚金。但在实践中，经常暴露出一些严重的强迫劳动事件，有的甚至令人不寒而栗。近几年来，中国打击强迫劳动以及对强迫劳动罪的审判都有了巨大进步，但仍需要持续加大执法力度，监督检查用人单位对劳动法律法规的执行情况。如果在劳动执法检查中发现强迫劳动的产品与进出口有关，就应联合海关执法部门，采取强制性或惩罚性的限制措施，遏制因出口强迫劳动产品引发与 TPP 国家的贸易摩擦或争端。

其次，根据中国经济社会发展以及国内劳工权益保护的实际，酌情推进批准 ILO 基本公约及其他相关劳工公约，为对外贸易（包括投资）提供便利。截至 2016 年 5 月，国际劳工组织一共制定了 189 个公约，中国已经批准的有 26 个，其中有 3 个已声明废止不用。在现有对中国有效的 23 个公约中，有 4 个是 ILO 基本公约，即《同工同酬公约》《（就业和职业）歧视公约》《最低年龄公约》以及《最恶劣形式的童工公约》。为适应深化经济改革的步伐，中国劳工法律体系在原有的基础上不断完善，在工作时间、职业安全健康等方面已与世界上的高标准同步。甚至，在最低工资标准上，中国近年来已普遍大幅提升，目前企业的用工成本已相当于越南、印度、柬埔寨等周边

---

① http：//www.ilo.org/global/about‐the‐ilo/newsroom/news/WCMS_243201/lang‐‐en/index.htm.

② 详见《中华人民共和国宪法》第 37 条、《中华人民共和国劳动法》第 32 条和第 96 条。

国家工人工资的 2~3 倍甚至更高。① 在自由结社和集体谈判权方面，中国尽管没有批准 ILO 核心劳工标准下的第 87 号和第 98 号公约，但每年都向 ILO 提交与此有关的年度报告。尤其是，中国工会近几年来的改革和进步已经深得我国普通劳动者的普遍认可。诸如此类的成绩，对于我国酌情推进批准 ILO 的相关公约至关重要，对于中国处理与 TPP 国家贸易中的劳工问题至关重要。

最后，在中国现有的市场监管机制下，应及时监测监狱囚犯产品的市场流动，防止其出口至 TPP 国家而带来贸易争端。无论在 WTO 体制内还是在 TPP 协定下，出于基本人权观念，监狱囚犯产品都被看作是强迫劳动成果，进口方均可采取贸易限制措施。中国目前几乎和 TPP 所有缔约方均有贸易往来，而要想避免因强迫劳动产品带来的贸易关系的动荡（贸易摩擦、贸易限制甚或贸易制裁），要想避免由此引发更为复杂的国际政治经济难题，就应密切监测监狱囚犯产品的市场流向，对其关上出口国外的大门，进而消除国际社会对中国劳工问题的非议和指责，维护中国经济健康稳步发展的良好形象。

结 论

TPP 引入了自由贸易协定历史上最强的"劳工条款"，其缔约方持有的 ILO 成员和 WTO 成员的双重身份更凸显该"劳工条款"在国际贸易中的地位和作用。它运用国际核心劳工标准将 12 个缔约方国内的劳工问题联结在一起，又通过"劳工条款"推进缔约方国内的劳工法改革，支持工作岗位的创造及其维持，促进经济增长，提高生活水平。它试图通过共同的"劳工条款"推进公平贸易，缩小经济增长与社会公正之间的"鸿沟"，但绝不可能建立起

---

① 详见"2015 年中国对外贸易发展环境及趋势预测"，载 http://www. chinairn. com/news/20150106/101841679. shtml，2016 年 5 月 26 日访问。

一个"市场文明"（market civilization）与普遍竞争（universal competition）共存的"乌托邦"。①

中国经过多年的经济社会改革与发展，在双边或区域自贸协定的谈判中，已能坦然接受"劳工问题"，并能融入"中国元素"。尽管世界上所有的国家都存在这样那样的劳工问题，但从中国角度，需要协调经济社会管理体制与对外贸易体制之间的关系，打破行业垄断和地域界限，不断完善和优化劳工法的执行措施，发挥中国工会在对外贸易中的作用，建立与贸易有关的劳工问题协调机制。作为太平洋沿岸的贸易大国和建立亚太自由贸易区的促进者，中国需要与 TPP 委员会进行接触谈判，需要在劳工问题上与 TPP 建立相应的对话与合作机制，预防并解决中国与 TPP 国家进行贸易交往中的劳工摩擦或争议，避免与 TPP 国家之间的贸易因劳工问题陷入极端困境。

---

① See Adalberto Peruli, Fundamental Social Rights, Market Regulation and EU External Action, The International Journal of Comparative Labor Law and Industrial Relations, Vol. 30, March 2014, p. 29.

中国—新加坡服务贸易合作项目
实施的法律与政策保障[*]

曾文革　党庶枫[**]

摘　要： 2015 年 11 月，中新（重庆）战略性互联互通示范项目（中新示范项目）以"服务贸易"为主题的第三个政府间合作项目落户重庆，将在金融、物流、通信以及航空四大服务贸易领域拓展合作。中新示范项目的实施是"一带一路"倡议的组成部分，同时将有助于中新自贸协定升级谈判。为保障中新示范项目有效实施，金融、物流、通信及航空服务领域的政策与法律完善必不可少。

关键词： 中国—新加坡服务贸易；跨境人民币结算；多式联运；航空服务

2015 年 11 月 7 日，中国同新加坡签署《关于建设中新（重庆）战略性互联互通示范项目的框架协议》（以下简称《框架协议》），在达成的 20 项条文中，明确双方将全力支持在中国的政府间合作项目，正式启动以重庆为运

---

　　* 基金项目：中国法学会 2015 年度部级法学研究课题《亚投行融资风险防控法律机制研究》，项目基金号：CLS（2015）D155。

　　** 曾文革，重庆大学法学院教授，博士生导师，研究方向为国际经济法、国际环境法。党庶枫，重庆大学法学院博士研究生，研究方向为国际经济法。

营中心的第三个政府间合作项目。紧接着，重庆市市长与新加坡总理签署
《关于建设中新（重庆）战略性互联互通示范项目实施协议》，明确以"现代
互联互通和服务经济"为主题，遵循互惠共赢、商业可实现、发展可持续、
模式可复制的原则，以金融服务、物流交通、航空和信息通信为主要合作领
域。中新（重庆）战略性互联互通示范项目（以下简称中新示范项目）是中
国与新加坡对既有"苏州工业园区"和"天津生态城"中新合作模式的拓
展，是中新自贸区建设的新成果。长远来看，该项目将进一步促进自贸区的
开放与完善，并为中新自贸区协定升级版谈判做铺垫。此外，中新示范项目
更契合了"一带一路"倡议的内涵，是"一带一路"倡议下经贸合作不可分
割的部分，因此，该项目旨在推动的跨地区经贸合作将辐射"一带一路"沿
线部分国家和地区，对"一带一路"的建设意义重大。相比之前的合作，此
次中新示范项目将在"服务贸易"领域大显身手，具体而言，包括金融服
务、航空运输、交通物流、信息通信等领域的合作。因此，需要探讨必要的
双边经贸规则完善以支持中新项目建设。此外，中新示范项目必将推动国内
服务贸易进一步开放，其所推动的相关国内规则和制度的完善有必要予以
分析。

一、中国—新加坡合作项目服务贸易合作目标的法律解读

（一）中新（重庆）互联互通合作项目的合作目标

中新（重庆）互联互通示范项目，作为中新自贸区的具体实施，其秉持
传统双边合作理念，在合作机制上借鉴既有苏州工业园区和天津生态城的成
熟经验，在合作内容上，拓展至服务贸易领域。

第一，合作理念，中新示范项目以"互惠共赢、商业可实现、发展可持
续、模式可复制"原则。中新示范项目致力于服务贸易合作，除了奉行双边
经贸合作"互利共赢"和"可持续发展"原则之外，创新出"模式可复制"

原则，作为此次中心示范项目合作理念的亮点，一方面，强调加强中新示范项目的制度和机制创新的先行先试，实现在更多的双边合作中复制适用；另一方面在于，应广泛借鉴和吸收新加坡在金融服务、物流管理以及城市管理上的政策经验，并使之制度化，对全国其他城市和地区产生可复制的经验。

第二，合作模式的借鉴。中新示范项目，是对中新两国正在完善进程中的两个既有的政府间合作项目，即"苏州工业园区"和"天津生态城"有效制度经验的继承和发扬，在合作模式上，前两者已形成示范效应，作为中新（重庆）项目，目前看来，选择直接套用此前的模式。

中新示范项目效仿了苏州工业园区和天津生态城的实践，采用"三级合作机制"模式，具体而言，最高层级是两国领导人参加的"中新互联互通项目协调理事会"，之下是商务部及有关部委组成的"工作委员会"，其下设立"实施委员会"，负责项目的评估和政策制定。此外，重庆市成立了"中新（重庆）互联互通示范项目管委会"（以下简称"管委会"），其下设立4个专委会，分别为金融专委会、航空专委会、物流专委会、通信专委会。管委会下设管理局，包括综合性办公室、金融部、物流部、通信部和航空部5个部门，具体负责中新示范项目的各领域合作项目的实施。

第三，合作内容的拓展。与苏州工业园区主要围绕新兴产业、制造业和服务业领域，天津生态城主要致力于城市规划、环境保护和生态建设不同，中新示范项目另辟蹊径，欲在服务贸易领域大展身手。具体而言，中新示范项目将着力于金融服务的开放，包括跨境人民币结算、离岸金融等，复制苏州工业园区与天津生态城有关金融服务领域的优惠政策的基础上实现创新。物流服务，包括航空物流与非航空物流的，减少物流成本，建立中新两国的物流合作政策和组织机制。通信服务，通过加强网络信息技术服务，简化物流和融资程序。

（二）中新合作项目服务贸易的法律意义

中新（重庆）互联互通示范项目作为中国与新加坡自贸区下的以"服务贸易"为主题的政府间合作项目，将带动中国和新加坡服务贸易政策的对接，促进中国内陆城市服务贸易进一步开放，同时，通过完善"丝绸之路经济带"的法律政策保障，推动"一带一路"倡议的建设。

第一，"一带一路"愿景的组成部分。中新示范项目是"一带一路"倡议下的经贸合作的最新尝试，这一项目的实施与完善将促进"一带一路"国内西南区的建设，并助益欧亚跨区域多层次合作的建立，推动"一带一路"倡议建设。首先，依据"一带一路"倡议愿景与行动，有关国内各地开放的部署，国务院欲打造重庆作为西部开发开放的重要支撑[①]，重要意义不言而喻。其次，重庆被视为内陆开放型经济高地，此次中新示范项目围绕服务贸易的合作将促进重庆在服务贸易领域的开放自由度，在内陆型城市中率先形成示范效应。再次，始于重庆的渝新欧铁路一路纵深至欧盟总部比利时，沿线路过中亚、中东欧等区域，将在"一带一路"的欧亚跨区域物流互通上发挥重要作用。中新（重庆）示范项目的实施，重庆需吸收新加坡在口岸管理上的制度经验，一方面，服务于重庆物流开放高地的建设；另一方面，有助于中国西部城市通往欧洲国家之间的通关便利化制度推进，贡献"丝绸之路经济带"的制度完善。

第二，推动中新自贸区升级版谈判。中新示范项目作为中国—新加坡自贸区建设的新成果，意在夯实中新两国贸易互通程度，借助既有的合作机制和模式拓展新的合作领域，为两国整体的自贸区水平升级奠定了基础。尽管，相比中国—东盟自贸区，中国—新加坡自贸区整体开放水平较高，但在市场

---

① 《推动共建丝绸之路经济带和21世纪海上丝绸之路的愿景与行动》，国务院，2015年3月。

准入上，尤其是金融和通信方面，开放度尚且不够。①原有的自贸协定在投资与服务领域也着墨较少，中新两国启动自贸协定升级谈判计划于 2016 年结束，②此次中新示范项目合作的建设也自然被视为与未来中新自贸协定升级谈判存在密切联系，③通过实施这一项目以期推动中新自贸区协定升级版的达成。

二、中国—新加坡合作示范项目服务贸易的金融服务法律完善

中新互联互通示范项目合作首要瞄准金融服务，欲建成重庆在长江上游的金融中心。在制度层面，一方面，可以复制苏州工业园区与天津生态城在金融服务上既有的制度与政策；另一方面，需要借助中新示范项目合作，借鉴和汲取新加坡在金融管理上的制度经验形成制度创新。

（一）跨境人民币业务创新的法律"复制"

中新（重庆）合作项目以服务贸易为重，首先，应借鉴既有的苏州工业园区和天津生态城在金融服务领域的制度创新。其次，在借鉴外来经验和结合重庆区域特色的基础上实现特有的跨境人民币相关制度创新。2015 年，人民银行重庆分行牵头，重庆"三局"（证监局、保监局、银监局）共同拟定了《重庆实施西部开发开放金融改革创新总体方案》，对扩大人民币跨境使用的政策完善予以总体部署，④中新（重庆）合作项目金融专委会与相关部

① 张丹、张威："中国—新加坡自由贸易协定框架下中国服务贸易开放承诺与实践"，载《东南亚纵横》2014 第 6 期，第 37 页。

② "中国新加坡自贸协定升级谈判已启动，力争 2016 年结束"，载商务部，http://fta. mofcom. gov. cn/article/singapore/singaporenews/201511/29374_ 1. html.

③ "新加坡商界盼第三合作项目与新中自贸协定升级版结合"，载中国自贸区服务网，http://fta. mofcom. gov. cn/article/singapore/xinjiapogfguandian/201511/29134_ 1. html.

④ 《重庆市金融工作办公室关于市政协四届三次会议第 0100 号提案的复函》，渝金议〔2015〕7 号，2015 年 11 月 24 日。

门应依据此方案，在借鉴苏州、天津园区法律政策成果的基础上，制定具体的"实施办法"。

具体而言，应分别借鉴完善以下政策：其一，就跨境人民币贷款，首先，应由人民银行重庆分行会同重庆示范项目管委会编制跨境人民币贷款负面行业清单，列于负面清单内行业的相关企业申请跨境人民币贷款必须予以限制。2016 年中国内陆开放国际合作论坛上，重庆市市长黄奇帆就金融制度创新也同样强调"负面清单"规范金融业发展的重要性，严防高杠杆带来的金融风险。其次，依据重庆贸易园区发展情况实施跨境人民币贷款余额管理，对跨境人民币贷款金额设置一定的限制。其二，就股权投资基金人民币对外投资，允许区内设立的股权基金以人民币对外投资，但应有适当的审核与监督，在投资资金汇出前，由主办业务的银行审核投资企业提交材料的真实性。其三，就人民币债券发行，发债资金可直接回流，逐步取消和改变由中国人民银行审批的做法，可为企业节省资金回流的成本，同时，完善发债的审慎监管，除了对发债方申请审核外，对发债所得人民币回流境内使用进行管理，审核境外募集资金的用途。其四，开放个人项下与对外投资项下跨境人民币，个人经常项下将涵盖所有经常项下业务。

（二）直接上市框架的制度创新

中新（重庆）合作项目将具体化"直接上市框架"合作，即重庆企业在证监会许可后，可向新加坡交易所直接寻求上市。相比苏州工业园区和天津生态城，这无疑是金融服务领域合作的创新与突破。事实上，早在 2013 年，中国证监会与新加坡交易所搭建了"直接上市框架"[1]，中新（重庆）合作项目将具体落实直接上市框架的政策和制度，在全国范围内形成直接上市框架的试点。

---

① "新加坡中国搭建直接上市框架，新加坡文献馆"，载 http：//www. sginsight. com/xjp/index. php？ id＝11166，2016 年 5 月 20 日访问。

直接上市框架的合作要求中国和新加坡两国的金融监管机构在上市申请上形成监管审核的分工与合作。在拟发行人申请上市的过程中，申请企业需要同时遵守国内相关法律法规、新加坡的监管标准以及新交所的上市条例。因此，中新两国需要在相关制度政策和标准的衔接上进一步拓展合作，广泛借鉴新加坡在企业上市中的监管标准，完善国内政策法律，为直接上市框架夯实法律政策基础。

（三）外债管理备案制的创新

2015 年国家发改委发布《关于企业发行外债备案登记制管理改革的通知》，在全国各省市推进企业发行外债管理改革，取消"额度审批"，创新备案登记制管理。依此，2016 年 4 月 19 日，重庆市发改委发布《关于企业发行外债相关事项的通知》正式对重庆市内企业借用中长期外债，施行备案制度，同时要求重庆市发改委同中国人民银行重庆分行营业管理部以及重庆外汇管理部三方做好事中事后监管，推动金融监管审批制向"事中事后监管"的转向，进一步促进跨境融资便利化。

三、中国—新加坡合作示范项目服务贸易的物流服务法律完善

中新（重庆）合作项目第二着力点在于物流服务，重庆作为长江上游港口枢纽，拥有天然水运优势，相比其他运输方式，水运成本低，物流损耗小，决定了重庆发展物流服务拥有良好自然条件。中新（重庆）项目将拓展重庆"水、陆、空"多式联运的发展，推动重庆作为西部区域物流集散地形成。因此，需要建立和完善多式联运相关的政策法律。

（一）政策引导促进多式联运发展

重庆传统水运优势，加之渝新欧国际铁路联运通道，"水陆空"三个一

类口岸，三个保税区，本就为重庆发展多式联运奠定了"地利"基础，重庆已有发展多式联运的较为完备的"硬件"基础。现阶段，应促进政策创新，采取适当措施，引导多式联运发展。

首先，加强税收优惠政策，刺激物流业发展。2016 年 2 月国务院发布《关于同意开展服务贸易创新发展试点的批复》，明确加大两江新区的税收优惠政策保障力度。具体而言，扩大技术先进型服务企业的认定范围，一经认定，可减按 15% 税率缴纳企业所得税。此外，应完善重庆保税区税收优惠政策，为多式联运发展提供法律支撑，辐射周边区域，吸引物流货源。具体而言，保税区内实行境外货物入区保税，国内货物入区退税，区内自用设备进口免税、区内货物免增值税和消费税为核心的"保、退、免"三税政策。①

其次，完善物流服务的产业指导，促进现代物流服务良性发展。近年来，为满足日益增长的贸易和物流需求，国内物流运输经历了长足发展，并形成不良竞争趋势，就中东欧跨境物流运输，目前已有"渝新欧""成新欧"等线路，互相之间形成竞争，加之各地政府利用高补贴压低运输费用，吸引货源，加重了物流运输恶性竞争的态势。② 因此，加强税收优惠政策并不利于物流服务良性发展，并非长远之计。长远来看，为促进重庆物流业发展，应将建立重庆现代物流服务业纳入重庆市政府的长期发展规划中，并明确制定物流业的产业指导政策，引导物流业发展。

（二）通关便利化制度

多式联运的发展最为关键的是应有通关便利化制度保障，否则，物流费用低的优势将被高昂的通关费用抵销，无法起到降低物流运输成本的作用。国内的多式联运多受制于海关、检验检疫等限制。就重庆而言，2016 年中国

---

① 弓宪文："我国内陆保税港区集装箱运输的发展策略探讨——以重庆为例"，载《科技与管理》2011 年第 1 期。

② 刘作奎："中东欧在丝绸之路经济带建设中的作用"，载《国际问题研究》2014 年第 4 期，第 78 页。

内陆开放国际合作论坛上，重庆多式联运受税费等各类成本限制的不足被提及，需要进一步降低通关税费，规范多式联运运营环境。积极促成重庆与内陆出口欧洲城市和区域之间签署通关便利化协议，实现内陆出口欧洲经此线"一次申报、一次查验、一次放行"（关检合作"三个一"）。

但重庆与国内其他口岸还尚未完全实现"三个一"关检合作，特别是长江经济带沿边通关便利化尚未完善。2014 年国务院发布《落实"三互"推进大通关建设改革方案》，强调扩大多式联运"三个一"关检合作的适用，并划定通关一体化改革的路线图，明确 2016 年起，逐步建立口岸管理部门有效互助机制，至 2017 年在全国范围建立"单一窗口"，于 2020 年建立跨地区、跨部门的内陆沿海大通关协作机制。目前，长江经济带已有通关便利化的尝试，且 2015 年上海检验检疫局牵头开展长江经济带通关一体化先行先试，但尚未有具体明确的政策支撑。因此，中新（重庆）项目下，应促进长江经济带沿边通关便利化先行先试制度化建设。

四、中国—新加坡合作示范项目服务贸易的信息通信服务政策推进

信息通信服务是中新（重庆）项目致力于的第三个合作领域，欲在通信服务上进一步开放市场准入，同时，促进金融、物流及航空的信息网络技术融入，简化物流、融资程序，使金融、物流和航空服务更高效。

（一）扩大通信服务市场准入

中新（重庆）项目将在《中国—新加坡自由贸易协定》的"服务贸易承诺表"基础上进一步推动通信服务市场开放。对此，中国与新加坡已明确的政策创新包括以下两项：其一，允许新加坡企业在重庆设立独资企业，从事在线数据处理与交易处理服务，及离岸呼叫中心服务。此前中国在中新自贸

协定下的"电信服务贸易"的具体承诺为，仅允许新加坡服务提供者设立合资企业，且合资企业中，外资成分不得超过 50%。中新（重庆）项目尝试在自贸协定之外拓宽了电信服务的市场准入。其二，扩大新加坡企业对重庆区域内的信息通信技术招投标的参与，积极认可其取得的国际认证和记录。

（二）信息化促进高效行政

在中新（重庆）项目下，中方承诺在市政府职权范围内设立"一站式"服务点，这将需要信息技术搭建政府的服务通道，建立信息化平台，提供便捷服务。同时，将其应用于金融、物流与航空服务领域，为中新两国在各领域的合作搭建便捷、高效的平台。此外，中新（重庆）项目推动信息技术产业发展，将促进各领域的政策衔接和政务公开，带动行政管理体制转变。因此，"一站式"服务点应推动政府职权的法律和政策完善，应明确政府职权的范围和行政许可权的实施主体，① 否则，"一站式"服务点将只是作为技术层面的创新。

五、中国—新加坡合作示范项目服务贸易的航空合作机制

中国与新加坡在民用航空上早已有联系与合作，早在 2008 年，中国民用航空总局与新加坡进行有关航空安全政策、程序、科技、运作和训练方面的合作。而且，新加坡作为全球著名的航空枢纽在航空管理上的成熟经验和出色表现，决定了中新两国欲借助中新（重庆）合作项目拓展两国在航空服务上的合作。双方应通过双边协议拓展中新航权，并加强两地机场间的合作，重庆应争取开放第五航权，同时在合作中吸收和借鉴新加坡航空和机场管理经验。

---

① 沈荣华、杨国栋："论'一站式'服务方式与行政体制改革"，载《中国行政管理》2006 年第 10 期，第 30 页。

(一) 航权制度的合作

中新两国政府应通过航空协议探索扩大中新航权。新加坡之所以能够以国际航空枢纽享誉国际，除了其地理优越性之外，更重要的原因在于，新加坡政府推动航权开放，一个坚持完全天空开放的航空港必然吸引诸多航空公司，带动国际货流和客流增长，成就了新加坡不断壮大的航空产业，促进了航空产业链上下游附加产业的发展。[①] 因此，重庆要推动航空产业发展，首要的前提便是探索开放天空政策，争取第五航权。具体而言，首先，中新两国政府应积极探索和签署航空运输协定，扩展航空公司在协议国获得飞越、经停或上下旅客、货物、邮件的权利。其次，推动中国与新加坡民航局合作，争取开放第五航权[②]。

(二) 航空机场的合作机制

航空机场的合作，作为中新（重庆）航空合作的路径也格外重要。相比之下，重庆江北机场不仅在国际航线、客货运量上不抵新加坡樟宜机场，而且机场和航空管理上，也存在差距。因此，应积极促成航空机场与航空公司关于扩展航线的合作。长远来看，应建立重庆与新加坡机场的合作机制，促进两地机场人员和信息流通，达到优势互补，提升重庆江北机场建设与管理水平。

---

① "深化中新航空合作——改革传媒人、编辑总监王佳宁对话两位学者"，载《改革》2016 年第 3 期。

② 第五航权又称中间点权或延远权，其技术含义为，承运人从本国运输（客货）到另一国时，可以将第三国（始发地和目的地以外的其他国家）作为中间站点来上下客货；或承运人将自己国家始发的客货运到协议国家，上客货后再运往第三国。

结 语

中新（重庆）互联互通示范项目作为中新自贸协定下服务贸易的合作实践，也是"一带一路"倡议的组成部分，既纵深"一带"，又关联"一路"。同时，这一项目实施下推动的制度创新与完善将直接促进中新自贸区升级版谈判。因此，中新（重庆）项目合作机制和制度创新就显得尤为重要，具体而言，应注重以下几方面的制度创新：其一，金融服务领域，应复制苏州工业园区和天津生态城已有的金融管理制度经验，在此之上，完善"直接上市框架"和"外债管理备案制"的法律创新；其二，物流服务领域，通过政策规划和引导多式联运发展，包括进一步完善通关便利化制度和适当的税收优惠政策促进多式联运发展；其三，通信服务领域，在中新自贸协定中的服务贸易承诺基础上，尝试更为开放的通信服务市场准入，并将信息技术产业发展渗透金融、物流与航空，促进高效和便捷；其四，航空服务领域，应探索中新航权制度及航空机场的合作机制，将重庆建成西部的航空港枢纽。

未来，中新（重庆）互联互通示范项目将在服务贸易领域发挥着排头兵作用，其在金融、物流、通信及航空服务领域的法律和政策完善，将为全国范围的金融管理改革、通关便利化、跨境电子商务、通信及航空服务政策保障积累可复制的经验。

美国对华"双反"措施中外部基准规则的适用问题

李 本 姚云灿[*]

摘 要: 启用外部基准规则的相关问题是中美之间"双反"纠纷的关键问题之一,美国国内立法当中关于外部基准的规定早已存在,并为世界其他国家及多边贸易规则所借鉴,美国也已经在对华的"双反"措施中大量使用外部基准,并经常辅以"不利可得事实"证据采信方法以消解外部基准规则的适用障碍。外部基准与替代国价格有明显的区别,但外部基准给中国带来的不利影响较之于替代国价格尤甚,其不仅冲淡了中国在"公共机构"和"重复计算"等问题上所取得的胜利效果,也将使今后中美之间的"双反"纠纷变得更为复杂。中国应尽早重视外部基准问题,从贸易规则、诉讼策略等方面做好充分的应对准备。

关键词: 补贴利益;价格比较;外部基准;不利可得事实

近年来,美国一直对华输美产品采取非常严苛的新贸易保护主义手段,"双反"措施如影随形。中国从 2010 年的"中美双反措施案(DS379 案)"

---

* 李本,1971 年生,女,汉族,陕西西安人,上海大学法学院教授、国际法教研室主任,主要研究方向为国际经济法、国际商法、知识产权法。姚云灿,1990 年生,男,汉族,福建福清人,上海大学法学院,法律硕士(J. M.)研究生,主要研究方向为国际经济法。

开始进行反击，到 2014 年的"中国诉美国关税法修订案（DS449 案）"上诉机构终裁报告认定美国对华的 25 起"双反"措施违反了 WTO 规则，在这一争议问题上支持了中国的主张，中国在美国对华"双反"措施的斗争中取得了一系列的胜利。但纵观相关的几个大案，中国在若干重大问题上因案件的裁决情况反而可能面临更危险的境况，其中包括美国对华"双反"措施中外部基准规则的适用问题。

一、外部基准规则的相关法律渊源分析

反补贴措施中的外部基准是指在进口国对进口至本国的产品采取反补贴措施的过程中，对于补贴利益的认定，采用被调查方领域之外可获得的同类产品的市场价格作为计算补贴利益的价格比较基准。美国在对世界其他国家采取反补贴措施过程中，通常是采纳被调查国国内的市场价格作为补贴利益的计算基准；其次是被调查国买方能够获得的世界市场价格；极个别情况下使用被调查国领域之外的基准①。世界市场价格本质上也属于被调查国国内市场价格之外的价格基准，因此后两者同属于外部基准的范围。

外部基准的使用，其国际法层面的依据主要来自于 WTO《补贴与反补贴措施协议》（以下简称"SCM 协议"）。SCM 协议中关于外部基准规则的相关规定见于第 14 条，然而该条文对于外部基准的可适用性只做了一些原则性规定，具体的计算方法和价格比较基准的确定由成员方国内立法或实施细则中做出规定，并要求这些规定对每一具体案件的适用应保持透明并附充分说明。其中成员方国内立法中美国的外部基准规则具有很强的代表性，外部基准规则在 20 世纪 80 年代后就在美国的反补贴立法和实践中逐步发展起来，实践中加拿大、欧盟、澳大利亚对于如何确定外部基准多有参照美国的做法。

---

① 邓德雄：《国外对华反补贴研究——政策转变、影响及对策》，中国商务出版社 2010 年版，第 97～98 页。

美国国内法中有关价格比较的原则性条款规定在《1930 年关税法》第 771 节（5）（E），也即《美国法典》（United States Code, U. S. C.）第 19 编第 1677 节（5）（E），其内容与 SCM 协议第 14 条完全一致，即针对国内补贴，美国国内法将政府提供的财政资助分为四类：政府提供股本、政府提供贷款、政府提供贷款担保、政府提供货物或服务或购买货物，并且在美国国内法当中，这四类补贴同属于可抵消的补贴；而关于确定价格比较基准的具体规则被包含在《联邦法规》（Code of Federal Regulations, CFR）第 19 编351. 505 节、351. 511 节，对应上述四类补贴的利益度量基准规则如下：

（1）政府提供股本：如果存在私人主导的投资价格时，补贴利益为政府支付的股价与现行市场价之差；当不存在此类价格，则需判断被注资企业是否具有投资价值，若具有投资价值，度量基准根据个案而定；若无，补贴利益即为注资金额。

（2）政府提供贷款：通常情况下，补贴利益为企业支付政府贷款的价格与其支付实际从市场上获得的可比商业贷款的价格之差；如果涉案企业在调查期间内未获得任何可比的商业贷款（包括长期贷款和短期贷款），则以全国的年平均利率为价格基准；对资信不良的企业提供的长期贷款，则按公式 $ib = [(1-qn)(1+if) n/(1-pn)] 1/n - 1$ 计算基准利率，其中 ib 代表基准利率，n 为贷款年限，qn 为穆迪公司对债券发行公司违约率历史统计中 Aaa 至 Baa 级债券累计违约率平均值，if 为资信良好公司的长期贷款利率，pn 为穆迪公司对债券发行公司违约率历史统计中 Caa 至 C 级债券累计违约率平均值[①]。

（3）政府提供贷款担保：价格基准为涉案企业从市场实际获得可比商业贷款所支付的总额。

（4）政府提供货物或服务或购买货物：通常情况下以受调查企业所在国

---

① See 19 U. S. C. § 1677 (5) (E) (ii) and 19 CFR § 351. 505 (a).

的国内实际的市场交易价格作为衡量基准（包括私人交易价格、实际进口价格或特定情形下的交易价格以及具有实质竞争性的政府拍卖价）；如果不存在上述国内价格，则以受调查企业能够获得的（但并不一定实际参与交易）国际市场价格作为基准；如果不存在上述国际市场价格，则根据市场定价原则、受调查企业实际或可能的成本价格、价格歧视等因素评估政府定价是否与市场原则相一致①。

由此可见，不论是 SCM 协议第 14 条，还是美国国内立法，条文本身并不禁止使用外部基准，而美国国内立法对外部基准问题的细化规定，还构成对使用外部基准计算补贴利益的进一步推动，调查当局只要能够做到"对每一具体案件的适用应透明并附充分说明"就不违反 SCM 协议第 14 条所确定的原则；易言之，WTO 各成员方在外部基准问题上的活动空间其实很大。

论及反补贴措施中的外部基准规则，极易使人联想到反倾销措施中计算倾销幅度的替代国价格。因为在实践中，两者的适用往往都是缘于被调查方国内市场价格不存在或不可比，但外部基准规则与替代国价格之间的区别是明显的：第一，基准价格的类型不同。替代国价格顾名思义就是选择第三方国内的市场价格作为比较基准，而使用外部基准所确定的价格类型不仅包括第三方国内的市场价格，还包括推定出口价格，结构价格（生产要素价格），甚至是相关的国际市场价格以及运用各种数学方法（例如平均、回归）计算出来的价格。第二，两者的适用前提不同。WTO《反倾销协议》制定伊始就区分了市场经济与非市场经济，替代国价格的使用需要以非市场经济为前提，因此选定的"替代国"通常就是所谓的市场经济国家，但 SCM 协议对此并未做出限定，这是二者的根本区别；实践中也不乏美国对世界其他市场经济国家使用外部基准的情况，如 1980～2012 年，美国对意大利的外部基准使用率就高

---

① See 19 CFR § 351. 511（a）（2）.

达 65%，对巴西是 43%，对韩国是 31%，对加拿大是 25%，对印度是 21%①。

相对而言，充分认识外部基准规则与替代国价格之间的差异对中国殊具要义。《中国加入世界贸易组织议定书》（以下简称中国入世议定书）第 15 条（d）项规定了停止使用替代国价格的两种情况：一是截至中国加入 WTO 之日，某成员的国内法中本身已包含有关市场经济的标准，后来在相关贸易实践中中国符合该 WTO 成员方国内法的相关标准从而被确认为市场经济体；二是在中国加入 WTO 之后 15 年终止（也即 2016 年）。问题在于，前述规定仅适用于替代国价格，关于中国入世议定书第 15 条（b）项的效力期限并无明确的文字说明；更堪忧的是，中国入世议定书第 15 条（b）项的措辞与 SCM 协议第 14 条实际上如出一辙，反而对外部基准的使用给予了更为明确的态度，"只要可行，该 WTO 进口成员在考虑使用中国以外的情况和条件之前，应对此类现有情况和条件进行调整"。此种措辞的弹性空间不小，从现实的情况来看，美国不仅对华输美产品频频发起"双反"调查，并且已经在反补贴措施中大量使用外部基准。调查当局采取行动的突破口即是中国入世议定书第 15 条（b）项"考虑到中国国内现有情况和条件并非总能用作适当基准"的措辞，美国方面总是采取各种手段（包括"不利可得事实"）"证明"中国国内的市场价格不适合作为适当的基准。显然，美国的做法一方面是为了最大程度榨取"替代国价格"所能带来的利益，另一方面也是为使用外部基准所做的试探性举动，所以今后美国仍可能或更可能扩大外部基准的使用范围，而且外部基准给中国带来的影响将远甚于替代国价格。

二、外部基准规则适用成为美国对华"双反"措施中的角力点

有统计数据表明，在 1995～2013 年，美国对世界其他国家一共发起 138

---

① 张斌："反补贴外部基准：基于美国对主要市场经济国家 1980～2012 年案件的统计分析"，载《国际经贸探索》，2013 年第 8 期，第 107～110 页。

起反补贴调查，其中对中国的案件数为 39 起，终裁案件 33 起。[①] 从已终裁的案件情况来看，外部基准的使用频率高达 93.3%，适用对象集中于政府（国有商业银行）提供贷款，政府（国有企业）提供原材料，政府提供土地使用权这三个项目，并没有超出其国内立法的范围，而且各个项目外部基准的确定也是按照国内立法所确定的规则进行。

政府提供贷款属于美国国内立法所规定的第二类补贴项目。自中美首起铜版纸案开始，包括中美轮胎案以及近几年的新能源案件在内，先后有 22 起案件使用了外部基准利率，适用对象包括短期本币贷款、长期本币贷款、短期外币贷款、长期外币贷款，而且外部基准的类型也呈现多样化。美国的这一做法在 DS379 案的相关裁决中获得了上诉机构的肯定。DS379 案的上诉机构认为，中国政府对国有商业银行仍然存在实质性干预，因此国有商业银行属于 SCM 协议第 1.1 条项下的"公共机构"；该案上诉机构还进一步认为中国国内银行的商业贷款利率仍然受到中国政府的管控，所以中国国内的银行贷款利率不适合作为比较基准；此外，美国使用外部基准利率计算中国政府提供贷款的补贴利益，包括美国确定外部基准所采取的计算方法和理由也被上诉机构认为是合理的。不得不承认美国在贷款利率的问题上已经占有了某些优势，这不仅对中国国内银行的运作模式提出了挑战，也给中国的出口信贷等相关问题埋下了隐患。

关于政府提供原材料和政府提供土地使用权，均属于美国国内立法所规定的第四类补贴项目，然而两者却面临截然不同的"待遇"。对于政府提供原材料方面，堪称美国对华适用外部基准规则的"重点区域"，已终裁的 33 起案件中有 25 起案件涉及外部基准的使用，使用对象主要集中于钢铁原材料（17 起）和化工原材料（5 起），而且外部基准的类型几乎是针对个案"量身定制"，但调查机构使用外部基准的逻辑线路是十分单一的，其通常先以

---

① 张斌："对华反补贴外部基准：十年案件的统计与比较"，载《国际贸易问题》2014 年第 8 期，第 91 页。

"多数股权标准"认定国有企业属于公共机构,进而判定存在补贴;在"多数股权标准"行不通的情况下,如果能够确认国有企业的产量份额超过50%,即直接认定政府为相应产品的主导供应者,若低于50%,则转而认定国有企业占有市场的实质性份额,或者以中国将外商投资比例达到25%及以上的企业定义为外资企业为由,认为国有企业的产量可能存在低估,从而仍然认定政府主导原材料市场。[①] 这种简单而不具有科学性的规避证据链的做法和其后本文将谈到的"不利可得事实"规则的滥用有很大关系,其目的就是为了得出"政府是相关原材料的主导供应者,国内原材料市场价格存在政府扭曲,因此国内价格不宜作为基准价格"的结论,从而为其使用外部基准创造条件。

至于政府提供土地使用权的基准地价,自 2007 年以来,共有 15 起案件涉及该问题,然而仅有 2007 年的薄壁矩形钢管案中方进行了成功的抗辩,并最终促使美国使用内部基准计算土地价格,其余案件均无一例外地使用外部基准。在政府提供土地使用权问题上,一个更为艰难的问题是"不利可得事实"的大量适用,从已终裁的案件情况来看,但凡涉及土地问题,约 60% 的案件的伴随着"不利可得事实"的适用。也许是被调查方未积极配合,或者是调查当局无法获取相关的土地信息,但在土地公有制的背景之下,很难说明中国的土地价格不存在政府干扰。

中国方面一直在外部基准问题上做出努力。中方在 DS379 案中针对美国的做法所采取的应对策略是:国有企业是否属于公共机构是使用外部基准的前提条件,如果属于公共机构,则进一步审查该国有企业对经济的扭曲程度,从而决定是否使用以及如何使用外部基准。遗憾的是 DS379 案的上诉机构在分析外部基准问题的时候,未能充分考虑到国有企业(公共机构)和外部基准之间的逻辑关系,对此未进行翔实的论证。而同样涉及外部基准问题的

---

① 张斌:"对华反补贴外部基准:十年案件的统计与比较",载《国际贸易问题》2014 年第 8 期,第 96 页。

"美国对华反补贴措施案（DS437 案）"的上诉机构则直接割裂了公共机构与外部基准之间的关系，他们认为具体国有企业是否属于公共机构与作为基准的市场价格是否受到扭曲是两个问题。这无疑对外部基准的扩大适用或滥用给予了某种不良引导，无形中使我国在 DS379 案"公共机构"和"重复计算"问题上的胜利效果大打折扣，同时也使今后的中美"双反"纠纷变得更加复杂。

从美国方面来看，按照中国入世议定书的安排，2016 年进口成员对来自中国的产品采取反倾销措施中的非市场经济条款（替代国价格）的适用即到期，其后就美国而言，其国内产业必将面临如何继续享有以往采取替代国价格所能实现的保护水平的问题。截至 2013 年，全球一共有七个国家对中国发起发补贴调查，分别是美国、加拿大、欧盟、澳大利亚、印度、南非、墨西哥，其中前四个国家对中国发起的反补贴调查中均有使用外部基准的情况，尤以美国对华使用外部基准的情况最为严重，呈现出频率高，范围广，种类多的特点。有学者做过统计，美国对华反补贴中外部基准与内部基准使用频率之比为7：1，远高于同时期对其他主要贸易伙伴1：2的平均水平①。

从某种程度上说，现今美国对华适用外部基准规则正是为其今后更加得心应手地使用外部基准积累实践经验，因此，不论现在还是将来，外部基准规则的适用问题都会是美国对华"双反"措施中的角力点，尤其是美方将外部基准与"不利可得事实"的结合适用，更将是中方一个难以应对的问题。

三、美国对华适用外部基准规则的助推器："不利可得事实"规则

从各国实践来看，目前仅美国、加拿大、欧盟、澳大利亚明确对华使用

---

①　张斌："反补贴外部基准：基于美国对主要市场经济国家1980～2012年案件的统计分析"，载《国际经贸探索》2013年第8期，第112～113页。

外部基准，但各国的国内立法规定差异较大，例如，加拿大在中国加入 WTO 之后公布的《〈特别进口措施法〉第 20 节适用通知》中规定，在"双反"案件中，经反倾销第 20 节调查被认定为"非市场经济"的国家（实际上只有中国和越南），在计算补贴利益时通常采用国际市场价格作为基准；而欧盟则同样在中国加入 WTO 之后，通过（EC）1973/2002 号理事会条例对其反补贴基本法增补了"适当时可采用接受者可获得的其他国家市场或世界市场的现行条款和条件"条文。在某种层面上可以认为加拿大和欧盟的立法和实践主要是针对"非市场经济国家"使用外部基准，而美国对外部基准规则的适用非但没有实体法上的限制，反而有程序法上的"不利可得事实"规则助长其威，更增长了外部基准规则被滥用的可能性。

美国国内立法当中的"不利可得事实"应理解为可获得事实的不利推定。美国《1930 年关税法》第 776 条规定，如果必要的信息没有被记录在案；或者利害关系方不提交信息或不按要求提交信息或在重大程度上阻碍了反补贴调查的进行；或者尽管提交了信息，但该信息不能按照规定被证实，则调查当局应当使用其他可获得的事实；如果调查当局认为利害关系方不合作或没有尽最大努力满足调查当局对信息的要求，则调查当局可以在已获得的事实的基础上使用不利推定；"已获得的事实"包括：申诉书、调查中的最终决定、先前的任何复审或裁定、记录中已有的任何信息；如果调查当局依赖的是二手信息而并非是直接来源于调查或复审过程中获得的信息时，调查当局应当在可行的范围内将该信息与可合理支配的独立来源的信息进行核对。①

从条文本身来看，美国的"不利可得事实"规则赋予了调查当局较大的自由裁量权，诸如"重大程度""尽最大努力"等，都是界限模糊的措辞。美国国际贸易法院（CIT）的判例进一步表明，被调查方"不认真、粗心大

---

① See U. S. Tariff Act 1930, 776（a），（b）and（c）.

意、账目资料不完整",或者"故意隐瞒信息或提供令人误解的信息",尤其会导致"不利可得事实"规则的适用。① 实践中,美国调查当局也确实在这方面大做文章,其往往会有烦冗复杂的资料要求;此外,调查当局还会利用政府对敏感资料的保密,提出一些不切实际的要求,但保密的直接结果就是为调查当局适用"不利可得事实"规则提供了可乘之机。

作为一项调查规则,其本身应该是中立性的,反观美国的"不利可得事实"规则,很难说其不具有惩罚性质,至少在"事实"的认定方面存在逻辑瑕疵,每个案件都有其特殊性,用"先前的任何复审或裁定"作为特定案件的事实认定基础显非妥当。再进一步分析,美国的"不利可得事实"规则较之于 WTO《反倾销协议》中的"最佳可获得信息(BIA)"规则以及 SCM协议中的"可获得的事实"规则更为严苛。因为不论是"最佳可获得信息"规则还是"可获得的事实"规则,在根本上只允许调查当局在已有的事实基础上进行合理推定,而不是径直得出不利后果。需要指出的是,制定这些规则的根本目的是鼓励利害关系人配合调查机关进行贸易救济调查,并在缺乏必要信息的情况下为调查机关采集信息和证据建立依据,力求调查机关根据最佳的、最适合的、最恰当的信息做出客观、公正的裁决;另外也是为了要起到一种警示作用,警告利害关系人如若不配合调查,其结果可能会更为不利。② 但美国对于"不利可得事实"的运用却带有明显的倾向性,对于现成的有利事实,如国有商业银行提供贷款的问题,依据,DS379 案的相关结论,美国几乎可以径直认为国有商业银行提供的贷款构成补贴,并进而使用外部基准;一旦遇到难以处理的问题就利用"不利可得事实"规则加以规避,例如 DS379 案的上诉机构已经明确否定了美国以"多数股权标准"认定"公共机构"的做法,但在晶体硅光伏电池(2011)和应用级风电塔(2012)这两

① 赵海乐:"论美国对华反补贴'不利可得事实'规则的滥用——以两起新能源反补贴案为例",载《国际商务研究》2014 年第 6 期,第 54 页。

② 都毫:"美国反补贴调查中的'不利可得事实'规则评析",载《世界贸易组织动态与研究》2012 年第 5 期,第 42 页。

起"双反"案件中，由于提供热轧钢或多晶硅（涉案产品原材料）并不属于典型的政府职能，欲以确凿证据认定"公共机构"这一要件的存在将是十分困难的，然而美国却通过适用"不利可得事实"规则，认为是中国政府未能提供充足资料导致无法进行科学定性，从而规避了对"公共机构"问题进行任何法律论证的责任①，径直认定补贴成立，进而"顺理成章"地使用外部基准。

大量的反补贴案件事实表明"不利可得事实"规则的适用已经贯穿于整个案件的不同环节和事项，"不利可得事实"规则显然已经成为适用外部基准规则的助推器，美国对华"双反"措施的随意性也在此处彰显无遗。"不利可得事实"与外部基准的结合使用将直接导致过度救济问题。DS379 案的最终裁决表明，运用替代国价格对非市场经济国家征收反倾销税的同时，又征收反补贴税，往往会导致"重复计算"，而"重复计算"就是一种过度救济。但过度救济问题不仅仅是在"双反"情形下存在，事实上，无论是单独运用替代国价格计算反倾销税，还是单独使用外部基准计算反补贴税，都无可避免地致使涉案产品在进口国的价格明显高于产品的实际价格。② 美国对华采取种种贸易保护措施的目的就在于使中国的产品在美国市场上失去竞争力，所以外部基准问题必须引起中国的重视。

四、对美国广泛适用外部基准规则的应对思路

2010 年的 DS379 案在国内引起了不小的震动，绝大部分业内人士都认为该案是中国在多边贸易救济领域的一次重大胜利。该案上诉机构对 SCM 协议第 1.1（a）（1）条中"公共机构"的解释，从根本上澄清了补贴主体的概念，这也是对中方提出的"政府职能标准"的肯定回应。对于"重复计算"

---

① 赵海乐："论美国对华反补贴'不利可得事实'规则的滥用——以两起新能源反补贴案为例"，载《国际商务研究》2014 年第 6 期，第 57 页。
② 邓德雄：《国外对华反补贴研究——政策转变、影响及对策》，中国商务出版社 2010 年版，第 97 页。

的问题，中方也获得了上诉机构的支持。此后，中国在另外两起案件中巩固了这两项胜利成果，即 DS437 案和 DS449 案。但中美之间的"双反"纠纷远非"公共机构"和"重复计算"那么简单，DS379 案中仍有一些关键问题悬而未决，尤其是计算补贴利益时外部基准的使用，中方在该问题上接连失利，使"公共机构"和"重复计算"的胜诉成果大打折扣，截至目前中国在外部基准问题上依然未有突破。如前文所述，现在乃至今后很长的一段时间内，中国都将不断面临来自美国的"双反"调查，而且外部基准规则必将为美国所倚重。与此同时，外部基准规则与"不利可得事实"规则的结合加剧了中国在美国反补贴调查中的不利地位，因此，美国对外部基准规则的适用问题应当引起高度重视。

在贸易规则方面，中国需要警惕原本属于某些国家国内法的外部基准规则转变成多边贸易规则的可能性。新一轮的多哈回合谈判中已经有成员方针对 SCM 协议第 14 条提出修改议案，希望将外部基准的确定方法具体化，而且对于各种补贴利益的计算方法也成为多哈回合反补贴规则谈判的重点议题之一，中国需要积极关注外部基准问题的谈判进展，并尽可能促使该议题往有利方向发展。此外，在多边回合走向未定之际，中国应当完善本国的反补贴立法，现有的《中华人民共和国反补贴条例》较之于美国设计繁复、机关暗藏的相关反补贴立法未免有粗陋之虞。与此同时，中国还应努力推进各相关方面肯认外部基准的使用主要是针对"非市场经济国家"的一些特殊情形，并促成这种基本做法成为一种国际习惯，从而对美国滥用外部基准规则造成一定的约束和震慑。

在诉讼策略方面，中国应当谋求在多边贸易领域将外部基准的使用范围进行严格限制。多边贸易领域内的外部基准问题早在 2004 年的加拿大诉美国"第四软木案（DS257）"中出现，时至今日，DSB 的专家组以及上诉机构也只是确定了一些外部基准的使用条件，仍然没有就美国使用外部基准的具体做法是否符合 SCM 协议第 14 条 d 项做出翔实的认定。事实上，纵览 SCM 协议、美国国内立法、中国入世议定书，均未明确禁止外部基准的使用，而 DSB 的专家组和上诉机构径直分析外部基准的使用条件、评判外部基准确立方法的合理性，实际上就是在默认这样一条逻辑：在特殊情况下允许使用外部基准，但需要阐明使用外部基准的理由及具体计算方法的合理性。因此，中国首先可以寻求 DSB 认定美国使用外部基准的具体做法及理由不能成立或者与 WTO 的具体规则不相符；其次，从现有的案件来看，WTO 争端解决机构一直将工作重点放在对 SCM 协议第 14 条的具体解释，而中国入世议定书第 15 条（b）项中的"特殊困难"实际上处于"引而未发"的状态，中国可以借此提出更高的限制使用外部基准的要求，或至少能促使 WTO 对"特殊困难"这一措辞进行分析和界定。

对于"不利可得事实"规则，尽管在实际适用方面与 SCM 协议第 12.7 条的规定不符，但中国直接提出"本身之诉（as such）"的成功率也不会太高，然而中国可以在事实层面适当借鉴"不利可得事实"的做法，至少在双边回合，中国的司法实践亦可作为贸易争端解决的谈判筹码，如美国诉中国"双反"措施的 DS414 案，虽然专家组裁定中国使用"不利可得事实"导致了反补贴税具有惩罚性质，因而违反了 SCM 协议，但这一结论同样能够对美国产生约束，并在未来为中国所用，作为质疑美国惩罚性适用"不利可得事实"规则的法律武器[①]。诉讼实际上就是诉讼参加人运用规则的能力和证据说服力的较量，虽然中国目前尚不具备全面提出"本身之诉"的实力和时机，但美国的立法和实践也并非毫无破绽，如 DS379 案中，中国就成功利用 SCM 协议第 12 条的相关规定对美国在取证程序上的瑕疵进行抗辩。从诉讼效果来看，无论中国作为申诉方还是被申诉方，都必然会引发 WTO 乃至世界各国关于"不利可得事实"合法性的讨论与关注，这也可看作对"不利可得事实"规则进行矫正的一种策略。

---

① 赵海乐："论美国对华反补贴'不利可得事实'规则的滥用——以两起新能源反补贴案为例"，载《国际商务研究》2014 年第 6 期，第 60 页。

三　WTO货币正义与
国际经济法治创新

论货币正义：评美国财长清华演讲中的世界贸易观　赵宏瑞　汤雯雯　张春雷　杨庚齐 / 181

TPP关于投资者—国家争端解决的最新规制及其对中国的影响　宋锡祥　周　圣 / 190

TPP协定对WTO的挑战与启示　李　平　刘楚楠 / 209

国际碳交易与WTO规则的冲突与协调　郑玲丽　王瑗琳 / 215

政府免费分配碳排放配额的法律性质与中国对策：基于SCM协定项下补贴构成
　要件的分析　刘　勇 / 236

论货币正义：评美国财长清华演讲中的世界贸易观

赵宏瑞　汤雯雯　张春雷　杨庚齐[*]

摘　要：金融是贸易的血液。世界贸易的直接对价是外币或世界货币；国别产能的比较优势构成贸易的基础动力。历史上的世界贸易"追求"过金本位货币、石油供应支撑的美元信用货币、美国财政部国债支撑的美元超发货币。1972 年前的黄金（GOLD）时代、2008 年前的纸币（BILL）时代、当前的美债（BOND）时代，是 WTO 组织世界贸易的三个货币对价时期。有必要反思"货币正义"对 WTO 过去、现在、将来的贸易动力问题，有必要研究 WTO 规则中支付、金融等与"货币正义"的深层联系。本文通过分析研究美国财长的相关政策表述，探究美国的国债负担与世界贸易政策走势的呼应逻辑。

关键词：货币正义；WTO；世界贸易

WTO 于 2001 年在多哈决定建立"贸易、债务和金融工作组"，以寻求

＊ 赵宏瑞，男，满族，黑龙江省哈尔滨市生人，哈尔滨工业大学人文社科与法学学院院长、教授、博导。汤雯雯、张春雷、杨庚齐，哈尔滨工业大学人文社科与法学学院博士研究生。

金融稳定促动世界贸易的持久解决方案。① 2016 年 6 月 5 日，笔者应邀参加清华大学经管学院举办的"中美经济关系"学术会议，主讲者为美国财政部现任部长雅各布·卢（Jacob J. Lew），组织者称之为占据美国政府"第四把交椅"的政治权力人物。此次会议是在中美战略经济对话会的前一日、由中美政府安排的，它被认为是雅各布·卢有关 WTO/TPP/TTIP 等学术思想的"单向"吹风会。

一、评美国"产能过剩"表述与担心中国降低汇率的单一"因果"逻辑

美国财长认为，中国产能过剩问题会破坏中国国内经济效率，使得中国市场运作有赖于比国际市场价格更低的"倾销冲动"，相应的，中国就可能会有操控降低人民币汇率的"干预冲动"，这对于 OPEC 经合组织乃至全球市场都将产生巨大影响。他建议中国经济要从过去的工业国家（产能过剩）向消费驱动的内需国家转型，中国能否解决好这一问题，将严重影响中国经济、全球经济和美中关系。

实际上，产能过剩首要地是中国国内市场供需均衡问题。中国早在十八届三中全会上就明确提出要"建立健全预防和化解过剩产能的长效机制"②，这是中国对于国内的低端重复建设（例如普通钢和铝）与高端重复建设（例如多晶硅）的主动调控。这一战略是以扭曲对付"扭曲"，但传导、落实到地方政府层面和实体经济层面则有一系列"大船掉头"问题，即具有国内外产业升级的诸多市场前提。过剩产能并非中国独有现象，历史上，在发达、

---

① 参见："WTO2016 年年报"，载 https：//www. wto. org/english/res_ e/booksp_ e/anrep_ e/anrep16_ e. pdf；2016 年 6 月 23 日访问。

② 参见《中国共产党十八届三中全会公报发布（全文）》，载新华网 http：// news. xinhuanet. com/house/tj/2013－11－14/c_118121513. htm，2016 年 6 月 15 日访问。

成熟市场经济体中都出现过非常严重的过剩产能问题。① 据美国官方数据，美国制造业的平均产能利用率正常年份略高于 70%，繁荣时期也难超 80%，衰退时期则低至 60%。② 由此不难理解：一时的产能过剩或产能不足乃是市场波动的正常现象，尽管其确实影响世界贸易中各国比较优势的时点变迁。

理论上，从产能过剩到产业升级是绕不开的经济规律。过剩产能的成因常常被归结为三：一是企业出于策略性竞争目的而有意维持；二是因整个市场上需求波动和经济周期而造成；三是低效率企业大量存在和产能分散而造成。③ 事实上，中国本轮的过剩产能问题不同于早期的最低端产能过剩，如目前现象最突出的钢铁等行业，问题根源之一就在于市场集中度过低。规模和装备并不等同于企业效率，以此为标准审批项目，很可能会鼓励甚至迫使部分企业扩大规模，使得低效企业产能过大而高效企业得不到扩张，不仅造成更严重的产能过剩，而且使得产能自发集中的市场内生动力严重不足，这是市场发育的阶段性问题，而解决问题的关键在于成功的转型升级。

二、评美国政策威胁"迫使"人民币汇率升值是出于一己私利

美国财长表示，美国财政部 4 月发布了对包括人民币、日元、韩元等一些货币的"观察名单"，这份名单背后的原理与货币基金组织观察一些国家所采取的 SDR（特别提款权）机制类似，自辩并非"双重标准"或以国内法标准取代国际共识。美国认为，由于中国出口产品在政策层面具有价格优势，导致中美两国产品不能够直接进行"对等的竞争"，因此美国在名单中列出中国，是美国行政体系中遵循货币报告的既有流程，它既是美国国会的要求，

---

① 赵宏瑞：《中国货币总量论》中国经济出版社 2013 年版，第 43 页。

② 参见 http://www.cnforex.com/news/html/2015/11/17/03408ef629ad7e1aedbb2383adaf181d.html，2016 年 6 月 15 日访问。

③ 徐朝阳、周念利："市场结构内生变迁与产能过剩治理"，载《经济研究》2015 年第 2 期，第 82 页。

也表明美国政府的关切。由于任何国家都可能利用货币政策在出口上获得优势，同时凭借市场力量推动国内经济，因此，观察一国的货币政策与汇率政策，能够发现一个国家的竞争场所是否公平。美国自己的货币政策采取了三个标准，其中之二与考虑美国长期政策的综合性影响相关，另一个与考虑政府的短期干预相关。雅各布·卢表示：中美在汇率问题上所持的原则尚未达成共识；人民币汇率形成机制是基于市场"有序"浮动的，但市场存在"上行"与"下行"；以市场为基础和导向的汇率机制化，是考验人民币汇率升值的关键；两国应当不断努力通过战略经济对话来共同创造公平的竞争环境。

现实中，中国货币体系是中美俄欧日英等大型经济体中唯一选择"自主防火墙"的体系。在中国法下，中国的货币制度、财政制度、汇率制度是全球经济体中唯一具有"防火墙"功能的，即外资不能自由进出。[①] 这是国际货币理论中"不可能三角"（Impossible triangle/Impossible trinity theory）[②]（即币值稳定、利率自主、外资自由三者只能选择两个政策工具）的主权抉择与现实反映。中国人民银行在 2015 年 8 月试图通过市场发挥主体作用，但是带来波动，导致现在市场导向下对人民币的预期存在贬值压力。未来人民币对美元能否继续升值，关键取决于汇率形成机制过程中有关各方的博弈，而影响各方博弈力量消长的，则是未来一段时间内的贸易顺差、短期资本流动、输入性通胀、外部压力等诸多指标的此消彼长。[③]

中国货币"防火墙"对于外部世界金融动荡具有"自动响应"的市场功能。未来一段时间内，由于中国贸易顺差可能继续下降、短期国际资本可能持续流出、输入性通胀压力可能继续下跌、国际市场外部压力仍将持续存在，所以，预计下一阶段人民币对美元升值的幅度存在显著放缓的市场预期，同

---

① 赵宏瑞：《中国货币总量论》，中国经济出版社 2013 年版，第 85 页。

② 1999 年，美国麻省理工学院教授克鲁格曼在蒙代尔—弗莱明模型的基础上，结合对亚洲金融危机的实证分析，提出了"不可能三角"理论。

③ 张明："人民币汇率升值：历史回顾、动力机制与前景展望"，载《金融评论》2012 年第 2 期，第 15 页。

时伴随有人民币对美元汇率波幅的逐渐放大。

三、评美国债务高企、却要辖制 G20 各国金融 "一致行动" 的政策悖论

美国财长指出，当年的上海 G20 各国财长会议达成一项重要共识，即 G20 各方都要共同声明 G20 是这个世界上最大的 20 个经济体，这样可以避免各国通过货币贬值方式进行恶性世界贸易竞争，有利于全世界进行沟通，避免误解。某一国家汇率的贬值，或许会被看作是竞争性的贬值，而有的国家货币汇率浮动，可能是出于国内市场导向、本国经济政策、未来投资政策的考虑。美国倡导世界各国推出货币和财政相结合的整体政策，并通过与美国经济增长保持同步来调整自身汇率，以稳定各国自身的经济利益。美国这一政策辖制了全球金融，将 "一致行动" 的实现置于美国决策之下；相应地，针对美国的债务问题，各国应当注意到美国国债市场的反应，以确信美国市场是有深度、有流动性、能够正常运转的。

事实上，"欠债为王" 不可持续。从数据上讲，美国 18 万亿美元的国债规模已经与美联储公布货币总量 17 万亿左右的美元流动性形成了 "美元悖论"[①]。难道美国发行的美元总量都有可能被未来的国债所偿还吗？全世界的金融学者都应对此保持足够的警惕，单凭当前美国国债市场的数据无法打消对未来的忧虑。难道美元能够做到重回金本位的 "货币正义" 客观性吗？恐怕美国主观的政策选择都离不开债务悬崖、政府关门这一 "美元悖论"。[②] 来自中国外汇市场的数据表明，在每次 G20 领导人峰会召开、中美战略经济对

---

① "2013 年美国债务总量突破 17 万亿美元，再次超过 GDP"，载 http：//www.chinairn.com/news/20131021/152433821.html，2016 年 6 月 20 日访问。

② 赵宏瑞：《中国货币总量论》中国经济出版社 2013 年版，第 86 页。

话举行之前，人民币对美元汇率均会呈现出短期内的加快升值。[①] 这意味着来自外部的人民币升值压力确实影响到了人民币对美元汇率的升值进程。中国政府也更加多元、均等地重视来自 G20、IMF 等国际多边组织以及来自发达国家、新兴市场国家的多边政策协调集体。但是，在美国财政困境持续升级、美国没有给出令人信服的重回"货币正义"的理论与路径前，世界各国在货币、财政、汇率、外贸、产能等政策领域只能采取短期行为，这不仅对全球经济复苏增长产生负面影响，而且对中国等持有巨额美国国债的世界贸易大国的经济安全造成了巨大的不确定性，给世界贸易秩序的正义前瞻带来灰色前景。

四、评美国经济复苏与重塑世界贸易体制之间的不确定性

美国财长表示，美元的强势反映了美国经济的基本面。美国经济运行表现十分强劲并且稳定，虽然美国劳工部出台的新数据并未客观评价其就业情况，但美国的消费包括汽车消费量、房地产销售量以及劳动者真实工资均在上涨，美国自经济复苏以来已经创造 1400 万个就业岗位。

（一）美国经济已经复苏？

美国是 20 世纪产能过剩、转型升级最为典型的国家。产能过剩并非悖论，而是市场经济的波动常态。把这种常态作为"美元悖论""美债悖论""汇率悖论"的脱困理由，只能是一时的权宜之计。美国政府此番对其国内劳工政策表达了盲目自信。相较而言，中国政府已经批准了国际劳工组织八项核心公约中的四项，即《同工同酬公约》《最低就业年龄公约》《禁止童工劳动公约》《消除就业和职业歧视公约》，而美国只批准加入了八项

---

① 赵先立、何砚："人民币升值压力的真相——基于大国外部施压的视角"，载《学术问题研究》2013 年第 1 期，第 2 页。

中的两项。[①] 美国脱离世界劳工秩序所带来的自由，并未真实且令人信服地推动美国一再声称复苏中的经济。一定程度上，这也反映出美国劳工政策的不健全。

然而，如果美财长的以上表述具有说服力，美国又何惧世界贸易优势与各国汇率波动的风起云涌？相反，如果美国实体经济复苏没有牢固的说服力，各国产能、货币、财政、汇率等所谓"一致行动"又如何具有客观约束力？理论上，"美元悖论"催生出了"美债悖论"，"美债悖论"又导致了美国推行各国汇率企稳约束的"汇率悖论"。

（二）中国市场地位是筹码？

中国"市场经济地位"问题即将面临《入世议定书》规定的 15 年到期时刻。美国财长谈道：中国"市场经济地位"并不是一种自动认可的地位，它主要基于美国商务部的分析和评估。他话锋一转、强调了当今世界的需求处于疲软状态，因此，在上海 G20 集团举行的会议上，各国在汇率、货币、财政政策上已经达成共识，以提升各国需求；G20 集团会议后，中国的人大会议已经进行落实，其他国家也实行了宽松的财政政策。

中国"入世"时，世界贸易处于"纸币时代"；当前 WTO 治理下的世界贸易，处在"美债时代"。中国"入世"时并未被承认市场经济地位（Market Economy Status，MES），由此导致中国在过去十五年里频繁遭遇反倾销等非关税壁垒。但中国在挫折中前行并取得了世界第一大贸易国地位。这一地位是靠数据说话的，现今中国占约 10% 的世界贸易总量，历史上的1800 年前后中国曾占据世界贸易总量的1/3。而 MES 是靠各国政府、政治、政策说话，如何分说，并不能改变现实的地位与历史的数据。

---

① "外交部：坚决反对美国对中国劳工状况的无端指责"，载新华网，http：//news. xinhuanet. com/world/2009 –06/16/content_ 11553059. htm，2016 年6 月20 日访问。

（三）WTO 是 TPP/TTIP 并行的机制？

美国财长明确指出，奥巴马政府积极致力于推动 TPP 和 TTIP，但世界贸易组织（WTO）仍然具有存在的价值。当 WTO 成员对某些政策进行讨论时，WTO 的标准、规则依然适用于 WTO 的其他成员方。如果有些国家违反了 WTO 规则，美国、包括其他国家都会采取相应的具体措施。WTO 自成立至今始终发挥了其应有的作用。中国加入 WTO 后，中国参加区域合作的步伐大大加快。而 TPP 起初仅仅是 10 多个国家之间的对话，目前的协议成员方数量已有了迅速增长。美国要达成"高质量的"贸易协定，在劳工标准和环境方面均需提高水平，在商业和经营方面美国也要以很高的标准让成员方走到一起、以提升其开展商业的水平。TPP 是一个"开放的"协议，因而它可以取得良好收益。如果实现了达到"更高标准的"目的，TPP/TTIP 与 WTO 将会实行双轨制。在未来谈判中，只有达到了 TPP 标准，新的国家才可以成为 TPP 的成员方。中国要想加入，还需要做大量工作。

美国财长雅克布·卢上述讲话的意思非常直白：美国是想在世界贸易体制上实现从 WTO 到 TPP/TTIP 的双轨过渡。从当前美国实体经济空心化的基础上看，WTO 被归结为起家于"货物贸易"1.0 版本的世界贸易秩序，TPP \ TTIP 则是凸显美国当前 IT 产业比较优势、进而要求"零关税出口"的 2.0 版本世界贸易秩序。在劳工标准、环境要求、商业便利方面达到"高质量的""开放的""更高标准的"所谓"门槛"，不过是卖主在假装挑选买家的噱头，因为信息化的贸易在本质上都是瞬时完成交易，只要拥有持币买家，卖家又怎会在乎买家的客厅中是否配有壁炉呢？

TPP/TTIP 本质上抬高了美国信息产业占据高端价值链的贸易地位。美国推动 TPP/TTIP 与 WTO 双轨并行，将导致世界贸易格局与发展理念更加复杂、多元化。中国是东亚经济发展的重要国家，中国、欧盟、俄罗斯面对突如其来的"TPP/TTIP 与 WTO 并行机制"，自然会重新布局自身的世界贸易比较优势。欧洲有研究经济的学者公开宣称，TPP + TTIP = EBC（Everyone But China，唯独不包括中国）。① 抛开正话反说的地缘政治话语体系而言，即使欧盟的地缘贸易重组也在加紧布局，例如英国在 2016 年 6 月底的脱欧公投。

（四）反思：货币正义与公平贸易如何实现？

"TPP/TTIP 与 WTO 并行机制"，将会给世界贸易格局变迁带来愈发强烈的"区域主义"色彩。任何国家如果应对不力，都有可能被排挤、被孤立、被拖垮。中国要想在世界贸易中发展壮大，需要首先倡导公有制背书的人民币"货币正义"②，需要增强自身实体经济的国际影响力，需要扩大地缘贸易与海外贸易的朋友圈，需要为自身转型升级突破国际发展空间，需要为坚持贸易正义、货币正义、财政正义筑牢长期利益的理论基石。

美国财长在谈话中明确讲出：美国财政政策是以其本国利益为中心，是通过刺激经济来避免萧条衰退，以实现美国的预算收支平衡；美国在制定其本国国内政策时，也尽力避免对全球造成瘟疫效应。由此可以反思：成熟大国在平衡内外政策选择时，都应当找到其国内的出发点、找准国际政策的入手之处，进而才能以公信求共识，最后，才能促进达成"货币正义 + 财政正义 + 产能均衡 + 汇率弹性 = 世界贸易正义的正当性"。

---

① 参见 http：//zgsc. china. com. cn/tt/2015 - 12 - 16/439268. html，2016 年 6 月 20 日访问。
② 赵宏瑞：《中国货币总量论》，中国经济出版社 2013 年版，第 104 页。

TPP 关于投资者—国家争端解决的
最新规制及其对中国的影响

宋锡祥　周　聖*

摘　要：投资者—国家仲裁机制作为国际投资争端解决的主要途径之一，在 TPP 协定中具有举足轻重的作用，势必会在未来各国愈加频繁的经贸交往中产生重要而深远的影响。其条文本身在 2012 年美国 BIT 范本的基础上作了改进，采取多种形式限制仲裁庭管辖权，兼顾发展中国家的利益诉求，试图平衡国家与投资者的利益，同时为投资仲裁裁决执行扫清障碍，从而增强了投资者与国家仲裁的信心。面对 TPP 投资者—国家争端解决条款的最新规制，除了审视其与我国条约立法实践中的差距与不足之外，应继续完善投资争议国内救济手段，尽早颁布我国国家豁免法，采取一系列必要的应对法律措施，以减轻 TPP 新规则可能对我国带来的影响。

关键词：TPP；BIT；FTA；投资者—国家争端解决；应对措施

《跨太平洋伙伴关系协定》（TPP）协定经过 5 年多的谈判，加拿大、美国、马来西亚、越南等 12 个国家①于 2015 年 10 月就 TPP 相关内容条款达成

---

* 宋锡祥，上海对外经贸大学法学院教授，硕士研究生导师，研究方向为国际私法，国际经济法。周聖，上海对外经贸大学国际法研究生，研究方向为国际经济法。

① TPP 签字国为：澳大利亚、文莱、加拿大、智利、日本、马来西亚、墨西哥、新西兰、秘鲁、新加坡、美国和越南。

一致。2015 年 11 月 5 日，新西兰政府在其网站上公布了 TPP 最终文本。90
天后，12 国部长级代表在奥克兰举行签字仪式，标志着包含投资、服务、知
识产权、国有企业、劳工、环境等 30 个章节的 TPP 协定终于尘埃落定。在
WTO 多哈回合谈判受阻的情况下，各主要国家另辟蹊径，通过建立碎片化的
双边和区域贸易协定，推进全球贸易投资自由化的发展。而 TPP 正是在此背
景下，逐步建立起来的高质量及高标准协定，它纳入超出传统自由贸易协定
范围的新兴议题，力求涉及与国家间贸易投资相关的各个领域。作为当前亚
太地区最重要的自由贸易协定之一，TPP 将对世界经济格局和世界经济运行
模式产生重大影响。

　　目前，中国未能加入该协定，但在经济全球化的大背景下，面对 TPP 这
样一个有重大影响力的区域贸易协定，中国未来贸易与经济的发展，势必会
受到较为深远的影响。投资者—国家仲裁机制作为国际投资争端解决的主要
途径之一，在 TPP 协定中也有着举足轻重的地位。本文着力于分析 TPP 投资
者—国家争端解决机制的特点，梳理我国条约实践，包括中外双边投资协定
（BIT）和自由贸易协定（FTA）中的规定，研究如何通过采取一系列的应对
法律措施，减少 TPP 协定在这方面对我国的不利影响。

一、TPP 协定中的投资者—国家争端解决机制特点评析

　　TPP 文本中，第 9 章投资章节由三部分组成，包括 A 节、B 节和 12 个附
件。① 从其内容来看，B 节对投资者—国家争端解决做出了详细的规定，具
有较强的可操作性，为投资者寻求合理救济提供了明确指引，增强了投资者
与政府仲裁的信心，主要条文包括：第 9.17 条规定了仲裁的前置程序，如发
生投资争端，争议双方应先通过磋商与谈判的方式解决争端。磋商应以书面

---

① https：//ustr. gov/sites/default/files/TPP – Final – Text – Investment. pdf，lasted visit on
Feb. 10th，2016.

形式提出并列明简要事实情况。此外，磋商和谈判不应理解为承认仲裁庭的管辖权；第 9.18 条至第 9.21 条对仲裁程序的启动做出规范，包括提交仲裁的事由、各缔约方对仲裁同意的表示和仲裁员的选择；第 9.22 条至第 9.29 条涉及仲裁程序进行中的各个领域，涵盖仲裁的进行、仲裁程序的透明度、准据法、对附件的解释、专家报告、合并审理、仲裁裁决以及文书送达。此外，TPP 对于投资者—东道国争端解决的规定不仅仅体现在 B 节条文上，12 个附件中也有对仲裁相关内容的补充。例如附件 9 – B、9 – C、9 – G 对征收、涉及土地的征收及公共债务等重要问题作进一步阐释，指引仲裁庭在查明缔约方是否违反协定义务时应当考量的因素；在附件 9 – H 中，澳大利亚、加拿大、墨西哥和新西兰分别列明不得被诉诸投资者—国家争端解决的情形；附件 9 – J 则规定如果一缔约方的投资者选择将诉请提交至智利、秘鲁、墨西哥或越南的法院或行政庭，那么该选择应是最终选择并具有排他性；附件 9 – K 中明确了马来西亚对仲裁同意的例外情形。综观以上条款，可以总结归纳出 TPP 中投资者—东道国争端解决机制有以下几个特点。

（一）条文内容和结构与 2012 年美国 BIT 范本如出一辙

事实上，将 TPP 第 9 章 B 节条文与美国 2012 年 BIT 范本相关条款作比对，不难发现两者之间有着惊人的相似度。一方面从内容上看，美国 2012 年 BIT 范本中关于投资者 – 东道国投资仲裁的规定共计 14 条，同样涉及磋商与谈判、仲裁提交、同意与同意的限制、仲裁员的选择、仲裁进行、透明度、准据法等领域，对比 TPP 协定仅有少部分差异，主要包括：（1）TPP 协定扩大了提交仲裁的事由。美国 2012 年 BIT 范本第 24 条第 1 款规定申请人可以基于被申请人违反范本第 3～10 条的义务提出仲裁申请。而 TPP 协定第 9.18 条第 1 款则扩大了这一范围，如果被申请人违反整个 A 节规定的义务，在满足其他条款条件下，申请人就可以提出仲裁申请。值得一提的是，A 节中规定了与投资相关的各个领域，包括投资的定义、国民待遇、最惠国待遇、最低待遇标准、业绩要求、转移、征收等；（2）TPP 协定延长了提交仲裁的时效，BIT 范本第 26 条规定仲裁事由过去 3 年之后，申请人就不可再提出仲裁申请，而 TPP 将申请人提交仲裁的时效延长到 3 年零 6 个月；（3）TPP 对法庭之友做出更为细致的规范。BIT 范本对法庭之友的规定只有第 28 条第 3 款原则性地赋予仲裁庭接受或者考虑非争端方法庭之友意见的权力。而 TPP 第 9.22 条第 3 款规定仲裁庭应先与争议双方协商后，才可考虑或接受法庭之友的意见。法庭之友必须是非争端方但在仲裁程序中有重大利益的个人或团体。仲裁庭应给予争端双方回应该陈述的机会，并保证该陈述不扰乱或不当延迟仲裁程序，或不公平地损害任一争端方。此外，第 3 款更加细致地规范了法庭之友的陈述，要求陈述应写明作者，披露其与任一争端方之间的直接或间接从属关系，陈述应以仲裁语言书就，遵守仲裁庭确定的页数限制和截止期限等；另一方面从结构上看，TPP 协定第 9 章 B 节与范本几乎如出一辙，条款顺序完全相同。可见，TPP 中的投资者—东道国投资仲裁机制与美国 BIT 范本无缝对接。这不仅说明美国在 TPP 谈判中占据着主导地位，其在 BIT 范本中的规定代表了现阶段较为完善的投资仲裁机制，对投资者—东道国争端解决议题的研究走在了世界的最前列，具有导向作用。同时美国也通过区域贸易协定安排推销自己的 BIT 范本，以引领未来国际投资仲裁规则的发展方向。

（二）采取多种形式限制国际投资仲裁庭管辖权

对于仲裁庭管辖权的争论，一直以来都是国际投资仲裁机制焦点议题之一。国际投资仲裁机制借用了国际商事仲裁的一般做法，即双方当事人书面同意是仲裁庭管辖权的首要先决条件。然而，不同于一般平等主体间的商事仲裁，投资仲裁争议一方是投资者，另一方是东道国政府，由于争议双方不对等这种特殊情况以及国际法上的国家主权原则，仲裁庭管辖权应当受到一定的限制。TPP 协定文本采用了多种形式与途径对管辖权问题做出明确而具体的规范, 主要包括: (1) 设定为期 6 个月的磋商与谈判作为仲裁的前置程序, 并且磋商与谈判不代表对仲裁的同意; (2) 规定申请人申请仲裁的时效为 3 年零 6 个月, 即当申请人首次获知或应当获知东道国违反协定义务的行为, 且申请人遭受损失或损害之日起已超过 3 年零 6 个月, 就不得提出仲裁申请; (3) 设置一系列明确具体的仲裁申请程序。例如申请人提交的仲裁通知应附有仲裁诉请和申请人的书面弃权; 申请人在提交仲裁前至少 90 天向被申请人书面送达拟提交仲裁的通知 (意向通知) 等, 这就意味着如果申请人没有遵守明文规定的申请程序, 仲裁庭对这些案件就不享有管辖权; (4) 附件 9 - F、附件 9 - H 各国声明并列举出不适用投资者—东道国争端解决机制的情形。附件 9 - F 中, 智利提出 TPP 第 9 章包含的义务和承诺在 3 种特定情况下不适用于第 600 号法令《外国投资法》或其替代法律, 以及《外国资本投资基金法》。附件 9 - H 中, 澳大利亚、加拿大、墨西哥和新西兰声明在依据各自特定国内法做出的关于是否批准一项外国投资的决定不得被诉诸投资者—国家争端解决。事实上, 采取 "负面清单" 模式排除仲裁管辖并不是 TPP 首创, 在北美自由贸易协定 (NAFTA) 中就有所体现。在 NAFTA 文本附件 1138.2 中, 加拿大、墨西哥就通过 "负面列举" 特殊情况排除适用投资仲裁机制。[①]

(三) 为投资者—国家仲裁裁决执行扫清障碍

TPP 第 9 章第 9.28 条 (裁决) 规定缔约方应就仲裁裁决在其领土内的执行做出规定。争端一方可根据《华盛顿公约》《纽约公约》或《美洲国际商事仲裁公约》要求执行仲裁裁决。与此同时, 还要求缔约方承认提交仲裁的诉请应被视为产生于商业关系或交易, 这意味着 TPP 缔约方需要承认国际投资仲裁裁决中所涉财产均属于商业性质。实践中, 世界各国法院对于投资仲

---

① http: //www. sice. oas. org/Trade/NAFTA/chap - 112. asp#An1138.2, lasted visit on Feb. 12th, 2016.

裁执行事项上多半采取三种标准：（1）绝对豁免理论，投资仲裁同意并不代表仲裁执行中国家豁免的放弃，故申请人在申请执行时需要证明其申请执行的财产是商业性质以及被申请执行的国家放弃了执行豁免；（2）有限豁免理论，仲裁同意的同时就意味着放弃执行中的非主权行为的国家豁免，申请人只需证明涉案财产属于商业性的，在这种情况下只能按照商人一样来对待，而不能享有豁免；（3）相比之下，完全豁免理论下的仲裁执行最为容易，因为申请人无须证明财产性质和执行国家是否放弃了执行豁免。① 而 TPP 协定通过条文约定，使各缔约方在执行问题上达成共识，统一和协调投资者—国家仲裁裁决执行财产的性质，从而减轻了裁决执行申请人的举证负担，为投资仲裁裁决在 TPP 缔约各方中的顺利执行铺平道路。同时，我们也应看到，TPP 第 9.28 条第 13 款内容构成对国家豁免原则的严重挑战，如果涉案财产事实上用于国家主权目的时，TPP 缔约方就不能依据国家豁免为由拒绝仲裁裁决的执行。实际上，世界大多数国家都逐步倾向于承认有限豁免理论，但 TPP 中的做法则将缔约方全部拉入完全豁免理论的阵营之中。

（四）解决机制求同存异，给予发展中国家特殊待遇

在 TPP 协定的 12 个缔约方中，既有美国、加拿大、澳大利亚、日本等发达国家，也有为数众多的发展中国家，包括文莱、越南、马来西亚和智利等。在历时 5 年的谈判过程中，最终文本的形成并不是一帆风顺的。就投资者—东道国投资仲裁相关规定而言，缔约各方在谈判中褒贬不一，莫衷一是。美国和加拿大是国际投资仲裁机制的倡导者，TPP 协定投资章节文本自然得到这两个国家官方的积极响应。而对该部分内容明确表示反对的国家是澳大利亚，在 2012 年 6 月 12 日披露出的 TPP 协定投资章节中，澳大利亚曾提出

---

① 参见肖芳："国际投资仲裁裁决在中国的承认与执行"，载《法学家》2011 年第 6 期，第 94～107 页。

不同意按 B 节提交争端解决①。除澳大利亚外，新西兰国内也曾出现抵制该条款的不和谐声音。② 时至今日，TPP 协定早已尘埃落定，投资者—东道国争端解决仍占有文本中的一席之地，究其原因，主要在于：（1）TPP 中的投资仲裁机制奉行求同存异的理念，尊重各国对相同议题的不同看法与做法，平衡了各国的并不同诉求。例如，附件 9 – J 规定部分国家可以设置"岔路口条款"来处理国际仲裁和东道国当地救济方式之间的关系，即一缔约方的投资者选择将诉请提交至智利、秘鲁、墨西哥或越南的法院或行政法庭，该选择应是最终的并具有排他性。言下之意，如果投资者已在上述四国寻求过司法或行政救济，即使满足 6 个月磋商与谈判仲裁前置程序及其他管辖权限制，也不得再提出仲裁申请。另外，在附件 9 – E 中，智利保留了中央银行为稳定货币和国内外收支正常运作，所采取可能与第 9.8 条（转移）不符措施的权力。（2）TPP 协定给予发展中国家一定的特殊待遇，从而缓和了发展中国家与发达国家在相关问题上的矛盾冲突。例如，附件 9 – C 中允许越南在涉及土地的任何直接征收措施中只需满足目的符合国内立法以及支付与市场价值相当的赔偿两个条件即可，并不需要完全遵守第 9.7 条（征收与补偿）下的义务。附件 9 – I 给予越南协定生效之日起 3 年的过渡期，不必在协定生效之时就达到第 9.11 条第 1 款（c）项（不符措施）的要求。附件 9 – K 则给予马来西亚关于仲裁同意的特殊待遇，在协定生效之后 3 年内，申请人不得基于马来西亚违反低于规定合同金额的政府采购合同而提出仲裁申请。

（五）试图寻求国家公共利益与投资者利益的平衡

早在 20 世纪 60 年代，设立投资者—东道国仲裁机制最为重要的原因莫过于保护海外投资者的私人利益，这恰恰也是该机制受资本输入国诟病最多

---

① http：//tinyurl. com/tppinvestment, lasted visit on Feb. 8th, 2016.

② 强之恒："人本化对 TPP 谈判中国际投资仲裁机制设计的影响"，载《国际经贸探索》2015 年第 9 期，第 107 页。

的问题之一。发达国家过分追求保护投资者的私人利益，往往会忽视东道国国家利益和社会公共利益。然而随着时代的变迁和现实情况的发展，世界上没有一个国家是绝对的资本输出国，有越来越多的发展中国家的资本也纷纷涌入发达国家，以美国为代表的发达国家逐步意识到东道国公共利益的重要性，开始注意维护和巩固东道国必要的外资规制权。从 TPP 协定文本中，不难发现谈判各方为寻求国家公共利益与投资者利益的平衡所做的不懈努力，可见一斑。其中，第 9.15 条（投资与环境、卫生和其他管理目标）规定了第 9 章投资章节东道国义务的例外情形，也就是说缔约方为保护环境、卫生或为了实现其他管理目标，可以采取可能违反东道国义务的措施。此外，第 9.16 条（企业社会责任）原则性地规定各缔约方鼓励企业自愿将国际承认的、已被缔约方认可或支持的企业社会责任标准、指南和原则纳入企业内部政策。但上述两条规定的缺陷与不足也是显而易见的。前者规定过于抽象和原则，尤其是缺乏对"环境、卫生和其他管理目标"的具体标准，实践中势必会给予仲裁庭过大的自由裁量权，可能会出现同案不同裁的现象，导致裁决不相一致的问题；后者则只是缔约方所共同倡导的，对投资者约束力是有限的，在仲裁实践中，东道国必然会面临无法依据该条款做出抗辩的尴尬局面。

二、TPP 投资者—国家争端解决机制对我国的影响

据统计，2014 年约有 1290 亿美元的外国直接投资流入中国，使得中国超越美国成为世界第一大直接投资输入国；同期中国对外直接投资达 1160 亿美元，位列世界第三。可见，中国已经在全球扮演身份混同的角色，成为世界资本输入和输出大国。与此同时，2014 年新增 42 起投资者—国家争端解

决机制的案件，使已知基于条约的诉讼总数达到 608 起。^① 同年 11 月 4 日，韩国 Ansung Housing 公司在国际投资争端解决中心（ICSID）对我国提起投资仲裁，争议内容涉及房地产开发项目，这是 ICSID 受理的第二起针对中国政府的投资争议案件。可以预见，中国在未来无论是作为申请人，还是以被申请人的身份参与到国际投资仲裁中的次数会逐步增多，这是不争的事实。因此，如何积极应对并逐步健全和完善我国现行国际投资仲裁机制迫在眉睫。而 TPP 作为未来世界贸易投资规则重构的代表，其中对于投资者—国家仲裁机制的规定也引领了未来投资领域争端解决的路径和发展方向，势必会对我国产生较为深远的影响。相比之下，我国与其他国家签订的双边 BIT 和 FTA 中有关投资者—国家争端解决条款也存在不尽如人意之处，这主要体现在以下几个方面。

（一）我国 BIT 和 FTA 中的投资者—国家争端解决条款亟待优化

截至 2016 年 3 月，我国生效中的 BIT 有 104 个^②，签订并生效的 FTA 共计 14 个^③。纵观我国 BIT 与 FTA 中的投资者—国家争端解决条款，在条文内容设置上存在诸多的缺失与不足，具体来说，主要有：

首先，各协定之间的规定差异较大，错综复杂，在重要问题上立场不够明确。从用尽东道国地方救济问题来看，部分 BIT 包括中国—波黑 BIT、中国—印度 BIT、中国—罗马尼亚 BIT 等，要求投资者只有在用尽当地行政救济的情况下方可将争端诉诸国际仲裁。有的 BIT 为当地行政救济设置了期限，如 1998 年中国—波兰 BIT 第 10 条第 1 款的规定，只要在申诉提出后一年内仍未解决时，即使东道国的行政机关尚未做出终局裁判，也视为当地救

---

① World Investment Report 2015 – Reforming International Investment Governance, http://unctad.org/en/PublicationsLibrary/wir2015_en.pdf, lasted visit on Jan. 20th, 2016.
② 中国商务部条约法律司网，http://tfs.mofcom.gov.cn/article/Nocategory/201111/20111107819474.shtml，2016 年 1 月 21 日访问。
③ 中国自由贸易区服务网，http://fta.mofcom.gov.cn/，2016 年 2 月 1 日访问。

济已经用尽，投资者即可将争端提交国际仲裁。有的中外 BIT 和 FTA 中，并非要求投资者在提交仲裁前应先用尽当地司法救济，而是设置了"岔路口条款"，即投资者可以将争端提交国际仲裁庭，也可以诉诸东道国法院，一旦投资者选择将争议提交给东道国法院或者提交国际仲裁，其选择都是终局性的，而不得再做出其他选项的改变。值得一提的是，有的 BIT 和 FTA 甚至直接取消了"岔路口条款"。此外，在仲裁事由范围的规定上，各协定之间因签署年代不同而相距甚远。早期，BIT 对投资者可以提交国际仲裁的争端范围做出严格限制，规定仅允许投资者将就征收的补偿数额与东道国间发生的争端提交国际仲裁庭解决。近些年来签订的 BIT 和 FTA 中则取消了对仲裁事由范围的限制，允许投资者可以把所有与东道国之间的投资争端提交国际仲裁解决。笔者认为，无论是投资者是否需要用尽地方救济还是仲裁事由范围确定问题上，都是投资者—东道国争端解决机制的重要组成部分，在条约签订时需要仔细斟酌，保持其应有的前瞻性、相对连贯性、统一性和一定程度上的与时俱进。现阶段我国 BIT 和 FTA 中呈现出的杂乱无章、差异明显的状况，折射出我国在这些问题上的认识不够深入，立场不够明确，使得未来我国在与世界各国谈判制定 BIT 与 FTA 中处于劣势或不利地位，可能会导致"形成面向全球的高标准自由贸易区网络"的目标落空，甚至无法实现。

其次，部分协定中的重要条款措辞不够严谨，可能导致仲裁结果不可预测。Tza Yap Shum 案是涉及中国的国际投资仲裁第一案，其案件审理的过程发人深省。在该案中，争议焦点之一是仲裁庭是否具有管辖权。中国—秘鲁双边投资协定第 8 条第 3 款规定：如"涉及（involving）"征收补偿款额的争议，在诉诸本条第 1 款的程序后 6 个月内仍未能解决，可提交 ICSID 仲裁。被申请方认为，本条款明确规定了仲裁事由的范围，即只有秘鲁国内法院认定涉案投资确实被征收后，投资者才能向仲裁庭提交涉及征收补偿款额的仲裁请求，因此仲裁庭没有管辖权。但是仲裁庭则认为，根据《维也纳公约》第 31 条条约解释的规定，"涉及征收补偿款额"仅限定争议必须"包括"补偿款额的认定，而非"仅限于"认定补偿款额。如果双方有意明确仲裁事由的范围，可使用诸如"限于（limited）"或者"排他地（exclusively）"这样的措辞，故裁定仲裁庭对该案拥有管辖权。此外，在最近平安诉比利时案中，仲裁庭同样是对 2009 年生效的中国－比利时 BIT 中第 8.2 条（争议解决条款）中的"争议"进行了解释，结合第 10.2 条（过渡条款），最终裁定仲裁庭对该案没有管辖权。Tza Yap Shum 案和平安诉比利时案，都表明协定核心条款措辞的重要性。一旦发生争议，其争议所涉及的条款规定往往欠明确，就可能会给予仲裁庭留下过大的解释权空间，从而导致仲裁结果的不可预见性。

最后，我国在加入 ICSID 时提出的声明与各协定中国际仲裁管辖权的规定存在冲突。事实上，中国在 1993 年批准了《华盛顿公约》并成为公约缔约国的同时，中国政府根据《华盛顿公约》第 25 条第 4 款规定，向 ICSID 提交了声明：中国只考虑将因为征收和国有化而引起的赔偿争议提交给 ICSID。[1] 也就是说，ICSID 仅对"征收和国有化而引起的赔偿争议"拥有管辖权。然而，根据中国签订的 BIT 与 FTA 中的相关规定，仲裁事由的范围分为三种情况：一是没有规定 ICSID 的管辖权，即投资者不能提起投资者—东道国仲裁。[2] 二是对 ICSID 管辖权做出了明确限制。包括将仲裁事由限定在征收补偿数额的争议[3]，以及东道国国民待遇义务的违反。[4] 三是在协定中约定投资者可以把所有与东道国之间的投资争端提交给 ICSID，这一条款最早出现在 1998 年中国—巴巴多斯 BIT 中，此后，我国和荷兰、约旦、西班牙、

---

① Text of Notification by China, http://icsid. worldbank. org/ICSID/FrontServlet, lasted visit on Feb. 15th, 2016.

② 中国—意大利 BIT, http://tfs. mofcom. gov. cn/aarticle/h/au/200212/20021200058414. html, 2016 年 1 月 20 日访问。

③ 中国—日本 BIT, http://tfs. mofcom. gov. cn/aarticle/h/at/200212/20021200058344. html, 2016 年 1 月 20 日访问。

④ 中国—澳大利亚 FTA, http://fta. mofcom. gov. cn/Australia/annex/xdwb_ 09_ cn. pdf, 2016 年 2 月 1 日访问。

印度、刚果等国签订的 BIT，以及 2015 年 12 月 20 日付诸实施的中国—韩国 FTA 中都做出了类似规定。可见，中国对 ICSID 提出的声明与中国签订的 BIT 与 FTA 中的相关内容存在明显冲突，可能会在将来 BIT 和 FTA 谈判中受到其他缔约方的质疑，有损大国的形象。

（二）与投资者—国家仲裁裁决执行相关的国内法律缺位

近年来，我国签订了大量包含有投资者—国家仲裁机制的 BIT 和 FTA，并于 1993 年加入了《华盛顿公约》，表明我国已基本构建起了国际投资仲裁机制。然而在国际投资仲裁执行问题上，不仅需要国际法上的制度保障，也需要国内法的配套和及时跟进。根据《华盛顿公约》第 69 条规定："每一缔约方应采取必要的立法或其他措施以使公约的规定在其领域内生效。"但事实上，我国并没有就此在国内法上作任何规定和安排，这显然是不妥当的。尽管《华盛顿公约》第 6 节对裁决的承认和执行做出规范，但国际条约要在一国适用需要满足一定的条件。就我国来说，现阶段并没有一部统一的条约适用法来规范条约在国内的适用，相关规定碎片化地分散在具体的各部门法中。纵观各部门法的规定，条约在我国国内适用的方式主要包括直接适用和转化适用，而一般民商事仲裁裁决的承认与执行适用我国《民事诉讼法》。同时，根据《民事诉讼法》第 260 条规定：中国缔结或者参加的国际条约同本法有不同规定的，适用该国际条约的规定，似乎《华盛顿公约》对裁决的承认和执行的规定可以直接适用，这种解读无任何法律依据可言。毕竟投资仲裁不同于一般的民商事仲裁，其仲裁主体具有特殊性，往往涉及私人和东道国政府之间（P to G）的争端，执行财产势必会涉及国家主权利益。而《民事诉讼法》第 3 条规定了只有公民、法人、其他组织之间产生的财产关系和人身关系提起的民事诉讼才适用本法规定，在缺少法律指引或者最高法院司法解释的情况下，依据《民事诉讼法》第 260 条规定直接适用《华盛顿公约》第 6 节的相关条款并不合理，也没有相应的司法解释作为支撑，甚至会被投资者所误解,认为中国承认国际投资仲裁裁决属于民商事性质,从而排除国家豁免。

此外,值得注意的是,《华盛顿公约》第 55 条规定:"第 54 条的规定不得解释为背离任何缔约国现行的关于该国或任何外国执行豁免的法律。"可见,《华盛顿公约》是允许各缔约方实行国家豁免原则的。前提是国内实行关于外国执行豁免的法律,即国家豁免法。尽管在司法实践中,我国往往坚持绝对豁免原则,2011 年 6 月 8 日全国人大常委会对刚果金案的释法就是最好的例证。[①] 可惜的是,我国至今未能形成健全和完备的国家豁免制度,与发达国家相比,存在较大差距。在 ICSID 仲裁裁决宣布之后,国家豁免将会是东道国维护国家财产不受侵犯的最后一道防线。此外,在世界各国经贸交往越来越密切频繁的当下,争议摩擦往往不可避免,国家豁免法的缺位势必会导致在争端解决执行过程中遇到无法可依的窘境,从而损害到我国国家主权。

(三) TPP 投资者—国家仲裁机制对中美 BIT 谈判的影响

自 2008 年中美 BIT 谈判正式启动至今,已前后进行了 24 轮谈判。习近平主席在 2015 年 9 月出访美国时,两国领导人就谈判达成了重要共识,强力推进 BIT 谈判、加快工作节奏,以达成一项互利共赢的高水平投资协定,造福两国业界和人民。[②] 事实上,中美 BIT 谈判的意义已然超越了缔结一份投资保护条约的范畴,而可能成为推进中国国内贸易和投资体制改革的关键,并对于中国进一步参与国际造法进程起到积极作用。[③] 但是,就投资者—国

---

① 全国人大常务委员会的释法内容包括:香港特区法院在审理案件时遇有外国国家及其财产管辖豁免和执行问题,有责任适用或实施中央政府决定采取的国家豁免规则或政策,不得偏离上述规则和政策,也不得采取与上述规则和政策不同的规则。

② 网易财经网,http://money.163.com/16/0127/18/BEBU62NH00254TI5.html,2015 年 12 月 30 日访问。

③ ie Huang,2015. Challenges and Solutions for the China - US BIT Negotiations:Insights from the Recent Development of FTZs in China, 18J. Int' l Econ. L. p. 311.

家争端解决章节来看，我国在该条款谈判中处于劣势地位，被动接受美国BIT范本相关规定的可能性非常之大。美国是该条款的倡导者，对条文的研究比我国更为深入、系统而全面，并且拥有丰富的国际投资仲裁实践经验。另外，近期签订并生效的中国—澳大利亚FTA中对于投资者—国家仲裁机制的规定几乎与TPP协定相差无几，这恰恰说明了中国在谈判中对该条款的议价能力不足，几乎照搬发达国家的文本条款。如果中国在中美BIT投资者—国家争端解决章节中没有自己的仲裁机制条款方案，很可能会步中澳FTA之后尘，采用美国主导的TPP协定中的仲裁解决机制模式，在不久的将来势必会面临大量来自美国投资者的仲裁申请，并造成应接不暇的局面。

三、我国应采取的应对措施与对策

TPP协定经过5年多的谈判，终于修成正果。TPP成员方贸易总额约占世界的25%，国内生产总值总额约占世界的40%，协定包含投资、服务、电子商务、政府采购、知识产权、国有企业、劳工、环境等30个章节。TPP是一个具有雄心、全面、高标准、平衡的区域贸易协定，作为世界贸易投资规则的重构者，TPP在很大程度上平衡了当下发达国家与发展中国家矛盾诉求，缩小了发达国家之间的认识差异，为形成更广泛的贸易投资自由环境奠定基础，其对世界与中国产生的影响是不言而喻的。与此同时，我国也应意识到投资者—国家争端解决机制作为TPP协定争端解决途径中不可或缺的一部分，势必会在愈发广泛的投资争端领域占据更为重要的地位。对此，我国应积极采取应对法律措施，除及时研究和分析TPP文本相关条款外，有必要尽快对我国与世界各国签订的BIT和FTA中的投资者—国家投资仲裁条款的不同规定和表述进行梳理和分类，趋利避害，为加快建立起符合我国国情的投资者—国家仲裁解决机制建言献策，提供思路和基本方案，以应对TPP对我国带来的诸多影响。具体来说，主要应把握和解决好以下几方面的问题。

（一）完善投资争议国内救济途径

事实上，鉴于国际投资仲裁高昂的时间成本与金钱成本，投资者与国家间发生投资争议时，前者往往不会首先选择投资者—国家仲裁程序解决双方之间的矛盾。换言之，如果东道国能够提供较为完善的行政和司法救济手段，使投资者相信通过东道国国内救济途径，就能达到维护自身合法权益的目的时，自然会优先选择将纠纷留在国内，从而大大减少国家被诉至国际投资仲裁庭的可能性。因此，我国有必要采取应对法律措施，修改、充实和完善相应的法律制度，加快建立起外商投资争议解决国内机制，使纠纷尽可能地在本国内用尽当地行政和司法救济手段加以解决。[①] 一方面我国可以充分发挥我国调解制度的优势，避免争议矛盾的进一步升级，另一方面应逐步细化和完善投资争议相关法律法规，例如在我国现行的"三资企业法"中规定，国家对企业原则上不实行国有化和征收，但根据社会公共利益的需要，对外资企业可以依照法律程序实行征收，并给予相应的补偿。其中，社会公共利益的定义以及补偿标准，就需要通过出台司法解释或制定法律法规对征收条件，补偿办法予以明确规范，使上述条款更为细化明确，更具操作性，从而增强投资者通过国内救济途径捍卫自身权益的信心。

（二）形成符合我国国情的投资者—国家仲裁机制，尽快应用到 BIT 和 FTA 谈判中去

我国在十八届三中全会提出了"形成面向全球的高标准自由贸易区网络"的要求，力求在全球贸易投资新规则制定中发出更多中国声音、注入更多中国元素，维护和拓展我国的发展利益。近些年，各国均意识到国际投资

---

① 宋锡祥："TPP 关于商标权的最新规制及其对中国的影响"，载《东方法学》2015 年第 4 期，第 57~58 页。

仲裁机制在解决投资者和东道国争端中的重要作用，大多数国家会在 BIT 和 FTA 中加入该条款。纵观我国条约立法实践，条款设置不够完善，协定间差异性较大，杂乱无章，立场不明是阻碍我国国际投资仲裁机制发展的绊脚石。对此，我国应尽快梳理已签订 BIT 和 FTA 中的相关规定，借鉴 TPP 协定中的先进理念，明确立场，确保条款涉及的核心利益不受侵害，并及时运用到未来 BIT 和 FTA 的谈判中去，以应对以 TPP 为代表的世界贸易投资新规则对我国带来的影响。具体来说，有以下几点需要特别注意：

（1）用尽地方救济规则与岔路口条款不可同时剔除在协定之外。用尽地方救济规则作为一项习惯国际法，在维护东道国利益上效果显著，一方面防止投资者恶意绕开国内行政及司法管辖，另一方面可以起到推动国内行政及司法救济不断发展的作用。岔路口条款则更是对用尽地方救济规则的妥协，并不要求用尽国内救济，而只是国内和国际救济二选一。TPP 协定中，智利、秘鲁等国就通过附件形式，保留了岔路口条款。现阶段，我国正处于国家转型升级的重要时期，各领域的法律制度还不够完善，正需要更多的行政及司法实践加以印证，过早剔除用尽地方救济规则与岔路口条款并不适宜。

（2）对于仲裁事由的措辞应谨慎，并且设置诸如负面清单、例外规定对仲裁管辖权做出限制。目前，我国对外签订的 BIT 和 FTA 中，将仲裁事由扩大到所有涉及投资的争议，而对管辖权的限制不足。同时，从近些年 ICSID 仲裁案件来看，仲裁庭正在不断扩大对投资争端的管辖权。我国应意识到给予仲裁庭更大的管辖权，就是在让渡更多的政府规制权，仲裁庭对管辖权的不当解释，可能侵害到我国国家利益。对此，如果我国坚持棘轮效应，不缩小仲裁事由范围，那么就应在未来 BIT 和 FTA 谈判中增加对仲裁管辖权的限制。例如借鉴美加等国在 TPP 协定中的作法，采取负面清单的形式，即通过附件列明投资者—国家争端解决条款排除适用的情形。

（3）借鉴 TPP 中仲裁透明度、法庭之友的相关规定，不断充实、完善我国投资者—国家争端解决机制。笔者认为，无论是从条文内容可操作性，还是结构完整程度来说，TPP 协定相关章节都为我国提供了一个优质模板。尤其是其中关于仲裁透明度、法庭之友的规定，代表了当下国际投资仲裁规则新热点，我国应及时吸收与借鉴，逐步与世界贸易投资新规则靠拢。

（4）在裁决执行问题上坚持绝对豁免或限制豁免理论，警惕 BIT 和 FTA 谈判中有关裁决执行的措辞，防止以美国为首的，倡导完全豁免理论的部分发达国家，利用条款约定，侵蚀我国主权利益。我国在签订 BIT 和 FTA 时，应使用诸如"各方应对仲裁裁决在其领土内的执行做出规定"的措辞，坚持国际投资仲裁裁决的执行问题由本国国内法进行规范。

（5）可以考虑通过寻求投资者与公共利益的平衡，建立投资仲裁上诉机制，作为打破现有投资者—国家争端解决条款框架的突破口。现阶段，各国对投资上诉机制存在不同态度，有学者认为该机制的建立能够破解国际投资仲裁机制的合法性危机，也有学者认为"投资仲裁上诉机制不是正当性危机的唯一解药"。值得注意的是，在中澳 FTA 投资者—国家争端解决条款中，双方对上诉审查机制建立做出约定，自协定生效之日起 3 年内启动对上诉审查机制的谈判。无论如何，积极寻求投资者与东道国利益的平衡是国际投资仲裁规则不变的追求，在上诉机制如何设置、实际效果不甚明朗的当下，利用新规则的建立与完善，打破发达国家建立起来的国际投资仲裁条款框架，发出更多中国声音，未尝不是一次新的尝试。

（三）加快制定和出台与投资者—国家仲裁相关的国内法

截至 2016 年 2 月，《华盛顿公约》的签署国已达 160 个国家，其中，有 152 个国家递交了批准书，正式成为缔约国的成员。① 这就使得 ICSID 仲裁成

---

① https：//icsid. worldbank. org/apps/ICSIDWEB/about/Pages/Database – of – Member – States. aspx? tab = AtoE&rdo = BOTH，lasted visit on Feb. 25th，2016.

为投资者—国家争议解决最主要的途径之一。同时，根据《华盛顿公约》第
69 条的规定，各国通过必要的立法或其他措施，以保证公约各项规定在国内
生效，包括确保 ICSID 投资仲裁裁决在各国的承认与执行是各缔约方应尽的
条约义务。然而就我国现阶段立法情况而言，对投资者—国家这类特殊主体
间仲裁裁决的承认与执行缺少法律支撑。对此，笔者认为可以通过以下两种
途径解决这个问题：首先，梳理我国立法实践中条约适用的做法，借鉴他国
条约适用的相关规定，尽快制定并出台统一的条约适用法。在世界贸易投资
规则大重构的环境下，诸如透明度、竞争中立、投资者—国家争端解决等一
系列新规则新标准不断涌现出来，建立统一的条约适用法能够为我国在签订
条约之后，及时、有效、合法地吸收这些新规则铺平道路，从而使我国紧跟
世界步伐，逐步与更高标准靠拢。但是，成本较大是这种途径最明显的缺陷。
另外，我国也可以选择由最高人民法院出台关于执行《华盛顿公约》的司法
解释，明确规定各地方法院对于 ICSID 仲裁裁决承认与执行相关诉讼可以参
照我国民事诉讼法的规定，与此同时，还应声明 ICSID 仲裁裁决的性质不同
于一般民商事仲裁裁决。笔者认为，在统一的条约适用法缺位且一时间难以
制定并出台的情况下，选择后一种方式解决 ICSID 仲裁裁决承认与执行问题
更为恰当。

　　此外，我国应积极加快推进《国家豁免法》的立法进程，并使其尽早问
世，作为维护国家主权平等，确保国家行为及其财产免受他国管辖的反制利
器。事实上，2005 年 9 月我国签署了《联合国国家及其财产管辖豁免公约》，
但该公约因签署国数目未达到规定的要求，所以至今尚未生效，但公约的通
过表明大多数国家已开始倾向于接受有限豁免理论。与此同时，其中的规定
为我国建立和完善国家豁免制度提供了指引与可资借鉴的范本。该公约涉及
6 个部分 33 条条文，对公约的适用范围和目的、一般原则、不得援引国家豁
免的诉讼、在法院诉讼中免于强制措施的国家豁免等领域做出了较为细致的
规范。公约强调了对商业交易的定义，以及政府非商业性用途目的的财产应

享受国家豁免的基本原则。我国可以通过科学移植公约的合理成分和精髓，为我所用，结合我国现实情况，订立并出台相关法律，建立起能够调整和规范国家豁免各方面关系的法律体系，在投资者—国家仲裁裁决承认与执行程序中，发挥"安全阀"作用，并在未来国际经贸交往过程中，切实维护我国国家主权。

TPP 协定对 WTO 的挑战与启示

李　平　刘楚楠[*]

摘　要：2015 年 10 月，TPP 谈判正式完成。是以区域贸易为核心的 TPP 协定的里程碑式的胜利。与此同时，这一极具影响力的区域性贸易组织也对 WTO 构建的多边贸易体制产生了极大的影响。本文从 TPP 的建立及其自身特点出发，对 WTO 面临的挑战进行了分析，并对 WTO 的未来发展提出建议。

关键词：TPP；WTO；最惠国待遇原则；原产地规则

一、TPP 的内容与发展历程

2002 年，智利、新加坡、新西兰在 APEC 峰会期间，发起了《泛太平洋战略经济伙伴关系协定》（Trans – Pacific Strategic Partnership Agreement）.2005 年，文莱加入，这一协定即被称为"P4 协定"。2008 年 2 月，美国布什总统宣布加入"P4 协定"项下的金融服务与金融投资谈判，P4 协定也正式更名为"跨太平洋伙伴关系协定"，简称 TPP。由此，这一小规模区域协定

---

　*　李平，教授，经济学博士，从事国际贸易理论研究，哈尔滨工业大学人文学院经济系。刘楚楠，经济学学士，从事国际经济与贸易研究，哈尔滨工业大学人文学院经济系。

开始受到全世界的瞩目。2009 年 11 月，奥巴马总统就任后正式宣布：加入 TPP 谈判。此后马来西亚、加拿大、墨西哥等国先后加入谈判，谈判的进程也保持着较快的发展趋势。2015 年 10 月，12 个谈判成员方完成谈判。从美国贸易代表办公室发布的 TPP 贸易协定摘要来看，TPP 的确在传统和新兴领域都有着不同程度的创新和发展。相对于 WTO 来讲，TPP 有着更高的谈判门槛以及更完整的区域协定。它的高门槛主要集中表现在三个方面：一是高市场准入水平。TPP 要求各成员方将其 100% 的货物分阶段地实现自由贸易，即所有的商品无一例外。二是强有力的知识产权保护，使得 TPP 能够成为美国保持自己在科技创新领域的优势和利益的有效工具。三是约束力更强的争端解决机制。TPP 对于具备法律约束力的交易规定范围更广，几乎涵盖所有交易。对于 TPP 成员方来说，实行完整的区域协定能够推动 TPP 国家间的生产和供应链的形成，最终实现支持创造就业、增加财富、提高生活水平和促进可持续发展的目标①。这一特点主要体现在成员方之间达成统一的关税减让表以及实行一致的原产地规则这两个方面之上，从而促进各企业能够更好地在 TPP 中发展贸易。

二、TPP 对 WTO 规则的修改

TPP 的性质属于涵盖范围较广的区域贸易协定，WTO 则是世界性的多边贸易协定。两者相比，TPP 成员互相的减让幅度显然大于 WTO 成员间的关税及非关税贸易壁垒的减让幅度。另外，美国声称 TPP 所涉及的深度广度都要超过 WTO 协议，因此在一些 WTO 协议未设计的内容中，TPP 也会有所涉及，比如竞争法，环境保护等。在这样的一个背景下，我们发现 TPP 的各项

---

① TPP, Trade Ministers' Report to Leaders (November12, 2011), http：//www. ustr. gov/about - us/press - office/press - releases/2011/november/trans - pacific - partnership - tpp - trade - ministers, - re.

创新与拓展都已经对 WTO 规则发起了挑战。

首先，TPP 协定事实上对 WTO 的核心规则之一——最惠国待遇原则构成了威胁。在最惠国待遇原则及国民待遇原则的共同作用下，WTO 得以实现其非歧视待遇，从而能够建立起一个互惠互利、公平合理的国际化自由贸易市场。因此，最惠国待遇原则是 WTO 所建立起的多边贸易体制赖以存在的基石。而在这一原则中有一个例外，即 WTO 部分成员依据《关贸总协定》的第 24 条，通过区域贸易协定给予对方优惠的贸易政策。在日益盛行的各种区域贸易协定中，双方成员规定出更低的关税利率，达到促进本区域贸易发展的目的。然而这对于不在该区域协定组织中的 WTO 国家来说，是一种贸易的歧视行为。这在很大程度上同最惠国待遇原则的背道而驰。而 TPP 作为目前世界上的热议话题和极具影响力的区域贸易协定，它对最惠国待遇原则的威胁远大于一般的区域贸易协定。同时，TPP 所实行的高标准、高自由化的贸易条款也对没有加入 TPP 的 WTO 成员造成了实质上的歧视待遇。

其次，TPP 绕过 WTO，旨在建立起一套全新、简洁的原产地规则，由此产生的"意大利面条碗"效应对 WTO 多边贸易体系产生了威胁。TPP 建立起新的原产地规则，不利于成员方之外的第三国利益的实现，而且冲击着 WTO 原有的原产地规则，可以预见的是，在未来，当 TPP 的影响力从 12 个成员方为起点不断辐射扩大，WTO 原有的以国际商品统一分类和编码制度为基础的原产地规则制度将逐步被减少使用乃至被抛弃。而且在高标准的 TPP 协定框架下，其制定出来的原产地规则也一定会更加严苛，更加不利于 WTO 成员方的贸易发展。

最后，TPP 谈判也从两个方面阻碍着 WTO 谈判的进程。一方面 TPP 谈判吸引各国的注意力，一旦各国就农业或者其他疑难问题达成统一，TPP 成员方就很难回归于 WTO 构建的多边贸易体制，在谈判对象不参与的情况下，WTO 谈判也就没有了存在的必要；另一方面，在资源既定的情况下，更多的人力、物力、财力被投放于 TPP 谈判之上，也就相应程度的减少了 WTO 谈判的所用的资源。因此无论是各国主观层面的不参与还是 WTO 客观层面的资源不充足，都会阻碍 WTO 谈判的进程。

三、经济区域化与全球化趋势的博弈

无论是 WTO 还是 TPP，都有其自身的优势和劣势，无论是 TPP 的高标准，低关税，还是 WTO 有效的争端解决机制，都有其自身存在的理由和价值。在未来，二者的发展趋势将会如何？这一问题的本质，就在于区域性贸易组织与全球性贸易组织之间的冲突。究竟是世界经济全球化继续发展，还是区域经济一体化能够成为主流？

目前来看，世界经济全球化在发展过程中，更加注重的是全球的整体利益，忽视了许多国家个体自身的利益。而区域经济一体化能够在小范围内，在更多考虑本国自身利益的前提下，同联盟国家达成协议。然而，WTO 在几十年的发展历程中，积攒了很多的发展经验，无论是贸易机制，还是 WTO 规则，都有其自身存在的价值。

因此，在未来，TPP 与 WTO 之间，区域经济一体化与经济全球化之间，根据利益优先原则，区域经济一体化的发展壮大可能会更加明显。然而这并不是在否定经济全球化的发展，因为从单个区域的经济一体化组织的发展层次来说，区域化是全球化的一个过程，随着区域化层次的深入，其发展趋势与全球化更加的同步。①

具体到 TPP 与 WTO 之上，情况则更为复杂。TPP 全称是跨太平洋战略经济伙伴关系协定，其成员方范围涵盖了亚洲、美洲、大洋洲，如果美日就农业问题达成一致，它的辐射范围还会继续扩大。这样的一个区域经济组织在 TPP 协定的规范下，一体化程度会越来越高。WTO 作为全球贸易体制的

---

① 黄宁、鄞佩：《经济区域化与全球化发展及其关系分析》，载《经济问题探索》2015 年第 9 期，第 133~138 页。

制定和维护组织，可以说是全球经济一体化的领航者，二者之间的博弈结果更可能趋于一种求同存异的发展状态，即 TPP 一体化程度不断提高以致无限接近于一个全球化组织，WTO 以其自身无可替代的贸易功能长期存在，二者在矛盾又和谐的博弈过程中共同发展。当然，这样一个状态的产生对 WTO 来讲，还需要其对自身规则进行更多的改革与完善。

四、WTO 规则修订的若干原则与建议

对于美国来讲，WTO 的各项规则的存在难以使其获得更大的利益，主推 TPP 的谈判进程就是其谋求更大的国际利益的重要手段，因此对于 WTO 来说，应更加重视中国的国际地位和国际影响力，并由中国来推动多哈回合谈判。自 2001 年中国加入 WTO 以来，受益颇多，在面临 TPP 所带来的各项挑战情况下，中国坚定支持 WTO 贸易规则的立场尤为重要。

如何优化原产地规则也是 WTO 应正视的问题。WTO 的原产地协议规则仅要求成员方承担 WTO 规则的透明度义务，且不歧视别的缔约方，因此造成了现如今多项原产地规则并行的局面，优化原产地规则对于提高各成员方在供应链方面的配合程度，消化 TPP 对 WTO 的挑战具有重要意义。

世界经济发展瞬息万变，WTO 不应该也不能局限于传统的货物贸易和服务贸易，而应该积极开放新兴领域。TPP 作为一个新兴的经贸协定，涉及了许多全新的贸易模式，如电子商务领域。因此，WTO 规则也应与时俱进，对过去经贸活动的边缘地带进行规则的补充。举例来讲，针对电子商务领域，WTO 可以通过强化对数据跨境自由流动的要求，探索出数据经济时代下的贸易模式发展规划。

结束语：

WTO 在区域贸易协定的冲击下，其多年来构建的多边贸易体制受到了

巨大的冲击，但不可否认的是，多边贸易体制无论是从成员方范围、WTO 规则的有效性还是从其在目前国际贸易中的作用来看，都有着不可替代的地方。

TPP 的发展壮大本质是美国主导下的区域贸易协定与多边贸易协定的博弈，对于 WTO 来讲，如何在这股浪潮中屹立不倒并向前发展是其当前的首要任务。

国际碳交易与 WTO 规则的冲突与协调[*]

郑玲丽　王瑗琳[**]

摘　要：近年来为了应对愈加严峻的气候变化，各国纷纷启动碳排放权交易。但国际碳交易在充分发挥市场作用促进温室气体减排的同时，也带来了一系列法律问题，尤其是在碳交易过程中，当一国既是碳交易的当事国，又是 WTO 成员方时，无论该国确实是基于保护环境的目的，还是以保护环境为名而行贸易保护主义之实，都会引发国际碳交易与 WTO 规则间的冲突。为了防止 WTO 成员通过订立国际碳交易协定寻求规避其 WTO 项下义务，应该尽快寻找解决方案。敦促 WTO 成员在充分利用 WTO 协定例外赋予的权利的同时，仍然恪守其 WTO 项下义务。

关键词：碳交易；WTO 规则；冲突；协调

一、国际碳交易与 WTO 规则冲突的根源

国际碳交易制度是各国探索出的温室气体减排的一条新路径。目前国际

---

　* 本文系教育部人文社会科学研究 2015 年青年基金项目"区域碳交易法律制度研究"（项目编号 15YJC820084）、江苏高校优势学科建设项目（PPAD）和江苏高校区域法治发展协同创新中心项目"全球化下自由贸易协定文本研究"（项目编号 FZXDH2014003）阶段性研究成果。

　** 郑玲丽，法学博士，南京师范大学法学院副教授。王瑗琳，南京师范大学法学院硕士研究生。

碳交易制度以《联合国气候变化框架公约》和《京都议定书》为核心①，但由于其关键性条款存在一定模糊性以及法律约束力的缺乏，使国际碳交易合作存在实施和执行等诸多法律问题。

世界贸易组织（WTO）作为普遍被接受并遵守的国际性经济组织，是具有国际碳交易合作的法律基础的。WTO 对任何成员方政府采取新型贸易措施都有权实施管理监督。成员方同意加入 WTO，就意味着其必须履行 WTO 项下义务，包括 WTO 所有成员制定的规则。而 WTO 一些成员采取碳交易措施，必然触及 WTO 规则。②

碳排放权交易制度并非单纯的环境保护国际法规，它还涉及国际贸易法领域的方方面面。碳排放权交易规则与贸易规则存在着大量的交叉，与现存的 WTO 规则存在众多的交叉议题，这也使得碳排放权交易更加复杂化。尤其是在其法律属性尚不明朗的情况下将其纳入如现行 WTO 规则下进行考察时，其合法性备受质疑。诸多与碳排放权交易有关的贸易措施在具体的操作层面上很有可能与现行 WTO 相关规定产生冲突，使 WTO 面临新的挑战。因而国际碳交易与 WTO 规则的冲突问题是一个面向未来的重要命题。

二、碳交易的国际法属性

（一）碳排放权的内涵界定

碳排放权交易（Carbon Emission Trading），又称为排污权许可（Pollution Permits）。排放权的理论渊源来自经济学家对环境问题的分析。1968 年，美国经济学家 Dales 首次提出了排放权交易（Emissions – Trading Program）的设计，界定了排放权。如果允许这项权利在特定条件下进行交

---

① Robinson, Barton, Dodwell, Heydon and Milton, Climate Change Law, P. 173.
② Felicity Deane, Emissions Trading and WTO Law: A Global Analysis, Edward Elgar Publishing Ltd, March 2015, P. 32.

易，便成为可交易的排放权（Tradable Permits）。

目前国内法学界研究的关注焦点主要是排污权及排污权交易，国内法学界多将之界定为排污权的一种①。笔者认为将碳排放权等同于排污权或者视为是排污权的具体表现形式并不妥当。

首先排污权中排放的是污染物，会对大气环境造成直接的危害（如二氧化硫），而碳排放权排放的主要是温室气体，作为其最主要构成部分的二氧化碳本来就是空气的一部分，并不是污染物。温室气体的排放也不会对大气环境造成直接的危害，而是通常表现为过多的温室气体排放会导致大气温度上升，从而间接地引起海平面上升、冰川融化等一系列生态环境危机。

其次传统意义上的污染物（如固体污染）对自然环境所造成的影响一般仅局限在特定范围内，对全球影响较小，而温室气体的过量排放所引起的环境变化对全球都会造成较大影响，其危害比一般的污染物更具有广泛性。当然二氧化碳是否属于污染物国际国内并没有一个统一的认识，部分发达国家将二氧化碳视为大气污染物，如美国联邦最高法院就在一次判决中认定二氧化碳属于污染物。但是，发达国家之所以要求发展中国家将二氧化碳划为污染物范围，并不是出于二氧化碳的危害，而是从自身利益出发的考虑。因此笔者认为碳排放权下的减排气体与传统上的污染物并不是同一个概念。

碳排放与排污不同，碳排放只对环境造成间接的影响。因此我们不能把碳排放权等同于排污权也不能视为是排污权的具体表现形式，应该将之作为一个新的、特殊的权利对待。

（二）碳排放权的国际法属性

国际碳交易是一种应对气候变化的政策措施，也逐步发展成为一种崭新

---

① 相关论著见邓海峰：《排污权——一种基于私法语境下的解读》，北京大学出版社 2008 年版。吕忠梅："论环境使用权交易制度"，载《政法论坛》2000 年第 4 期。王清军："排污权法律属性研究"，载《武汉大学学报（哲学社会科学版）》2010 年第 5 期。丁丁："论碳排放权的法律属性"，载《法学杂志》2012 年第 9 期。

的国际贸易措施。那么，这种交易的客体到底具有什么样的国际法属性呢？

碳排放权是一个抽象的权利，具体体现为碳排放配额和信用，是法律拟制的产物，与一般意义上的特定的、有形的法律客体不同。首先是无形性。这是与一般"物"的本质区别。配额与信用是规则创设的产物。它们是抽象而不可感知的物，它们的交易流程主要通过国际电子平台的方式进行。其次，具有相对确定性。根据相关国际规则，温室气体的产生可以根据相应的设备和公式予以量化，并且可以在电子平台上编号并且实时予以记录和注销，从而实现观念上的占有和特定化。最后，具有价值性。由于以配额与信用为代表的环境容量使用权具有稀缺性，对于类似《京都议定书》的附件一国家而言，其履行温室气体减排的义务可能意味着高昂的机会成本，但是不履行可能会面临着信誉的受损甚至高额罚款等处罚。这就使得配额与信用具有了价值。

虽然配额与信用乃法律创制之物，但无论是《京都议定书》《马拉喀什协定》等相关国际规则和条约、欧盟及英美气候贸易指令，还是我国的立法，对配额与信用所代表的碳排放权都未作明确的界定。

我国国际法学界对碳排放权交易制度与 WTO 规则之间的关系也进行了一定的研究，但相关文献较少，缺乏对该问题的系统研究，对碳排放权交易与 WTO 规则之间的关系争议较大。例如，碳排放权交易是否属于 GATT 的调整范围、是否属于 GATS 的调整对象？学术界众说纷纭①。鉴于此，本文

---

① 李威在"碳贸易机制与 WTO 规则的议题交叉与体系协调"（《北方法学》2012 年第 4 期）中指出，碳交易单位不属于 GATT 的货物或产品范畴，理论上不会与 GATT 产生议题交叉，但符合服务贸易的特征，与 GATS 必然产生议题交叉。曾冠在"碳排放贸易与 WTO 体制的关系"（《世界贸易组织动态与研究》2009 年第 7 期）中认为，碳排放配额或信用的交易是否应纳入 WTO 体制、配额分配是否涉及补贴措施尚待明确，但以排放配额或信用为基础的期权、期货等金融衍生品交易属于 GATS 下金融服务贸易的范畴。宋俊荣在"《京都议定书》框架下的碳排放贸易与 WTO"（《前沿》2010 年第 13 期）中提出，第一，碳排放单位的贸易目前不属于 GATT 调整范围，但清洁发展机制以及联合履行机制项目所生产产品的进出口贸易应当适用 GATT 的相关规则。第二，清洁发展机制以及联合履行机制项目构成项目投资方向东道国提供的温室气体减排服务，但是否受 GATS 规制尚不明朗。第三，金融机构为碳排放贸易所提供的金融服务应当适用 GATS 的相关规则。

将从碳排放的国际法属性出发，找出现行的碳排放权交易机制与 WTO 规则如 GATT 和 GATS 之间的冲突，并为解决这些冲突提出协调方案。

三、国际碳交易与 GATT 的冲突

（一）国际碳交易能否纳入 GATT 的调整范围

在讨论国际碳交易与 GATT 的冲突之前，一个亟待解决的基础性问题便是国际碳交易是否处于 GATT 调整范围之内。从 GATT 的序言中来看，GATT 调整的是国际货物贸易。GATT 的序言明确指出，GATT 的主要宗旨之一就是扩大货物的生产和流通。但至于什么是货物，GATT 中的货物是否包括无形商品，GATT 并没有明确的规定。但从目前 GATT 项下的关税减让表得到的启示来看，至少现在 GATT 所指的货物或者商品都是有形的。[①]

国际碳交易的标的是碳信用和碳配额，尽管在不同的碳排放交易体制下，它具有不同的名称，但这些名称都表达了相同的意思，即排放一定量二氧化碳的权利。[②]

现在已经有国外学者提出碳排放权这种权利是一种十分特殊的权利，它具有市场价值，并可以在市场上进行交换，因而它具有商品的属性，应当被视为一种新型商品。而且某些行业的相关实践也为这种说法提供了有利证据。比如巴克莱银行和花旗银行就将碳排放权视为一种商品。[③] 工业界尤其是美国工业界将碳排放权视为一种新型商品的趋势，亦即"碳的商品化"（commodification of carbon）也已经体现在法律和政策文献中。在有关碳交易

---

① 李威："碳贸易机制与 WTO 规则的议题交叉与体系协调"，载《北方法学》2012 年第 4 期。

② Jillian Button, Carbon: Commodity or Currency? The Case For An International Carbon Marketed Based On The Currency Model, The Harvard Environmental Law Review, 2008, p. 3.

③ Jillian Button, Carbon: Commodity or Currency? The Case For An International Carbon Marketed Based On The Currency Model, The Harvard Environmental Law Review, 2008, p. 3.

合同的文章中写道："不管［减排］的法律或合同的基础为何，他们终极意义上还是商品"。①

但是，笔者并不赞同将碳排放权视为一种新型商品——碳商品。因为它是一种基于法律拟制产生的商品，而且通常为无实物形态，并不符合 GATT/WTO 项下货物的本质特征。

鉴于国际碳交易缺乏具有强制执行力的国际法规范，碳排放权交易制度缺陷和交易中的法律问题亟待解决，直接关系着碳排放权交易机制未来的走向，影响着环境与贸易的协调发展。同时，国际碳交易还涉及国际贸易法领域的方方面面，碳排放权交易规则与贸易规则存在着大量的交叉，与现存的 WTO 规则存在众多的交叉议题，这也使得碳排放权交易更加复杂化。

况且 GATT 的调整范围并非是一成不变的，随着国际贸易法的发展，多边贸易的新型需求必然会促使 GATT 进行相应的修改与完善。而且 GATT 本身并没有明文直接规定无形商品不在其包含的货物范围内。

因此，笔者认为，可以将碳排放权交易单位视为一种"副产品"（by - product）②。理由如下：第一，温室气体是可移动的（movable），类似于电力；第二，温室气体是产品生产中产生的；第三，温室气体虽然是无形的（intangible），但是可测量的（measurable），因此在某种意义上可成为有形的（tangible）。③

国际上曾有俄罗斯仲裁裁决认定天然气（natural gas）符合《联合国国际货物销售合同公约》（CISG）第 2 条规定，属于 CISG 项下的"货物"从

---

① Martijn Wilder, Monique Willis & Mina Guli, Carbon Contracts, Structuring Transactions: PracticalExperiences, in Legal Aspects of Implementing the Kyoto Protocol Mechanisms, David Freestone & Charlotte Streck eds. , 2005, pp 295, 331.

② DR. BRUNO ZELLER, UNIFORM EMISSIONS TRADING OR TAX SCHEMES: HAS THE GENIE BEEN (FINALLY) LET OUT OF THE BOTTLE? Elon Law Review Feb. 2011, p. 10.

③ 同上，p. 12.

而受 CISG 调整的先例。① CISG 的缔约者也未曾料想碳交易的独特性和无形性。② 俄罗斯仲裁案的标的为天然气,而本文探讨的碳交易涉及的是温室气体(greenhouse gas),二者不同之处在于,温室气体无须交付,碳交易真正的价值在于温室气体排放权单位。③

(二) 温室气体排放案例评析

关于温室气体排放,不妨以美国马萨诸塞州诉环保局案④为例。此案中马萨诸塞州请求联邦最高法院对环保局是否需要依据《清洁空气法》第 202 (a)(1)条规范新机动车的碳排放做出裁决。美国加利福尼亚州、康涅狄格州等与马萨诸塞州组成联盟,请求美国最高法院做出裁决,美国环保局是否可以根据《清洁空气法》第 202 (a)(1)条,基于政策考虑拒绝颁发机动车排放标准。此外,马萨诸塞州请求澄清"美国环保局是否有权监管二氧化碳和其他空气污染物的排放"。⑤

环保局认为,《清洁空气法》并没有授权其规范温室气体排放,因为二氧化碳和其他气体不构成"空气污染物"(air pollutants)。联邦最高法院认为,环保局已经通过不规范行为违反了《清洁空气法》的明确的法律规定。史蒂文斯法官指出,"环保局没有提出合理的解释其拒绝决定温室气体是否会造成或加剧气候变化。"他解释说,一旦"环保局已回应了规则制定了一

---

① Russian Federation Arbitration Proceeding 65/2003 (2004), translated inhttp://cisgw3. law. pace. edu/cases/040219r1. html.

② Frank Diedrich, The CISG and Computer Software Revisited, 6 VINDOBONA J. INT'L COM. LAW &ARB. SUPPLEMENT 55, 66 (2002), available at http://www. maa. net/attachments/221_ vj_ 6_ 2_ e_ supplement_ diedrich. pdf.

③ 同上。

④ Massachusetts v. Envtl. Prot. Agency, No. 05 – 1120, slip op. at 32 (U. S. Apr. 2, 2007), available at http://www. supremecourtus. gov/opinions/06pdf/05 –1120. pdf.

⑤ Petition for Writ of Certiorari, Massachusetts v. Envtl. Prot. Agency, at 2 (No. 05 – 1120) (U. S. Mar. 2, 2006), 2006 WL 558353, available at http://www. supremecourtus. gov/docket/05 – 1120. htm.

份请愿书，其原因行动或不行动必须符合法定授权。"① 联邦最高法院驳回环保局的此项诉讼理由，裁定环保局通过不当拒绝调节新车排放标准影响气候变化，从而违反了《清洁空气法》第 202（a）（1）条。在上诉判决中，美国联邦最高法院认为，温室气体属于《清洁空气法》中的污染物，从而受美国环保局监管。

联邦最高法院的这一判决将推动美国环保局在控制全球变暖、减排温室气体特别是机动车排放上有所作为，也将对美国未来的环境和能源立法与政策产生巨大影响。②

（三）国际碳交易与 GATT 具体规则的潜在冲突

可以说 GATT 对调整范围的含糊表述，一方面给调整范围的认定增加了难度，但另一方面为将来把碳交易纳入 GATT 管辖范围内创造了契机，提供了可解释的弹性空间。碳排放权因其特殊性不排除将来通过法律拟制的方式将碳排放权纳入 GATT 的调整范围。在明晰了国际碳交易未来可能被 GATT 纳入调整范围的基础上，接下来需要探讨的问题便是国际碳交易与 GATT 的具体规则冲突问题，也就是说在进行国际碳交易的过程中可能会与 GATT 的哪些原则或者规则相冲突。

1. 国际碳交易与 GATT 最惠国待遇原则

最惠国待遇原则是 WTO 的基石——非歧视原则最重要的两大基本原则之一，也是 GATT 的基本原则之一。GATT 第 1 条第 1 款中对"普遍最惠国待遇"的表述是："一缔约国对来自或运往其他国家的产品所给予的利益、

---

① Felicity Barringer & William Yardley, Bush Splits With Congress and States on Emissions, N. Y. Times, Apr. 4, 2007, at A1, available at http：//www. nytimes. com/2007/04/04/washington / 04climate. html? ei = 5088&en = 2460afaf0817f45&ex = 1333339200&adxnnl = 1 &partner = rssnyt&emc = rss&adxnnlx =1175693708 – ＋HnoktT0AboD1G2UX15PrA.

② 李艳芳："从马萨诸塞州等诉环保局案看美国环境法的新进展"，载《中国人民大学学报》2007 年第 6 期。

优待、特权或豁免，应当立即无条件地给予来自或运往所有其他缔约国的相同产品。"也就是说一国与 GATT 的其他成员方之间进行贸易时，不得对来自不同成员方的产品采取歧视性对待，无论国别大小，都应当一视同仁。

而目前在碳交易过程中就有可能对来自不同成员方的产品采取歧视性贸易措施。比如歧视性地采取数量限制措施，禁止向特定的 GATT 成员方进口碳排放配额而对其他成员方无此要求，或者针对特定国家进行更严格的数量限制而对其他成员方更为宽松的数量限制。再比如在贸易中对满足了某些条件的成员方不做缴纳国际储备配额的要求，但却要求其他成员方缴纳特定数额的国际储备配额。诸如此类的碳交易的贸易限制措施，将导致来自不同国家的同类产品受到差别对待。使一部分缔约方享受到更为优惠的待遇，造成不同成员方之间竞争机会的不均等，因而违反了 GATT 最惠国待遇原则。

2. 国际碳交易与 GATT 国民待遇原则

国民待遇原则是非歧视原则的另一基本原则，GATT 第 3 条要求："一缔约国领土的产品输入到另一缔约国领土时，在关于产品的国内销售、兜售、购买、运输、分配或使用的全部法令、条例和规定方面，所享受的待遇应不低于相同的国产品所享受的待遇。" 简言之就是不能在成员方的商品和本国商品之间实施不同的待遇。它与最惠国待遇的区别就在于：最惠国待遇强调的是"外外无别"，即对来自不同成员方实施同待遇；而国民待遇强调"内外无别"，对成员方的商品和国内产品提供同等待遇。

在国际碳交易过程中也会产生与国民待遇原则相冲突的问题。比如一国可能要求国外产品缴纳国际储备配额，而对国内产品不做此限制。或者这要求缴纳储备配额的具体要求，使进口产品比国内同类产品负担更多的缴纳义务。这样就会导致国外产品比国内产品负有更重的成本，享受低于国内产品的待遇，造成国内外产品间的不公平竞争，最终违背了国民待遇原则。

3. 国际碳交易与 GATT 数量限制规则

一国可能在国际碳交易过程中实施数量限制措施，进而与 GATT 第 11 条

"禁止数量限制"和第 13 条"非歧视地实施数量限制"的规定相违背。GATT 第 11 条明确规定:"任何缔约国除征收税捐或其他费用以外,不得设立或维持配额、进出口许可证或其他措施以限制或禁止其他缔约国领土的产品的输入,或向其他缔约国领土输出或销售出口产品。"这一条其实要求成员方在进行碳交易的过程中不能采取数量措施限制。GATT 第 13 条中进一步规定:"除非对所有第三国的相同产品的输入或对相同产品向所有第三国的输出同样予以禁止或限制以外,任何缔约国不得限制或禁止另一缔约国领土的产品的输入,也不得禁止或限制产品向另一缔约国领土输出。"也就是说即使可以在碳交易中采取数量限制,这种数量限制也必须是"非歧视的",不能对不同国家碳排放配额构成歧视性对待,应当采取同等的数量限制措施。

而在国际碳交易过程中一国可能会采取单边贸易措施,对碳排放配额的进出口数量施加限制,进而违背 GATT 第 11 条有关禁止数量限制的规定。

4. 国际碳交易与 GATT 第 20 条一般例外

基于上述国际碳交易与 GATT 诸多原则规则的冲突,有必要进一步探讨国际碳交易是否符合 GATT 第 20 条一般例外条款。而任何一项贸易措施构成 GATT 第 20 条一般例外情形,必须满足两个前提条件:第一,成员方采取的措施是为了"保护可用竭的自然资源";第二,这项措施是"为了保护人类、动植物生命和健康所必需的"。①

国际碳交易的目的是促进温室气体减排,从而减缓气候变化。减缓气候变化的措施是否构成合理的"保护可用竭的自然资源"——清洁空气的相关措施呢?虽然 WTO 上诉机构迄今尚未面临这样的法律问题,然而这是个相当值得关注的法律问题。在美国精炼汽油案中专家组与上诉机构均认定,清洁空气是"可用竭的自然资源"。虽然大气并非空气的代名词,但推定大气

---

① GATT 第 20 条 (g) 款、(b) 款。

为"可用竭的自然资源"符合逻辑。[1] 并且减缓气候变化也是为了保护人类、动植物的生命健康。那么，国际碳交易是否是"保护人类、动植物的生命健康所必需"呢？从长远来看，国际碳交易充其量只是可选择、可替代的措施。

不过，从近年来的裁决看，WTO 在将环境例外条款的核心向碳减排方向转移，WTO 争端解决机制为了减缓温室气体的排放而多次援引"一般例外条款"的司法实践屡见不鲜。如 2010 年 12 月美国诉中国"涉及风能设备的措施"案中，专家小组援引 GATT 第 16 条和 SCM 的第 3 条、第 4 条、第 25 条、第 30 条来处理争端，提出减少碳的排放是也是环境例外条款的一部分。因此，国际碳交易基于 GATT 第 20 条一般例外获得合法性和正当性指日可待。

四、国际碳交易与 GATS 的冲突

在讨论国际碳交易与 GATS 的冲突前同样也有一个需要厘清的理论前提，即国际碳交易是否处于 GATS 调整范围之内。

（一）国际碳交易能否纳入 GATS 的调整范围

虽然国际碳交易目前暂时不能视为货物贸易，鉴于国际碳交易的标的是碳信用和碳配额，那么碳排放权交易这种新型的国际贸易能否纳入 GATS 的范畴呢？

---

[1] 许多学者持这种观点，如 Meltzer, Climate Change and Trade – The EU Aviation Directive and the WTO', Vol 15 Journal of International Economic Law 2012, PP. 141 – 142；Pauwelyn, US Federal Climate Policy and Competitiveness Concerns：The Limits and Options of International Trade Law, p. 35；Howse and Eliason, 'Domestic and International Strategies to address Climate Change：An Overview of the WTO Legal Issues', in T. Cottier, O. Nartova, and S. Bigdeli（eds）, International Trade Regulation and the Mitigation of Climate Change（2009）, at 61.

这就要再次提到前面讲过的碳排放权的法律属性问题，即国际碳交易是否涉及 GATS 中的服务门类。

关于服务的含义，GATS 第 1 条中对于服务的定义过于概括，只是抽象地描述道："服务者，包括各行业提供之服务，但行使政府权力所提供之服务不在此限"。这种含义其实只是排斥了政府的服务，而且并不是所有的政府服务都会被排斥，只有当这种服务是基于政府行使政府权力时才会被排斥在"服务"的范畴以外。这种宽泛的定义使得尽可能多的具有商业性质的服务都能被纳入 GATS 的服务门类，使 GATS 在服务贸易领域拥有了更广的适用空间。

在解决国际碳交易与 GATS 是否存在交叉领域的问题时，至少要从以下两方面是进行深入思考与探究：

1. 碳交易标的是否属于 GATS 中的"服务"？

当前学术界对国际碳交易中的碳排放权的法律性质问题一直存在争议。正如前面探讨的"国际碳交易与 GATT 的冲突"，它其实就是将碳排放配额与碳信用视为一种商品，并且在此理论基础上，进一步得出可以将碳交易纳入 GATT 管辖范畴的学术观点。但这种观点从现在的学界来看似乎过于超前，目前尚未得到广泛的认同。① 如果排除它是货物，那么碳交易的标的能被认定为一种服务吗？

对此问题美国国际环境法中心的高级律师 Glenn M. Wiser 持肯定观点，他认为 CDM 项目中的 CERs 的本质就是一种减排服务。依据他的理论，CDM 机制下的碳排放配额能用来抵消附件一国家的温室气体排放量，其实就是提供配额的一方向购买配额的另一方提供了减排服务。在此基础之上，他还指出由于配额的提供方与购买方地处不同国家，因而清洁发展机制中的配

---

① 在某个层面碳信用类似于货物，但在其他层面更符合金融服务的特征。See Thomas Cottier, International Trade Regulation and the Mitigation of Climate Change, Cambridge University Press, P. 53.

额交易属于 GATS 四种贸易形式中的跨境提供服务贸易。① 与这种观点相类似，一些学者认为 JI 项目下的配额交易也是如此，也可以将其视为项目开发者向配额购买方提供了减排服务。对于此种观点笔者并不赞同，虽然 GATS 在条文中对"服务"的定义并不十分清晰，但从主流的观点来看，要构成一种"服务"至少需要购买方实际地享受到服务的实质内容。如果按照 Glenn 的设想，这种配额交易只是能帮助购买方抵消它的温室气体排放量，其最大的目的在于"抵消"而非"减排"，其实项目的开发业主并没有实际为配额的购买方提供专项减排服务。

2. 碳交易过程中的服务项目是否能纳入 GATS 的框架体系？

将碳交易的标的视为一种服务的观点尚存较大争议，但将围绕着碳交易的一些服务项目归为 GATS 中的服务项目还是能被学界广泛接受的。国际碳交易过程中，各种围绕碳交易的服务项目并不难以认定，主要是在传统的服务类型上根据碳交易发展的要求而在具体的服务内容上有所变化。因而国际碳交易与 GATS 存在的冲突问题是现实存在的。

通过分析，国际碳交易中可能与 GATS 产生交集的服务贸易主要有以下几大类：

（1）商业性服务。在进行国际碳交易过程中所要涉及的商业性服务有很多。比较常见如：为碳交易提供的专业性服务如法律服务、会计服务；在 CDM 项目中，当发达国家向发展中国家转让专利与技术时提供的专利服务与技术服务；针对碳交易具体运作事项的比如碳交易研究与开发服务，认证与咨询服务。随着碳交易的发展还将会有更多市场主体从事与碳交易有关的商业服务。以美国为例，美国的碳软件管理与服务就是一个很好的例子。美国清洁技术咨询机构派克研究在 2010 年 1 月发布的研究称，碳管理软件和服务的全球市场将从 2009 年的 3.84 亿美元增加至 2017 年的 43 亿美元，复合年

---

①　宋俊荣：《应对气候变化的贸易措施与 WTO 规则：冲突与协调》，上海社会科学院出版社 2011 年版，第 70 页。

增长率将在 40% 以上。因而，随着碳交易的周边商业服务的蓬勃发展，它与 GATS 产生冲突的情形也会逐渐增多。

（2）环境服务。由于国际碳交易本身就是为了实现温室气体减排而创造出的一种新型模式，因而它天然的就与环境服务紧密相关。在 CDM 项目的运行过程中，为项目的开发、审批及交易过程提供服务，这种服务就属于 GATS 的 "环境服务" 部门。而且随着国际社会对环境污染从末端治理转向前端防范治理，环境服务已不仅仅包括污染治理服务，还应包括防治环境损害的新型服务贸易。[①] 因此，伴随着国际碳交易的不断发展，环境服务的具体内容将更加丰富，也需要在原有的制度基础上进行相应的调整以适应新的变化。

（3）金融服务。在某个层面碳信用类似于货物，但在其他层面更符合金融服务的特征。[②] 碳交易的巨大市场前景吸引了众多商业主体纷纷涉足碳金融行业，与碳交易相关金融服务行业也因此蓬勃发展。如在 CDM 项目中，商业银行向拥有开发潜质的企业提供相应的贷款服务，缓解其资金压力。清洁技术的开发与应用中往往伴随着巨大的风险，一些金融机构便针对这些风险提供相应的保险和担保服务。再比如，银行开发新型的与碳交易相关的基金理财产品，为投资者提供新的金融投资工具。而且随着碳交易一级市场和二级市场的不断成熟和大量碳交易金融衍生品的开发，碳交易相关的金融服务行业将成为一个强劲的服务贸易增长点。

将碳交易市场纳入 GATS 项下的金融服务领域，使得政府可以采取审慎监管措施来保护本国市场。GATS 关于金融服务的附件第 2 条规定："不得阻止一成员为审慎原因而采取措施，包括为保护投资人、存款人、保单持有人或金融服务提供者对其负有信托责任的人而采取的措施，或为保证金融体系

---

① 李威："碳贸易机制与 WTO 规则的议题交叉与体系协调"，载《北方法学》2012 年第 4 期。

② Thomas Cottier, International Trade Regulation and the Mitigation of Climate Change, Cambridge University Press, P. 53.

完整和稳定而采取的措施"。如果碳交易市场的"完整和稳定"受到威胁，GATS 附件这条规定将赋予成员方政府保护本国碳交易市场的审慎监管职能。

在这一服务部门，各种围绕着碳交易提供的经纪服务、信托服务等周边业务都属于 GATS 所规制的金融服务，因而这也是极易与 GATS 发生冲突的地方，应当引起足够的重视。

（二）国际碳交易与 GATS 具体规则的潜在冲突

1. 国际碳交易与 GATS 最惠国待遇原则

关于服务贸易领域中的最惠国待遇的概念，GATS 第 2 条做出了明确的定义："关于本协议所涵盖之措施，各会员应立即且无条件地对来自其他会员之服务或服务提供者提供不低于该会员给予其他国家相同服务或服务提供者之待遇。"该项义务是一项一般义务，也就是说进行碳交易的国家所负有的给予"最惠国待遇"的义务涵盖了所有的服务部门，而非仅限于它所承诺的服务部门。在碳交易过程中一国可能会给某一成员方的服务和服务提供者以低于其他缔约国同类服务和服务提供者的待遇，造成这二者间的不公平竞争。

欧盟的 2003 第 87 号指令（2003/87/EC）就是碳交易与最惠国待遇相冲突的一个典型例子。依据欧盟的该项指令，获得碳交易的补贴必须要满足一定的前提条件。一种情况是该碳交易是欧盟内部的自然人或法人之间进行的碳交易，另一种情况是该碳交易是欧盟的自然人、法人与签订了《京都议定书》的第三国之间进行的碳交易。[①] 这个指令其实就排斥了既非欧盟的自然人、法人，也非《京都议定书》缔约国的成员方获得欧盟政府补贴的可能性。因而该项法令在事实上给予了非《京都议定书》缔约方的交易主体以更低的待遇，使得"外外有别"，对自由贸易造成了扭曲，因而违反了 GATS

---

① 张永毅："从 GATS 三大原则的实质要件看欧盟 2003 第 87 号指令是否违反 WTO 规则"，载《河北法学》2009 年第 6 期。

的最惠国待遇原则。①

2. 国际碳交易与 GATS 国民待遇原则

GATS 中的"国民待遇原则"与 GATT 中的"国民待遇原则"有所不同，GATT 中各成员方所负有的给予其他成员方国国民待遇的义务是一项普遍义务，而 GATS 中的"国民待遇"却是作为一项"特定义务"存在。在 GATS 中并没有将它与"最惠国待遇"原则相并列放在第二篇"一般义务与规范"中，而是将它放在第三篇"承担特定义务"中，也就是说在分析碳交易与"国民待遇原则"的冲突时还要看该国是否做出了具体承诺。

GATS 第 17 条中关于"国民待遇"的义务要求成员方："对承诺表上所列之行业，及依照表上所陈述之条件及资格，就有关影响服务供给之所有措施，会员给予其他会员之服务或服务提供者之待遇，不得低于其给予本国类似服务或服务提供者之待遇。"也就是说如果一国承诺在某一行业给予其他成员方国民待遇，就不得对外国服务和服务提供者以低于国内同类服务和服务提供者的待遇，造成内外二者间的不公平竞争。

同样以欧盟 2003 年第 87 号指令为例，它实际上使得欧盟内部的自然人、法人享有的待遇优于非《京都议定书》缔约国的其他成员方享有的待遇，造成事实上的"内外有别"。再者，欧盟在碳交易涉及的金融服务门类也做出了具体承诺。因而结合以上两点，欧盟 2003 年第 87 号指令违背了 GATS 关于"国民待遇"的相关规定。因而碳交易中一国可能采取贸易限制措施使得国外服务、服务提供者遭受歧视性待遇，进而引发与 GATS"国民待遇"规则的冲突。

3. 国际碳交易与 GATS 市场准入原则

在"市场准入"方面，GATS 第 16 条明确要求："关于经由第一条所定义之供给方式之市场开放，各成员提供给所有其他成员之服务业及服务供给

---

① Thomas Cottier, International Trade Regulation and the Mitigation of Climate Change, Cambridge University Press, P. 58.

者之待遇，不得低于其已经同意、并载明于其承诺表内之内容、限制及条件。"在碳交易过程中一国可能会对国外的服务和服务提供者采取数量限制措施，比如在碳交易中不允许国外的碳交易咨询机构进入该国市场，或者只许可一定数量的国外碳交易中介机构在本国营业，再或者限制从事碳交易的国外金融服务机构只能提供特定类型的服务交易或要求其资产总值达到某个特殊的要求。如果一国承诺开放了相关的服务部门并且采取了以上的贸易限制措施，那么就会产生国际碳交易与 GATS 市场准入的冲突问题。

因而随着碳交易的进一步发展，无论碳交易的法律属性为何，都将产生碳交易与 WTO 的冲突问题。如果国际碳交易的标的被视为一种商品，那它就极有可能产生与 GATT 最惠国待遇原则、国民待遇原则、数量限制规则的冲突问题。如果短期内无法认同将碳交易标的视为商品的观点，至少围绕碳交易的服务贸易会与 GATS 产生交叉议题，会产生二者间的冲突问题。WTO 成员方如果在碳交易过程中采取贸易限制措施将可能违背 GATS 的最惠国待遇原则、国民待遇原则、市场准入原则，这将极大程度造成自由贸易的扭曲。

五、WTO 框架下国际碳交易协调的路径

（一）国际碳交易与 WTO 规则协调的可行性分析

国际碳交易与 WTO 规则的冲突，追根溯源属于在应对气候变化的时代背景下贸易与环境的冲突。碳排放权交易机制与 WTO 条款之间的交叉与冲突需要协调。《京都议定书》明确指出任何单边的碳排放交易制度不应损害国际贸易的正常秩序；同时 WTO 规则中也包含有保护环境的例外条款。二者的可协调性主要体现在以下几个方面：

1. "贸易与环境"问题是共同的关注点

国际碳交易是通过发挥市场手段，运用贸易方式解决环境问题的一种创新机制。它本质上天然地就与"贸易与环境"问题密不可分。而 WTO 以促

进自由贸易为己任，随着环境问题越来越受到人们的重视，贸易与环境问题的重要性也不断凸显。因此国际碳交易与 WTO 具有共同的关注点——"贸易与环境"。这样共同的议题为看似相互独立的两大机制构建了相互融通，相互协调的平台。只有拥有这样共同的关注点，才能使得这样两个各自独立运行的机制产生"共同语言"，才能使国际碳交易与 WTO 体系围绕共同的"贸易与环境"问题实现具体问题上的沟通与协调。

2. 可持续发展原则提供制度空间

目前实现国际碳交易与 WTO 规则协调的一大难题就在于 WTO 并未将国际碳交易纳入其调整范围内。也就是说针对国际碳交易问题，现行的 WTO 体制存在法律真空状态。要填补这样的空白，就必须在一定的原则指导下进行精密的制度设计，让气候与贸易的摩擦在 WTO 本身的范围得到解决。对于这样一项"造法"工作，绝不是简单的就一个碳交易问题在 WTO 中制定几个条文的问题。如果没有理论支撑，没有原则指导就轻言立法，会产生极大的负面效果。

因而在协调二者之间的关系时就必须要有原则的指导，而"可持续发展原则"就为二者的协调提供了弹性空间。WTO 在《建立世界贸易组织协定》的序言中就明确提到其宗旨是："坚持走可持续发展之路，各成员方应促进对世界资源的最优利用、保护和维护环境，并以符合不同经济发展水平下各成员需要的方式，加强采取各种相应的措施环境并改进如此行事的手段"。在可持续发展原则的指引下，以发展的眼光来看待贸易发展的新变化，各国通过碳交易的手段实现温室气体减排的方式是符合 WTO 宗旨的，是与 WTO 成员方义务相一致的。从这个层面来看，WTO 的可持续发展原则为二者的协调提供了指导原则。

3. GATT/WTO 环境例外条款提供条约法基础

国际碳交易合作机制作为实现国际环境保护的重要组成部分已经被国际社会所广泛认同并接受，而 WTO 成立时就已经将环境保护作为一项与贸易相关的议题列入多边谈判中去。无论是基于《建立 WTO 协定》的宪章地位还是诸多附件中所涉及的环保例外条款，都为与贸易有关的环境问题提供了法律基础，而作为当今环境问题中心的气候问题，碳交易自然也就成为环保例外的争议焦点。无论是 GATT 第 20 条、GATS 第 14 条还是 TRIPS 中的第 27 条均设置了环保例外条款。这些例外条款都为国际碳交易的实施打下了坚实的基础，允许成员在满足特定条件的情况下，为了环境保护的目的实施违背多边贸易体制基本原则的限制措施。

因此，完善 GATT/WTO 环境例外条款已经成为可持续发展的核心目标，而将气候问题在 GATT/WTO 环境例外条款中加以明确已经势在必行。

（二）WTO 框架下国际碳交易法律体系的构想

在笔者看来，要实现国际碳交易与 WTO 的协调是一个漫长而浩大的工程，一个理想的彻底解决方案固然是众望所归，但从当前和近期的利益来看，它可能由于目前各方面条件与时机的制约，而无法达到大家所预期的最佳效果。因而在选择国际碳交易与 WTO 规则的协调路径时，一些次优选择可能更受青睐。因而就当前国际碳交易与 WTO 规则的协调路径而言，可以分为短期和长期两个阶段。

1. 完善 GATT/WTO 环境例外条款

WTO 体制下诸多文本均设置了环保例外条款，其实并不是为确立各成员义务而设立的规则，而是间接地肯定 WTO 成员采取某些贸易限制措施的"合法性"，为 WTO 成员在特定情形下施行某些违反相关条款的国内措施进行"免责"的条款。

然而诸多国家之间，尤其是发达国家对发展中国家之间，充分利用这一"免责"条款变相进行贸易保护和贸易歧视，进一步削弱了 WTO 的效力，动摇了其公正性。而且近年来多发的气候贸易争议中，鉴于"为保护人类、动植物的生命或健康"和"与国内限制生产与消费的措施相配合"的不具透明性和操作性的条款更是被无限援引，阻碍碳交易的合理进行。

尽管现在还没有与气候问题相关的贸易问题诉诸 WTO，但现行法律规制的缺位并不必然意味着冲突不存在。[①] 只要 WTO 关于气候问题的规定尚处于模糊不清状态，产生这样的争议或者冲突只是一个时间问题。[②] 因此，WTO 亟须明确环境例外条款的适用范围，还要创设性的开创与气候相关的贸易问题的环境条款。

2. 将碳交易纳入 GATS 的调整范围

在当前情形下，短期来看很难将国际碳交易完全纳入 WTO 的框架范围内，但我们可以考虑通过解释的方式和在环境部门下新增"碳交易服务"分部门的方式，将围绕碳交易的一些服务纳入 GATS 的调整范围。

正如前面所提到的，将国际碳交易的标的看作一种新型"商品"的学术观点，在目前的学术界看起来似乎还有些超前，很难在短期内得到广泛的认同。因而我们可以从比较容易的第二种观点入手，即将围绕国际碳交易的服务纳入 WTO 的服务贸易领域。先从一些对"传统服务"内涵冲击不大的新型碳交易服务入手，将碳交易归入 GATS 相关的服务部门，其中商业性服务、环境服务、金融服务这三个服务部门是最重要的三个服务部门。现行的碳交易服务尽管有极强的针对性，所开展的业务也有所创新，但从本质特征来看它仍然无法完全脱离传统的服务类型，我们就可以通过弹性的解释，将它识别为 GATS 调整的某类或某几类服务，进而对碳交易的一些问题适用 WTO 的规则。而对于一些比较难以界定的且混合有多种服务类型要素的服务，笔者认为可以如一些学者所建议的那样，在环境部门中新增一个碳交易服务分部门。[③]

---

① Steve Charnovitz, Trade and Climate: Potential Conflicts and Synergies, p. 2. http://www.c2es.org/docUploads/Trade%20and%20Climate.pdf.

② Steve Charnovitz, Trade and Climate: Potential Conflicts and Synergies, p. 26. http://www.c2es.org/docUploads/Trade%20and%20Climate.pdf.

③ 李威："碳贸易机制与 WTO 规则的议题交叉与体系协调"，载《北方法学》2012 年第 4 期。

从碳交易本质来看，碳交易本身就是为实现环境保护而创新的一种手段，将它归结为环境服务无疑是最能体现它的本质特征的。从另外一个角度来看，为它单独新增一个服务分部门还具有另一个优势，这样做还能避免将碳交易及其相关的服务识别为某种传统服务类型时产生的冲突问题，这也为将来WTO 容纳不断涌现的新的碳交易服务内容保留了一定的弹性空间，从而有利于实现二者一种动态的统一。除此外，由于各成员方在 GATS 下的义务并非一种"普遍义务"，只有当该国就特定的服务做出了具体承诺才负有相应的义务。因而 WTO 还应积极寻求各成员方在环境服务部门、金融服务部门、商业性服务部门等相关部门对碳交易问题做出具体承诺，使得 WTO 的机制能真正作用于这些领域，并运用其较为成熟健全的争端解决机制切实的解决这些围绕碳交易所发生的争议。

3. 推动《巴黎协定》的贯彻实施

2016 年 4 月 22 日，175 个国家在联合国举行《巴黎协定》签署仪式。该协定是继 1992 年《联合国气候变化框架公约》、1997 年《京都议定书》之后，人类历史上应对气候变化的第三个里程碑式的国际法律文本，将形成2020 年后的全球气候治理格局。《巴黎协定》延续了《京都议定书》的排放交易机制，虽然具体细节仍需补充完善，但其签署和有效实施将为国际碳交易注入强心剂。

政府免费分配碳排放配额的法律性质与中国对策：基于 SCM 协定项下补贴构成要件的分析

刘　勇*

　　摘　要：北京、上海、广东等七省市在碳排放交易试点时主要采用免费方式向控排企业分配排放配额。免费分配的方法可进一步划分为"历史排放法"与"行业基准法"。依据 SCM 协定以及 WTO 反补贴争端案的阐释，政府免费分配排放配额的行为并未构成"资金的直接转移""放弃本应征收的收入"与"提供货物"，但依"历史排放法"进行的分配有可能构成"提供服务"。在"提供服务"时，政府免费分配排放配额的效果可构成"授予利益"，并具有"专向性"。为此，中国应改进排放配额的免费分配方式，采用"行业基准法"来免费分配配额，并制定统一适用于所有行业与企业的获得免费配额的资格标准，加强与世界主要经济体之间在碳排放交易领域的合作，建立相互认可排放配额的工作机制，通过跨国流转的排放配额来构筑以市场为导向的温室气体减排的责任分担机制，促进不同国家的同类商品或服务之间的公平竞争。

　　关键词：SCM 协定；碳排放配额；免费分配；财政资助；授予利益；专向性

---

　　* 刘勇，博士，浙江财经大学法学院副教授。

一、引言

作为一种应对气候变化、减少温室气体排放的市场化手段，由政府主导、以控排企业为交易主体和排放配额为交易客体的碳排放交易机制在全球范围内得到了日益广泛的运用。据国际碳行动合作组织（International Carbon Action Partnership）统计，截至 2015 年 10 月，全球正在运行的区域性（如欧盟）或国别性（如新西兰与韩国）或地方性（如美国加州）碳排放交易市场共有 17 个，所涵盖的温室气体排放量占到全球总排放量的 40%，另外还有 14 个国家或地区计划尽快建立碳排放交易机制。[①] 自 2013 年以来，中国政府在广东、湖北、深圳、北京、上海、天津、重庆七省市相继启动了碳排放交易的试点，并计划在 2017 年建立全国统一的碳排放交易市场。

碳排放权交易市场分为一级市场与二级市场。在一级市场上，政府通过免费或有偿的方式向受管制的控排企业发放排放配额，企业在每一个履约期届满（通常为一年）时须提交与其上一年度实际排放量相当的配额，否则将遭到政府严厉的处罚；在二级市场上，控排企业可依据其减排成本以及排放配额的市场价格来自主决定是否出售或购买配额。减排成本低于排放配额的市场价格的企业，可以采取实际减排行动并通过出售配额来获益；而减排成本高于排放配额的市场价格的企业，则可以通过购买配额来降低自己的减排成本。因此，与其他环境治理手段相比，碳排放交易的最大优势是通过经济利益来激励企业的减排行动，同时为企业履行减排义务提供灵活性，降低企业和全社会的温室气体减排成本。

[①] See ICAP, Emission Trading Worldwide Statue Report 2015, https：//icapcarbonaction. com/images/ StatusReport2015/ICAP_ Report_ 2015_ 02_ 10_ online_ version. pdf, p. 20. last visited on 25 April 2016.

在碳排放交易体制下，每一单位的排放配额代表了企业拥有向大气环境排放相应数量的温室气体的权利，而且这种权利是可以在特定的交易市场上流通和变现的，因此具有经济价值和财产属性。该权利由政府通过行政许可所创制，并由政府依免费或有偿的方式发放给企业。至少从表面上看，排放配额的初始分配可以理解为：政府依法创造了一种新型的经济资源或财产，并将这种经济资源转移或分配给企业。这种经济资源的免费分配或转移将可能影响企业的竞争力以及国际市场的公平竞争环境，例如企业可在二级市场出售其无偿获取的配额，从而获得在正常市场条件下不能获得的一笔经济收益并因此扭曲经济资源的公平配置。[①] 那么，政府免费分配碳排放配额是否构成了 WTO《补贴与反补贴措施协定》（以下称 SCM 协定）项下某种可抵消的补贴？

在 SCM 协定项下，一项可抵消的补贴须同时具备三个要件：一成员方的政府或公共机构向企业提供财政资助；[②] 授予企业某种利益；具有专向性。中外学界对于政府免费分配排放配额是否构成 SCM 协定项下可抵消的补贴尚存在较大的争议。这给中国、新西兰、韩国以及欧盟等国家或区域已经实施的碳排放交易机制带来了法律上的不确定性。本文试图在总结政府免费分配排放配额的方法与实践的基础上，结合 WTO 争端解决实践对 SCM 协定相关条款的诠释，分析这种免费分配是否构成了 SCM 协定项下的某种财政资助、授予利益，以及该分配是否具有专向性，并在此基础上提出中国的对策建议。

---

① 参见彭岳："免费排放权配额补贴构成论"，载《南京大学法律评论》（2013 年春季卷），第 267～268 页。

② 依据 SCM 协定第 1.1（a）2 条的规定，补贴的另一种形式是 GATT 1994 第 16 条意义上的收入或价格支持。考虑到此类收入或价格支持主要涉及初级产品特别是农产品的补贴，与碳排放配额没有相关性，故本文不再讨论此类形式的补贴。参见彭岳："免费排放权配额补贴构成论"，载《南京大学法律评论》（2013 年春季卷），第 269 页。

二、政府免费分配排放配额的方法与实践

（一）政府免费分配排放配额的方法

政府免费分配排放配额的方式可具体划分为基于企业历史排放量的"历史排放法"与基于行业温室气体排放先进值的"行业基准法"。"历史排放法"是指政府根据每一企业在基准年（通常为过去 3～5 年）的平均历史排放量，再结合本区域今后年度的减排计划（体现为特定的控排系数且该系数将逐年降低），核定并发放配额；"行业基准法"是指政府以企业所属行业在基准年的先进温室气体排放水平作为核定排放配额的依据。在某一行业中，政府选择每单位产品或产值的排放量最小的若干企业，再将这些先进企业在基准年的平均历史排放水平作为基准线，或者选择将某行业所有控排企业每单位产品或产值的平均历史排放水平作为基准线，再结合该企业的年度产量以及本区域今后年度的减排计划，核定并发放配额。

以上两种方法各有优点与缺点。"历史排放法"的优点是简便易行，对排放数据的要求不高，政府通常将企业每一年度的能源消耗量按特定的公式转换为温室气体排放量，而且该方法考虑到了每个企业的历史排放量，在"尊重历史"的前提下减排力度比较温和，企业比较容易接受。但是，"历史排放法"有可能起到"保护污染"或"奖劣罚优"的效果，对已经采取减排措施的企业不公平，[1] 因为历史排放量多的企业获得的免费配额的数量将超过历史排放量少的企业，先进企业虽然已经在前期采用了节能减排技术或使用了清洁能源，却不能因此获得政府的"奖励"，从而使得其减排动力受到了某种程度的抑制，这显然与碳排放交易的设计初衷相违背。"行业基准法"

---

① 参见王毅刚等：《碳排放交易制度的中国道路——国际实践与中国道路》，经济管理出版社 2011 年版，第 25 页。

的优点是能比较充分地体现碳排放交易的"奖优罚劣"导向，能比较有效地激励企业积极采取减排行动，而这种效果显然是政府所乐于见到的。因为政府确立了某一个行业的排放水平的先进值（每一单位产品的排放量），单位产品的排放量低于先进值的企业将获得比其实际排放量更多的配额，故该企业可通过在市场上出售多余配额来获利，而单位产品的排放量高于先进值的企业将获得比其实际排放量更少的配额，从而迫使其不得不在市场上购买短少的配额。"行业基准法"的缺点则是减排力度比较激烈，它没有顾及每一个企业的历史排放水平，且实质上要求所有控排企业向行业先进排放值看齐，因此企业的减排任务比较重。

为实现排放配额的市场供求的均衡，激发企业的实际减排行动，最佳的选择是政府采用有偿拍卖的方式来分配配额。[①] 作为"理性经济人"，企业有能力精确计算其将来年度的排放需求与减排成本，并在此基础上确定可接受的排放配额的市场价格与数量。在经济利益的驱动下，企业可以理性地拍卖市场上进行竞价，实质上就是在政府控制配额总量的前提下由企业的真实需求来决定配额的一级市场供应。拍卖法能确保配额的价值由市场定价机制来决定，充分发挥"看不见的手"的作用，使配额分配到估价最高的人手中，实现"分配效率"，[②] 这本就是碳排放交易的题中应有之义，而且拍卖法也能最大限度地减少政府决策失误或权力寻租所引发的市场供应的扭曲。此外，政府通过拍卖配额还可获得一笔可观的收入，该收入可用于投资清洁能源与节能技术的研发，或支持企业对设备进行节能改造，或用于应对气候变化的人力资源培养等。[③] 但是，由于有偿拍卖的方式直接增加了企业的生产成本，

---

① 参见王燕、张磊：《碳排放交易市场化法律保障机制的探索》，复旦大学出版社 2015 年版，第 118 页。

② See Stefan E. Weishaar, Emission Trading Design: A Critical Review, Edward Elgar, 2014, p. 113.

③ 参见齐绍洲、王班班："碳交易初始配额分配：模式与方法的比较研究"，载《武汉大学学报》（哲学社会科学版）2013 年第 5 期，第 20 页。

且这一成本还可能被转嫁给消费者，容易引发企业以及最终消费者的不满和抵触，所以在政治上缺乏可行性，现实中也并非决策者们的第一选择。在碳排放交易市场的建设初期，政府通常会采用免费为主、有偿为辅的初始分配方式。

（二）政府免费分配排放配额的实践

实践证明，尽管有偿分配配额对于企业减排有最为强烈的指引作用，充分体现了"污染者付费"的基本原则，对市场机制的扭曲最少，但不少政府仍然选择通过免费方式发放全部或大多数配额。此外，尽管通过"行业基准法"来免费分配配额更加有利于奖励先进、激励企业采取节能减排措施，但政府至少在碳排放交易市场的建设初期大都会选择减排力度更加温和、技术上更加可行的"历史排放法"。例如，在欧盟碳排放交易的第一阶段（2005～2007 年）和第二阶段（2008～2012 年），免费分配配额的比例分别高达99.8% 与 97%。[1] 在此期间，绝大多数欧盟成员方选择使用了基于历史排放数据、客观上"保护"污染企业的"历史排放法"，而非采用更加强调企业之间的公平竞争、奖励先进企业与激发企业减排动力的"行业基准法"。[2] 不过，在第三阶段（2013～2020 年），欧盟成员方开始采用"行业基准法"来免费分配配额。[3] 2013 年欧盟纳入碳排放交易管理的制造业所获得的配额中，80% 为成员方政府无偿分配，之后该无偿分配的比例按每年 30% 的比例逐年减低。[4]

---

① 参见熊灵、齐绍洲："欧盟碳排放交易体系的结构缺陷、制度变革及其影响"，载《欧洲研究》2012 年第 1 期，第 54 页。

② See A. Denny Ellerman, Barbara K. Buchner & Carlo Carraro eds, Allocation in the European Emissions Trading Scheme: Rights, Rents and Fairness, Cambridge University Press, 2007, pp. 359 – 363.

③ See Stefan E. Weishaar, Emission Trading Design: A Critical Review, Edward Elgar, 2014, p. 103.

④ See Free Allocation on Benchmarks, http://ec. europa. eu/clima/policies/ets/cap/allocation/index_en. htm, last visited on 12 November 2015.

中国的情况与欧盟十分相似。广东、北京、上海等七省市在碳排放交易试点的第一阶段（2013～2015 年）主要采用了免费方式来发放排放配额，而且基于历史排放量的"历史排放法"也是主流方式。例如，根据《上海市2013～2015 年碳排放配额分配与管理方案》，管制范围内的所有控排企业均免费获得全部的排放配额。其中，对于工业（除电力行业外），以及商场、宾馆、商务办公等建筑，采用"历史排放法"；对于电力、航空、港口、机场等行业，采用"行业基准法"。《北京市碳排放权交易试点配额核定方法（试行）》也规定，对于控排企业既有设施的排放，分别采用基于企业历史排放量的配额核定方法（适用于制造业、其他工业和服务业企业）与基于采用企业历史排放强度的配额核定方法（适用于供热企业和火力发电企业）。北京市只对企业新增设施的排放配额采用所属行业的二氧化碳排放强度先进值来进行核定，即所谓的"行业基准法"。依据《天津市碳排放权交易试点纳入企业碳排放配额分配方案》，天津市只对电力、热力供应企业采用"行业基准法"来分配配额，其余控排企业均以"历史排放法"来计算应其获得的配额数量。广东省政府的配额分配方式相对比较超前。《广东省碳排放管理试行办法》规定，控排企业的配额实行部分免费和部分有偿的方式来发放，并逐步降低免费配额的比例。2015 年广东省电力企业的有偿分配比例为 5%，其他企业的有偿分配额比例为 3%。

三、SCM 协定下的补贴构成要件与政府免费分配排放配额的法律性质分析

（一）"财政资助"分析

依 SCM 协定第 1.1（a）（1）条的规定，法律意义上的财政资助具体可分为四种形式：政府直接转移资金或潜在的直接转移资金或债务；放弃或未征收在其他情况下本应征收的政府收入；政府提供除一般基础设施之外的货

物或服务，或购买货物；政府向一个筹资机构付款，或委托或指示一个私营机构履行上述一种或多种通常情况下本应属于政府的职能。以上规定是一个排他性和穷尽性的财政资助清单，目的是限制可抵消的补贴的适用范围，防止将所有影响市场竞争并给企业带来好处的政府行为都视为补贴。① 因此，只有具备以上四种形式要件之一的财政资助才可能会构成 SCM 协定下法律意义上的补贴。鉴于第四种形式的财政资助依附于前三种，因此下文只分析前三种形式的财政资助。

1. 免费分配排放配额不构成"政府直接转移资金"

资金的直接转移或潜在的直接转移是指政府的赠款、贷款、资本注入（入股）、免除债务以及与这些措施具有相同性质的支持措施。这些措施包括：企业或者无须支付相应的对价（如赠款），或者实际支付的对价低于正常情况下本应支付的对价（如政府以低于正常水平的利息向企业提供贷款），或者政府为企业提供贷款担保，使企业获得优惠的贷款条件。②

在 WTO 反补贴争端解决中，一项政府行为是否被认定为"资金的直接转移"，关键是要看该行为是否具有"资金的直接转移"的效果。政府对企业贷款合同条款的修改、债转股计划曾被认定为"资金的直接转移"，因为它们与第 1.1（a）（1）条所列举的政府向企业提供的赠款、贷款等具有相同的交易效果。例如，在"韩国商业船舶案"中，专家组裁定，韩国政府修改贷款合同条款的行为构成了资金的直接转移，因为修改贷款合同（降低利息、延长贷款期限）实质上就是一个新的贷款，它们是对原贷款合同的重新谈判。而且，该措施还相当于是一种现金赠款（cash grant），因为政府免除了企业的部分还款义务。所有这些交易构成了第 1.1（a）（1）条意义上的资金的直接转移。至于债转股计划，它是资金注入与债务免除的混合物，而资

---

① 参见黄东黎：《世界贸易组织补贴规则的条约解释》，法律出版社 2010 年版，第 3 页；甘瑛：《WTO 补贴与反补贴法律与实践研究》，法律出版社 2009 年版，第 14 页。

② 参见甘瑛：《WTO 补贴与反补贴法律与实践研究》，法律出版社 2009 年版，第 14 页。

金注入是第 1.1（a）（1）条明文规定的资金的直接转移，所以没有任何理由将债转股排除在资金的直接转移之外。①"日本动态存储案"的专家组采纳了"韩国商业船舶案"的分析方法与裁决意见，并进一步强调：在分析一项交易是否构成"资金的直接转移"时，关键之处不是看交易的形式，而是应审视交易的效果。该案专家组认为，从效果上讲，日本政府对企业贷款合同的修改以及债转股计划为债务人创造了新的具有经济属性的权利，或将新的权利转移至债务人，因此这些交易应被正确地看作是第 1.1（a）（1）条意义上的"资金的直接转移"。②

参考以上裁决意见，笔者以为，政府无论采用"历史排放法"还是"行业基准法"，其免费发放排放配额都不具有"资金的直接转移"或"潜在的资金直接转移"的效果。第 1.1（a）（1）条意义上的"资金转移"有一个共同的特点，即该资金转移的效果直接源自政府的某一行为，且具有确定的货币价格，或者说在某一个确定的时间，该转移可以一定数量的货币单位来计价。例如，贷款合同一旦签订，即可构成一个直接的资金转移，因为在将来某一个确定的时间，政府将把一笔确定金额的资金转移给企业。同理，政府入股企业的合同一旦签订，也能发生直接转移资金的效果。而排放配额的分配不具有这样的效果，政府在一级市场免费发放配额时，配额的市场价格是不确定的，因为只有当配额在二级市场被出售时，其价格才可被确定。况且，企业是否在二级市场上出售免费获得的配额也是不确定的，因为只有当企业的每一吨温室气体的减排成本低于配额的市场价格时它才有可能在二级市场出售配额并以此获得相应的利润。总之，政府免费分配排放配额并不会直接产生资金转移的效果。

---

① The Panel Report of Korea – Measures Affecting Trade in Commercial Vessels, WT/DS273/R, adopted on 11 April 2005, paras. 7.411 – 7.413, 7.420.

② The Panel Report of Japan—Countervailing Duties on Dynamic Random Access Memories from Korea, WT/DS336/R, adopted on 17 December 2007, paras. 7.443 – 7.444.

2. 免费分配排放配额不构成"政府放弃本应征收的收入"

此类财政资助通常表现为政府减免企业原本应当缴纳的税收、社会保障款等。根据国家主权原则，WTO 成员有权自行确定适当的税收体制，可以在遵守 WTO 义务的前提下自由决定是否对特定种类的收入进行征税。因此，对于这类财政资助的认定，关键在于如何理解"原本应当征收的收入"。[①]

上诉机构在"美国外国销售公司案"中认为，在确认是否一项"本应征收的收入"被放弃时，需要对实际上征收的收入与本应征收的收入进行比较。进行这种比较的前提条件是应存在一项明确界定的规范性基准（defined normative benchmark）。[②] 在"加拿大汽车产业案"中，上诉机构进一步指出，"放弃原本应当征收的收入"是指对于一项适用于相同情况的通常规则的背离（aberration），该规则必须是一成员方在当时适用的通行的国内标准。该案的争议措施是，加拿大的汽车生产商在符合特定条件时进口的零部件可免于缴纳进口关税。上诉机构认为，加拿大政府对进口汽车零部件规定了统一的最惠国税率。因此，它免除部分进口零部件的关税就是放弃了征收收入的权利，而该收入是它本应收取的。确切地讲，通过进口关税的免除，加拿大无视它对汽车零部件进口关税所设定的以最惠国税率为形式的规范性准则，从而构成了放弃本应征收的收入。[③]

从上述案例来看，在认定"本应征收的收入"时，关键之处是要确认是否存在一个国内通行的政府征收某种税收或收入的体制，这也是我们认定政府是否放弃本应征收的收入时所必须依赖的比较基准。按此逻辑，将政府免费分配部分配额视为"放弃本应征收的收入"的一个必要前提是存在以下一

---

① 参见贺小勇：《WTO 法专题研究》，北京大学出版社 2011 年版，第 163 页；甘瑛：《WTO 补贴与反补贴法律与实践研究》，法律出版社 2009 年版，第 15 页。

② The Appellate Body Report of United States – Tax Treatment for Foreign Sales Corporations, WT/DS108/AB/R, adopted on 20 March 2000, paras. 89 – 90.

③ The Appellate Body Report of Canada – Certain Measures Affecting the Automotive Industry, WT/DS139/AB/R, WT/DS142/AB/R, adopted on 19 June 2000, paras. 90 – 91.

项通用的国内准则（比较基准），即企业排放的每一单位的温室气体都应向政府缴纳相同的税收或费用，就像政府对每一单位的进口同类产品征收同样金额的关税（最惠国税率）。如果政府没有采用类似于最惠国税率的统一管理体制，那么我们就无法确认政府本应征收的收入是什么。从理论上讲，不同企业（如发电厂与玻璃厂）排放的每一单位的温室气体对大气环境的破坏与负面影响没有本质上的区别，所以企业的每一单位排放都应承担相同金额的税收或费用，用于补偿其生产经营活动所发生的外部性影响。政府对企业排放的二氧化碳征收碳税就体现了以上原理。问题在于，如果政府秉承这种思路的话，它就应按统一的固定价格向企业分配排放配额。如此一来，碳排放交易与碳税政策之间就没有什么区别可言了，而且政府统一定价也不符合碳排放交易的运行机理与事实，因为碳价应由市场机制来决定。况且，即使政府采用拍卖的方式来分配全部配额同样也会造成配额价格的不同，因为不同企业的减排能力、成本以及对配额价格的预期是不同的，在集中竞价机制下企业的出价也必然会有所差异。

将政府免费分配部分配额视为"放弃本应征收的收入"的另一个隐含的前提是政府"本来"应该采用拍卖的方式来分配全部配额，因为拍卖是政府"获得收入"的手段。笔者认为，这一前提与碳排放交易的内在机理也是不相吻合的。政府对排放配额的初始分配是碳排放交易的起点，其根本目的是实现温室气体排放的总量控制（即所有企业的排放上限），该排放总量主要取决于本国或本地区的历史排放量以及将来年度的减排目标，同时政府还可从配额供应的角度来干预碳排放交易的市场运行。它不应被视为政府征税或获得收入的一种手段。如果政府以获取收入为目的，它大可选择采用更加简便易行的碳税来管制企业的温室气体排放。

3. 免费分配排放配额不构成"政府提供货物"

尽管 WTO 规则可适用于国际货物贸易，但它并未明确界定"货物"的

含义，也没有为澄清这一概念提供任何指南。① 部分学者援引了上诉机构在
"美国软木案"中的裁决意见来论证政府免费发放排放配额可视为第1.1（a）
（1）条意义上的"提供货物"。该案的一个焦点争议是加拿大政府通过与企
业签订许可协议、收取一定费用后授予后者无形的伐木权是否属于"提供货
物"。申诉方加拿大认为，其省级政府的伐木计划并不是"提供货物"，而只
是向符合条件的企业提供无形的伐木权。被诉方美国则辩称，加拿大政府通
过向企业授予伐木权，相当于是向企业转移货物的所有权，从而构成了第
1.1（a）（1）条意义上的"提供货物"。② 上诉机构认定，"提供"一词的字
面意思是"使某物可处置"或"使某物可获得"。加拿大政府的伐木计划使
得权利持有人可以进入政府所有的土地，砍伐尚处于自然状态的立木，并对
砍伐后的树木拥有排他性的权利。因此，政府的伐木计划体现了这样一种后
果，即政府提供立木。政府通过与企业之间的交易授予其伐木权，并将立木
置于企业的处置之下，允许这些企业独占地使用这些资源。认定第1.1（a）
（1）条意义上的"提供货物"的关键是交易的后果。企业行使伐木权的必然
结果就是拥有对砍伐后的树木的所有权。因此，上诉机构赞同本案专家组的
观点，即加拿大政府授予企业伐木权，构成了第1.1（a）（1）条项下的
"提供货物"。③

　　参考上述裁决，笔者认为，政府免费向企业发放排放配额并非SCM协定
第1.1（a）（1）条意义上的"提供货物"。理由如下：

　　首先，"美国软木案"的裁决并未明确指出无形的财产权可视为SCM协
定第1.1（a）（1）条项下的"货物"。有学者将"美国软木案"上诉机构的
上述观点解读为第1.1（a）（1）条意义上的"货物"应包括无形的砍伐树

　　① See Felicity Deane, Emissions Trading and WTO Law, Edward Elgar Publishing, 2015, p. 59.

　　② The Appellate Body Report of United States — Final Countervailing Duty Determination with respect to certain Softwood Lumber from Canada, WT/DS257/AB/R, adopted on 17 February 2004, para. 68.

　　③ WT/DS257/AB/R, para. 76.

木的权利，并进一步指出，排放配额（排放权）拥有货物的基本特征，例如具有经济价值、可跨境交易、可占有和收益，可售予第三方以及可存储等。因此，排放配额就是一种"货物"。① 笔者以为，该学者错误地理解了"美国软木案"上诉机构的观点，因为上诉机构的着眼点并不是"货物"的含义，而是"提供货物"的认定。它并没有明确指出伐木权就是 SCM 协定第 1.1（a）（1）条意义上的"货物"，而是主张加拿大政府授予部分企业伐木权这一行为的后果构成了 SCM 协定项下的"提供货物"，伐木权所针对的未砍伐的立木才是该案上诉机构所认定的"货物"。也就是说，上诉机构的推理路径是从政府授予伐木权的效果入手来论证加拿大政府的行为构成了"提供货物"。从逻辑上讲，我们不能因为政府授予伐木权的效果被上诉机构认定为"提供货物"就将伐木权等权利看作是"货物"。

其次，政府免费分配排放配额的效果也不宜被视为"提供货物"。有学者主张，排放配额的免费分配本质上是政府授予企业污染大气环境的权利，这与伐木权的性质十分相似。因此，参考"美国软木案"的裁决意见，排放配额的免费分配应视为"提供货物"。② 这一观点显然过于草率。排放配额固然代表了企业向大气中排放特定数量的温室气体的权利，该权利具有财产属性与经济价值，但它与伐木权却有着本质上的区别。笔者注意到，"美国大飞机案"的专家组曾提及"美国软木案"的上诉机构裁决，并进一步指出：不能将政府授予企业的所有的权利都宽泛地理解为第 1.1（a）（1）条意义上的"提供货物"；"美国软木案"专家组和上诉机构将授予伐木权视为"提供货物"的关键之处是，伐木权指向的是可交易的商品（即树木），也就是说

---

① See James Munro, Pushing the Boundaries of "Products" and "Goods" under GATT 1994: An Analysis of the Coverage of New and Unorthodox Articles of Commerce. Journal of World Trade, 2013, No. 6, p. 1338.

② See Luca Rubbi and Ingrid Jegou, Who'll Stop the Rain? Allocating Emissions Allowances for Free: Environmental Policy, Economics and WTO Subsidy Law, Transnational Environmental Law, October 2012, p. 330.

该权利具有商业目的。① 政府创制排放配额并将其授予企业的根本目的是减少温室气体排放、维护清洁的大气环境，只不过这一目标是通过配额的价格信号和市场机制来实现的。因此，政府提供排放配额不具有商业目的。此外，与伐木权不同的是，排放配额所指向的正常形态的温室气体至少在现实中是不可交易的，也就是说它并非与一种可交易的商品相关。②

4. 免费分配排放配额有可能构成"政府提供服务"

有学者依据上诉机构在"美国大飞机案"中的推理方法与解释，主张政府通过免费发放碳排放配额，向企业提供了一套免费的第三方认证服务，即"政府提供除一般基础设施外的服务"，目的是证明企业已经采用了"碳中和"（carbon neutrality）措施，即每一单位的排放均由相应数量的排放配额来予以抵消。③ 这一观点的创新之处是将政府免费分配配额的直接效果等同于一种商业服务。"碳中和"是企业的一种自愿行为，即企业通过在市场上购买符合条件的排放配额或减排信用（如清洁发展机制项目所获得的减排量）以抵消其相应数量的温室气体排放量。"碳中和"认证提升了企业的公众形象，使得企业更易被关注环保、有"责任消费"意识的消费者所接收，这些消费者甚至愿意支付比同类产品或服务更高的价格来购买获得认证企业的产品或服务，从而导致企业从"碳中和"认证服务中获益。

上诉机构在"美国大飞机案"中引入了"特征性分析方法"，从而为财政资助的认定提供了较大的灵活性。它认为，某一政府行为的形式并非认定其是否构成财政资助的关键之处，而是要分析、总结该政府行为具有哪种财

---

① The Panel Report of United States – Measures Affecting Trade in Large Civil Aircraft（Second Complaint），WT/DS353/R，adoptedon 23 March 2012，para. 7. 460.

② James Munro, Pushing the Boundaries of "Products" and "Goods" under GATT 1994：An Analysis of the Coverage of New and Unorthodox Articles of Commerce. Journal of World Trade, 2013, No. 6, p. 1343.

③ 参见彭岳："免费排放权配额补贴构成论"，载《南京大学法律评论》（2013 年春季卷），第 273～275 页。

政资助的特征（characteristics）。① 美国航空航天局（以下称 NASA）与波音公司之间签订的采购合同实质上是一种基于投入与产出的"联合经营"（joint ventures）。在投入阶段，在 NASA 不仅向波音公司提供资金，而且还提供设施、设备与人员的使用权，用于后者的研发项目，波音公司也会为研发投入自己的人力与物力。在产出阶段，双方能分享研发项目的成果，包括技术信息、发明与数据。NASA 与波音公司对这些成果拥有不同的权限，例如波音公司对发明与数据拥有专有权并可将其用于商业目的，同时 NASA 可免费将发明与数据用于政府目的。② 上述特征与股权投资行为十分相似，因此采购合同可归类为 SCM 协定第 1.1（a）（1）条项下的"入股"，即资金直接转移的一种方式。此外，波音公司获得了 NASA 的设备、设施与人员的使用权，这属于第 1.1（a）（1）条项下的"政府提供产品或服务"。③

政府免费分配配额是否直接具有"碳中和"的特征或效果呢？或者说，政府在一级市场上的分配行为（即无须通过企业在二级市场出售配额）是否就可以直接产生"碳中和"的后果呢？笔者认为，如果政府根据某一企业的历史平均排放量来向该企业免费分配配额（即"历史排放法"），那么该行为确实有可能构成提供"碳中和"服务。基于"历史排放法"分配的配额数量取决于每一企业以往年度的实际平均排放量，并结合一定的控排系数来确定，④ 且有关排放量的历史数据也是由企业所提供，可以说是为每一企业"量身定做"的"待遇"。如果企业下一年度的能耗与实际排放量没有快速增加，那么该免费配额基本上可满足其下一年度的实际排放需求并抵消其全部排放量，因此具有比较明显的"碳中和"的特征。而如果政府根据某一企业

---

① WT/DS353/AB/R, para. 593.

② WT/DS353/AB/R, paras. 595 – 597.

③ WT/DS353/AB/R, paras. 623 – 624.

④ 例如，依据《北京市碳排放权交易试点配额核定方法（试行）》的规定，2013～2015 年制造业和其他工业企业的控排系数分别是 98%、96% 和 94%。这意味着三年内企业所获排放配额的数量分别为基准年的历史排放平均值的 98%、96% 和 94%。

所属行业的先进排放值（排放最少的部分企业的每一单位产品的平均排放量）来向该企业免费分配配额（即"行业基准法"），那么该措施就很难被视为具有"碳中和"的作用，因为企业获得的排放配额的数量与其历史排放量并无直接的关系，而是取决于部分先进企业每单位产品的排放水平。因此，部分排放绩效差的企业所免费获得的配额数量可能远低于其实际排放量，"碳中和"的作用也就无从谈起。总之，"历史排放法"使得政府在一级市场上初始分配配额的行为就可以直接产生"碳中和"的效果。

（二）"授予利益"分析

1. "授予利益"的一般认定方法

依 SCM 协定第 1.1（b）条的规定，政府通过财政资助授予某种利益是补贴的另一个构成要件。在"加拿大飞机案"中，专家组认为，"授予利益"是指接受财政资助的企业获得了在正常市场条件下无法获得的更具优势的地位，或者企业获得该财政资助的条件比正常市场条件更加优惠。① 该案上诉机构则进一步指出，一项"利益"并非存在于虚拟之中，而是由一个接受者实实在在地获得和享有；"利益"一词隐含着某种比较，其比较基准就是正常的市场条件；市场为认定"授予利益"提供了适当的依据，只有当分析接受者是否以比正常市场更佳的条件获得财政资助时，财政资助的贸易扭曲作用才能被发现。② "正常市场说"在 SCM 协定第 14 条（"基于接受者获得利益的补贴金额计算"）中也得到了印证。"利益"一方面是判断补贴是否存在的要件之一，另一方面也是计算补贴金额（以及在此基础上确定的反补贴税率)③ 的依据。第 14 条为要求成员方在其国内立法或实施细则中规定以"补贴接受者所获利益"为依据来计算补贴金额的方法，同时以正常的市场条件

---

① The Panel Report of Canada — Measures Affecting the Export of Civil Aircraft, adopted on 20 August 1999, WT/DS70/R, para. 9.112.

② WT/DS70/AB/R, paras. 154 – 157.

③ SCM 协定第 19.4 条规定，反补贴税不得超过所认定的补贴金额。

为参照物提出了 4 项指南。例如，政府向企业提供贷款不应视为授予利益，除非企业获得该贷款的成本要低于其在市场上获得一项相似的商业贷款时所支出的成本；政府向企业提供货物或服务不应视为授予利益，除非企业获得该货物或服务时所支付的成本要低于通行的市场条件下同类货物或服务的价格。因此，SCM 协定第 14 条的内在逻辑是："利益"需要以"正常市场"为比较基准才能界定；如果政府向企业提供财政资助时的条件优于正常市场条件，那么调查机关就可认定存在"利益"，两个条件之间的差额即为补贴金额。① 总之，认定一项财政资助行为是否"授予利益"的基本前提是，该行为存在市场对应物。

"正常市场说"反映了 SCM 协定与反补贴措施的价值取向：一项补贴行为使企业获得了正常市场情况下不存在的虚假的竞争优势并扭曲了资源的有效配置，反补贴税的征收则可以抵消这种虚假的竞争优势，并使市场恢复到充分竞争以及有效配置资源的状态。因此，判断政府免费分配排放配额是否"授予利益"，关键之处是认定是否存在一个可比的不受政府干预和扭曲的正常市场状况。假如在正常的市场条件下，政府本应以有偿方式来分配配额并要求企业支付相应的费用，那么免费分配方式所放弃的这部分费用就构成了"授予利益"。由于碳排放交易分为一级市场与二级市场，故下文分别对一级市场与二级市场的"利益授予"进行分析。

2. 一级市场上的"授予利益"认定

政府向企业免费分配配额的行为发生于一级市场，这有别于控排企业可公开买卖配额的二级市场。碳排放权交易的一级市场受到了政府的广泛管制，未受政府干预与扭曲的一级市场是不存在的，或者说，充分竞争与不受扭曲的一级市场不符合碳排放交易机制的内在机理。例如，为确保排放配额拥有足够的稀缺性，使二级市场的交易价格维持在一个合理的水平，防止碳价过

---

① 参见甘瑛："WTO 补贴与反补贴措施协定第 14 条适用前提之辨"，载《政治与法律》，2013年第 11 期，第 89 页。

低且抑制企业的减排动力，政府需要控制一级市场上向企业分配的排放配额的总量，也就是说政府需通过配额的初始分配来间接干预二级市场的运行，以避免出现配额"过度供应"的问题。另外，政府还可规定排放配额的有效期，也就是决定企业本年度未用完的配额是否可以留存到下一年度来使用，实质上这也是一种数量控制措施。在特定的情况下政府还可收回（注销）企业所拥有的排放配额并不予补偿。所以，为避免政府的管制措施侵害企业的私权利并引发损害赔偿之诉，中国的相关立法都刻意回避将排放配额明确界定为一种私法上的财产或财产权，而只是简单地规定排放配额是政府分配给企业在规定时间内向大气中排放特定数量的温室气体的"额度"或"指标"。[1]以上政府干预行为普遍存在于世界上已经实施碳排放交易机制的国家或地区。当一级市场上的排放配额的数量、有效期、权利属性甚至价格普遍处于政府的严格管控之下时，该市场显然是受到了"严重扭曲"的市场。所以，政府免费分配配额的行为找不到一个可比的未受扭曲的一级市场，一级市场上的"授予利益"无法认定。

3. 二级市场上的"授予利益"认定

如前所述，政府依"历史排放法"免费分配配额有可能被视为政府"提供碳中和服务"。"碳中和"服务是一种商业行为，即企业或个人在公开的二级市场上购买可自由流通的排放配额并用于抵消其实际排放量。那么，一旦免费分配碳排放配额被视为政府提供"碳中和"服务，那么与此相对应的未受扭曲的正常市场条件（作为"授予利益"的比较基准）就很容易被找到，那就是排放配额在本国或本地区二级市场的交易价格。换句话说，如果政府没有提供此项"服务"，那么企业为实现"碳中和"就必须在二级市场购买相应数量的排放配额，所支出的成本就成为比较基准。综上所述，假设政府免费分配排放配额被认定为政府"提供碳中和服务"，那么"授予利益"也

---

① 参见《碳排放权交易管理暂行办法》第47条、《上海市碳排放管理试行办法》第44条、《深圳市碳排放权交易管理暂行办法》第82条和《广东省碳排放管理试行办法》第42条。

就会随之产生。

（三）"专向性"分析

1. "专向性"的一般认定方法

"专向性"是 WTO 限制可抵消补贴范围的另一个途径，它起到了一个"过滤器"的作用，即 WTO 一方面认可补贴的积极作用，另一方面也要在一定范围内限制其使用。补贴往往是一个国家的宏观经济调控政策的重要组成部分，它的必要性在于矫正市场失灵，包括市场经济所导致的垄断、其他形式的不完全竞争、公共产品供给不足以及外部性问题。一种平等对待所有企业或行业的补贴政策对正常经济秩序以及市场机制的扭曲与影响很小，例如国家统一降低税率或者提供公共教育、基础设施等。只有专门针对某些企业或行业的补贴才会严重干扰资源的合理配置，扭曲公平竞争的市场机制，并进而影响正常的国际贸易关系，因此应受到 WTO 纪律的制裁。① 所以，SCM协定需要在政府合法使用公共资金来促进公共目标的实现，与制止不公平地保护国内产业的补贴之间维持一种适当的平衡。②

SCM 协定第 2 条将"专向性"分为四种情况：第一，法律上的专向性，即授予机关或相关立法将补贴的获得者明确限定于某一个或数个特定的企业，或限定于某一个或数个特定的行业。如果授予机关或法律为获得补贴的资格以及补贴数量设定了客观中立的标准或条件，即这些标准或条件并非专门优待某些企业，且属经济性质，并水平适用（如规定企业雇员的数量或企业的大小），企业只要符合该标准即可自动获得补贴，那么该补贴不具有专向性；③ 第二，事实上的专向性，即尽管授予机关或相关立法名义上将补贴普

---

① 参见贺小勇：《WTO 法专题研究》，北京大学出版社 2011 年版，第 170～171 页。

② Lauren Henschke, Going it Alone on Climate Change a New Challenge to WTO Subsidies Disciplines: Are Subsidies in Support of Emissions Reductions Schemes Permissible under the WTO, World Trade Review, January 2012, p. 29.

③ 参见甘瑛：《WTO 补贴与反补贴法律与实践研究》，法律出版社 2009 年版，第 15 页。

遍给予所有符合条件的企业或行业，但事实上只有少数特定的企业或行业才能获得该补贴，或者少数企业获得了大部分的补贴（补贴的分配具有不成比例性）。例如，虽然一项有关补贴的立法虽然规定了"客观中立的标准或条件"但实际上却没有得到严格遵守；第三，地理上的专向性，即授予机关将补贴的获得者限定于本机关管辖的地理范围内的某些企业；第四，拟制上的专向性，即一旦某项补贴被认定为禁止性补贴（出口补贴或进口替代补贴），那么该补贴就被视为自动具有了专向性。

2. 政府免费分配配额所具有的"专向性"

参照上述规定，目前中国试点地方政府免费分配配额的方法（无论是"历史排放法"还是"行业基准法"）具有事实上的专向性与地理上的专向性。事实上的专向性表现为以下两种情况：一种情况是，尽管相关立法为纳入排放管理并因此免费获得配额的行业或企业设定了统一的资格要求，但在执行过程中却只有少数特定的行业或企业才能获得该免费配额；另一种情况是，政府对同一行业中既有企业与新设企业采用了不同的免费分配方法，这使得配额的发放具有不公平性与不成比例性。地理上的专向性则是指各试点地方的政府只按一定的标准将免费配额授予本行政区域内的特定企业。具体而言：

首先，目前中国试点地方的立法通常将历史年度的二氧化碳排放量达到一定规模的行业均纳入碳排放交易的管制范围，但实践中有些政府并不会严格遵守这些法定的标准，而只要求那些历史排放数据比较完整、减排潜力较大的企业参与碳排放交易。例如，《广东省碳排放管理试行办法》第6条规定，年排放二氧化碳1万吨及以上的工业行业企业与年排放二氧化碳5千吨以上的宾馆、饭店、金融、商贸、公共机构等单位为控排企业和单位，须纳入配额管理。但事实上，依据广东省2013年、2014年与2015年的碳排放配额分配实施方案，只有二氧化碳年排放量达到2万吨以上的电力、钢铁、石化和水泥四个行业企业才受到政府的管制，其他工业企业（如纺织、有色、化工、造纸等）以及服务业将"适时"纳入碳排放管理与交易范围。据此，部分地方的立法中有关控排企业或单位的客观中立的资格要求（历史年度排放量）并没有得到严格的遵循，使经济资源（免费配额）的分配具有了事实上的专向性。

其次，由于新建企业没有历史排放量的数据，"历史排放法"的使用缺乏必要的基础条件，因此中国七个试点地方均使用"行业基准法"来免费分配配额。这使得新建企业面临着不公平竞争的风险。因为同一行业中的既有企业可按"历史排放法"来获得配额，配额数量相对于"行业基准法"来说更加充足和宽松，因此补贴（免费配额）的发放具有不成比例性，资源的合理配额遭到了扭曲，并导致既有企业获得的排放空间要少于新建企业。

最后，中国选择开展地方性碳排放交易试点的本意是通过"先行先试"来积累经验并为全国统一碳市场的构建奠定基础，同时也可适度减少碳交易市场启动初期可能遭遇的阻力以及降低政府的监管成本。但是，地方性碳排放交易政策客观上使得各地政府只将免费配额授予本地区的特定企业，且各地有关控排企业或单位的资格要求也存在较大的差异，导致补贴的发放具有地理上的专向性。

综合以上分析，政府免费分配排放配额有可能构成"政府提供服务"，并授予企业某种利益，且具有事实上的专向性与地理上的专向性，因此符合SCM协定下补贴的构成要件，可能被指控为一种可抵消补贴。

四、关于中国的对策建议

（一）统一采用"行业基准法"来免费分配配额，消除"财政资助"的效果

目前中国试点七省市主要采用"历史排放法"来免费分配排放配额。如前文所分析，依据"历史排放法"发放的配额数量主要取决于特定企业的历

史平均排放量，很大程度上可抵消企业的实际排放量，具有"碳中和"的特征，因此可能被指控为政府向企业提供"碳中和"服务，从而构成一种财政资助。另外，它还有可能起到"多排多分、减排少分"的效果，不能有效激励企业减排，这显然与碳排放交易的设计初衷相背离。[①] 与之相反的是，"行业基准法"不具有"碳中和"的特征，且更能激发企业的减排动力，减排效果更好。所以，笔者建议各地政府应统一采用"行业基准法"来免费分配配额，且该方法应统一适用于既有企业与新建企业。同时，考虑到"行业基准法"的减排力度比较大，易引发部分企业的反对或抵制，笔者建议按每一行业所有企业（而不是部分先进企业）每单位产品或产值的平均排放量来设置行业基准线。

（二）制定统一适用于所有行业与企业的获得免费配额的资格标准，消除"专向性"特征

制定全国统一的配额免费分配标准是中国碳交易主管部门的重要目标之一，也是消除"专向性"的必由之路。国家发展与改革委员会于 2014 年 12 月 10 日正式发布的《碳排放权交易管理暂行办法》第 12 条规定，国务院碳交易主管部门根据不同行业的情况制定统一的配额免费分配方法和标准。不过，全国统一的免费分配方案迄今尚未出台。据悉，国家发展与改革委员会已经草拟了《全国碳排放权交易管理条例（草案）》，并准备上报国务院审批。[②] 一旦获得通过，该条例将成为我国第一部有关碳排放交易的行政法规，并能确保政府有法可依地免费分配碳排放配额。笔者建议，该条例应明确规定参与碳排放交易的控排企业的资格标准，即历史排放量达到一定数值的所有行业与企业均应纳入配额管理，使得全国范围内所有符合该标准的企业都

---

① 参见史学瀛等：《碳排放交易市场与制度设计》，南开大学出版社 2014 年，第 231 页。
② "发改委：尽快上报碳排放权交易管理条例"，载 http://news.xinhuanet.com/fortune/2015 - 08/10/c_128112246.htm，2016 年 4 月 10 日访问。

可自动按"行业基准法"获得免费的配额。同时，考虑到各地的经济发展水平、经济结构与减排能力存在较大差异，同时有必要适度降低碳交易市场的运行成本与政府监管成本，政府应设置较高的资格要求，例如纳入配额管理的企业近三年的二氧化碳平均排放量须超过 2 万吨。

（三）开展与其他碳交易市场的国际合作，促进不同国家的同类产品或服务之间的公平竞争

之所以政府免费分配排放配额在 SCM 协定下的合法性会引发广泛关注与争议，是因为该政府行为有可能扭曲不同国家的同类产品或服务之间的公平竞争。具体来讲，不同的配额分配方式对企业的温室气体减排成本产生了不同的影响。相对于有偿获得配额的企业来说，免费获得配额的企业承担了更少的减排成本，因此在国际市场上更具有竞争优势。要从根本上消除这一争议，各国应建立碳排放交易体系之间的合作机制。最理想的状态是，在各国之间建成一个统一的碳排放交易市场，就控排企业的选择、配额的分配与管理、二级市场的交易规则等方面制订统一的方案，使排放配额可在不同国家的企业之间自由流通，最大限度地降低企业的减排费用，并使得配额的市场价格趋向均衡，最终目的是通过市场机制的资源配置作用来决定不同国家的控排企业所承担的减排成本。联合国气候变化大会 2015 年 12 月 12 日通过的《巴黎协议》第 6 条明确规定：缔约国的公共机构与私营机构可在自愿合作的基础上通过使用国际转让的减缓成果（internationally transferred mitigation outcomes）来履行其削减温室气体的自主决定贡献，具体的实施机制由缔约国大会另行制定。[①] 尽管《巴黎协议》并未明确界定"国际转让的减缓成果"的含义，但它显然指向市场导向型的温室气体减排措施。这无疑为区域性或全球性碳交易市场的构建注入了新的动力。

---

① See Paris Agreement, http：//unfccc. int/resource/docs/2015/cop21/eng/l09r01. pdf, last visited on 14 December 2015.

在全球性碳交易市场建立之前，中国可与欧盟、美国、韩国等世界主要经济体开展合作（如在双边自由贸易协定中纳入碳排放交易的条款或达成专门的协议），相互认可来自于别国市场的排放配额并允许企业用于抵消其实际排放量。例如，中国的航空企业可使用中国政府所发放的排放配额来履行其在欧盟碳排放交易体制内所承担的减排义务，反之亦然。进一步来说，碳排放交易体系的国际合作还可促进各国气候变化政策的统一，协调各国的减排行动，增进政治互信，并有助于破解全球气候变化治理中的"集体行动困境"，建立以市场为导向的温室气体减排的责任分担机制。[①]

结语

作为一种市场导向的温室气体减排政策，碳排放权交易在全球范围内得到了越来越广泛的运用。中国、欧盟等正在开展碳排放交易的国家或区域通常采用免费法来向控排企业分配排放配额。政府免费分配排放配额的主要目的是减少碳排放交易给控排企业带来的消极影响，并维护本国企业在国际贸易竞争中的利益，使之免受来自于未采取减排政策的国家的同类企业的不公平竞争。免费分配法可进一步划分为"历史排放法"与"行业基准法"。相对于"历史排放法"，"行业基准法"更能引导企业采取实际减排行动，减排效果更佳，但技术难度也更大，政治上的可行性也更弱一些。因此，"历史排放法"已经成为中国主流的免费配额分配方式。

参照 WTO 反补贴争端案对 SCM 协定相关条款的解释，政府免费分配排放配额的行为并未构成 SCM 协定项下的"资金的直接转移""放弃本应征收的收入"与"提供货物"。不过，政府依"历史排放法"进行的分配具有"碳中和"的特征，因此有可能被视为政府向企业"提供服务"，同时也满足

---

① See Christian Flachsland, To Link or not to Link: Benefits and Disadvantages of Linking Cap – and – Trade Systems, Climate Policy, 2009, No. 4, pp. 362 – 363.

"授予利益"与"专向性"的构成要件。为此，中国应改进排放配额的免费分配方式，采用旨在维护市场公平竞争、奖励先进企业与迫使企业采取实际减排行动的"行业基准法"，并制定统一适用于所有行业与企业的获得免费配额的资格要求。中国还应加强与世界主要经济体之间在碳排放交易领域的合作，逐步建立以市场为导向的温室气体减排的责任分担机制。

后记：仰望蓝天

　　哈尔滨工业大学有一条滨河小路，在马家沟河畔。日常伏案多了，需要走路锻炼。走上小路，挺直腰板，展开两肩，自然而然就看到了蓝天。

　　仰望蓝天，一下子就看到了白杨垂柳的树尖。这是童年的视角啊。最忆年少，上小学中学，总是仰头走路；天天看到的，是绿绿的树尖。

　　仰望蓝天，就有一团一团的小虫，飞临、笼罩前路，低声嗡叫，随你、缠你。童年经验说：不必挥斥，它们盘旋一会儿，自己就散。

　　仰望蓝天，绿树身后露出了摩天楼，高耸豪迈。换上童年视角，摩天楼好像竖排的"积木"；映衬得大地更安全；在地面、更近大自然。

　　中国发展，需脚踏实地、需仰望蓝天。引进来，走出去，"一带一路"，时代旋律变得快。走过这条滨河小路，令人感受初心，回望从前。

　　2016年6月25日，"WTO法与中国"年会在哈尔滨工业大学召开。200余中外学者莅临了年会；有些学者，就走过这条滨河小路，仰望着蓝天。

　　静水深流，远瞩高瞻。这条滨河小路好比"WTO小路"，有学者提交给了年会题为"一带一路"、货币正义、国际经济法治创新的论文，恰是仰望蓝天、远瞩高瞻。经中国世界贸易组织法研究会遴选，在此结集出版。

　　是为记。

赵宏瑞

2017年8月22日于哈尔滨工业大学